イスラームからつなぐ

◆

8

デジタル人文学が照らしだすコネクティビティ

熊倉和歌子 [編]

Islamic Trust Studies
イスラーム信頼学

東京大学出版会

Connectivity and Trust Building in Islamic Civilization, Vol 8
Illuminating Connectivity with Digital Humanities

Wakako KUMAKURA, Editor

University of Tokyo Press, 2025
ISBN978-4-13-034358-9

シリーズ刊行によせて

　第一次世界大戦とその後の国際秩序模索の時代から100年が過ぎた。この1世紀の間に、第二次世界大戦と40年余りの冷戦を経て、脱植民地化が進み、ソ連崩壊によるアメリカ一極支配体制が出現し、人類はようやく安定した平和の時代を手に入れた、と見えた瞬間があった。

　しかしそれが錯覚であったとすぐに明らかになる。世界人口の約6割を占める一神教徒にとっての聖地が集中するパレスチナでは、アメリカなど西側諸国の後押しを受けた、イスラエルによる植民地化の暴力が止まらない。多民族国家ユーゴスラビアでは内戦が始まり、強制追放と虐殺が相次いで四分五裂した。冷戦期にアフガニスタンにて対ソ連戦の道具として西側に利用された「自由の戦士」たちは、その後「テロリスト」として9・11事件を起こしたとされる。アメリカが「大量破壊兵器疑惑」をでっちあげて起こしたイラク戦争は、イラク国家機構の完膚なき破壊と甚大な人命損失を招き、10年ほどしてシリア内戦に連動して「イスラム国（IS/ISIS）」を生み出した。

　これらはイスラームが何らかの形で絡んだ顕著な事件の一部でしかない。イスラームといえば、常に他者との対立・紛争を想起する人が多いのも無理はない。世界の移民・難民におけるムスリムの割合は非常に高く、排除と分断の動きは深刻さを増している。冷戦終結後最大の危機とされるウクライナ戦争も、この100年続いてきた排除と分断の大きな流れの中に位置づけられ、さらなる古層にはこの地域を支配したムスリム政権の記憶が横たわる。

　より一般化した見方をするならば、国民の同質性を国家の前提に掲げつつ、他方で人口の多数派・少数派を意識し、敵を措定して立ち向かうのを「文明化の使命」により正当化する——過去1世紀を通じて、こうした動きが世界各地で進んできたのである。それは私たちの身の周りでもふとした折に顔を出し、ひとたびインターネット空間に立ち入れば、その野放図な拡がりをまざまざと目にすることになる。

　もちろん、この間に数多の国際組織が形成され、グローバルなサプライチェ

ーンは緊密度を増し、コミュニケーション手段は驚異的な発達を遂げ、国境を越えた人々の交流が深まった。人類文化の多様性が強調されて、多文化主義が政策化される局面も現れてきた。しかし、こうした動きが排除と分断の動きに抗しきれぬまま押し流されようとしているのを認めざるをえない。

　本シリーズは、広い意味での「イスラーム」に関わる研究者が、「つながり」（コネクティビティ）と「信頼」をキーワードにしつつ、1400年間（2022年はイスラーム暦元年622年から太陽暦計算でちょうどこの節目であった）にわたるイスラームの拡がりの歴史と現在のなかに、排除と分断に対抗する知を見つけ出そうとするものである。ただし、イスラームの教義から出発して演繹的考察を深め、イスラーム文明の独自性を結晶化させる、という方法はとらない。逆に、研究者が取り組んできた過去と現在のイスラームをめぐる多様な時空間から、学知のみならず、暗黙知として認識してきたような「つながりづくり」の知恵と術を抽出しようとする。そしてそれを排除と分断をのりこえるための戦略知として鍛え上げることを目指すものである。

　もちろん、現在20億ともいわれる人口規模をもつムスリムもまた、排除と分断を経験し、苦しんでいる。しかし長い目で見れば、イスラーム文明はこれまで多様な集団や文化を包摂してきたのであり、「つながりづくり」と信頼構築のための知恵と術の宝庫でもある。本シリーズを通じて、その戦略知を様々な形で伝えたいと思う。「イスラームからつなぐ」という言葉にはそうした願いが込められている。

　本シリーズを生み出す母体となるプロジェクトは、文部科学省科学研究費・学術変革領域研究（A）「イスラーム的コネクティビティにみる信頼構築：世界の分断をのりこえる戦略知の創造」（2020-2024年度）、略称「イスラーム信頼学」である。本シリーズが、読者にとって新たな「つながりづくり」のために役立つ手がかりとなることを願っている。

編集代表　黒木英充

目　次

シリーズ刊行によせて

総論　デジタル人文学的手法を用いたコネクティビティ分析
　　　　　　　　　　　　　　　　　　　　　　　　　　　熊倉和歌子 1

　はじめに　1
　1　デジタル人文学の展開とイスラーム関連研究　3
　2　デジタル人文学×つながりの視覚化　10

第Ⅰ部　コネクティビティ分析におけるデジタル人文学の意義

第1章　普通の名士に光を当てる
　　　　　――デジタル人文学と伝記文学研究の未来に向けて……新井和広 19

　はじめに　19
　1　アラビア語の伝記文学　20
　2　伝記文学を利用した研究の例　26
　3　デジタル人文学と伝記文学――普通の名士の評価と扱いの可能性　30
　おわりに――伝記文学研究の今後を見据えて　37

第2章　グローバルに共有可能なテキストデータの構築に向けて
　　　　　　　　　　　　　　　　　　　　　　　　　　　永崎研宣 39

　はじめに　39
　1　求められるデータ　40
　2　共有しやすいデータに向けて　42
　おわりに　53

第Ⅱ部　史料から浮かびあがるコネクティビティ

第3章　網の目のなかの人々を描く
── 女性がつなぐマムルーク朝後期の文民ネットワーク
·· 熊倉和歌子 59

はじめに──男性中心的な家系図から女性がつなぐ家系図へ　59
1　史料と分析対象　60
2　家系間のつながりの可視化を試みる　63
3　ネットワーク図を読み解く　71
おわりに　77

第4章　15世紀の東地中海・紅海・インド洋におけるムスリム商人たち
── デジタルテキスト分析の試み·························· 伊藤隆郎 81

はじめに　81
1　14世紀末-15世紀初頭における変化　82
2　『輝く光』の中の商人たち　86
3　大商人たちの経歴と活動　90
4　カーリミー商人とハワージャー商人　99
おわりに　101

第5章　デジタル人文学的ツールの応用による近世ムスリムネットワークの再構築
── 近世マルタ島におけるムスリム奴隷コミュニティ
·· マレト、アレクサンデル 105

はじめに　105
1　データセットと方法　106
2　3つのケーススタディから見えるネットワーク　116
3　ネットワークからの発見　123
おわりに　125

第Ⅲ部　知識伝達をめぐるコネクティビティ

第**6**章　15世紀マグリブのウラマーのイスナードを可視化する
　　　　──デジタル人文学によるファフラサ活用の試み‥‥‥‥篠田知暁　133

　　はじめに　133
　　1　史料としてのファフラサの長所と短所　133
　　2　イブン・ガーズィーのファフラサ　135
　　3　『フィフリス』からデータを作成する　137
　　4　ツールで地域間の結びつきを可視化する　139
　　おわりに　148

第**7**章　中東、インド、東南アジアのウラマーによる
　　　　法学の継承と現地化
　　　　──法学書『御助けくださる方の勝利』の系譜上にある間テキスト性を
　　　　どうやって実証するか‥‥‥‥‥‥‥‥‥‥‥‥‥‥塩崎悠輝　151

　　はじめに　151
　　1　問題の整理とこれまでの研究の限界　154
　　2　問いに答えるためには何が必要か？──デジタル的研究方法の可能性　157
　　おわりに　163

第**8**章　アラビア半島と東南アジアにおける知識伝達の
　　　　コネクティビティ
　　　　──ハドラマウト起源の学識者と血縁・地縁ネットワーク
　　　　‥‥‥‥‥‥‥‥‥‥‥‥‥‥‥‥‥‥‥‥‥‥‥新井和広　167

　　はじめに　167
　　1　ハドラミーの移民と知識の伝達　168
　　2　ハドラマウトにおける伝記集　170
　　3　『結婚の冠』──インドネシアで執筆された聖者・学識者の伝記集　172
　　4　知識伝達に関わった人物の傾向　177
　　おわりに──特定の家系に注目した人名録から見えてくるもの　185

第Ⅳ部　コネクティビティの性質を問う

第9章　イスラーム改革思想をめぐる師弟関係の信頼性
　　　　――カッターニー『ファフラサ』のイスナードを例に‥‥石田友梨　191

　はじめに　191
　1　イスラーム改革思想をめぐる師弟関係　191
　2　イジャーザとイスナードに基づく師弟関係　197
　3　イスラーム改革思想をめぐる師弟関係とカッターニーのイスナード　199
　おわりに　203

第10章　15世紀ウラマーの名目的師弟関係にみる「弱い紐帯の強さ」
　　　　――RDFを用いた「データベース」としての人名録分析
　　　　‥‥‥‥‥‥‥‥‥‥‥‥‥‥‥‥‥‥‥‥‥太田（塚田）絵里奈　207

　はじめに　207
　1　「ウラマー・データベース」にみる間接的なつながり　208
　2　方法論　212
　3　イスティドゥアーによるイジャーザ授受の分析　215
　おわりに――「ゆるく、多様なつながり」の社会的意義　221

第11章　日本の中東・イスラーム研究者のコネクティビティを
　　　　可視化する
　　　　――謝辞から読み解く研究史‥‥‥‥‥‥‥‥‥‥須永恵美子　225

　はじめに――続・つながりづくりとつながろうとする意思　225
　1　イスラーム研究と研究者の居場所づくり　226
　2　謝辞からみえるつながり　228
　3　ネットワークの可視化と準備　230
　おわりに――より多くの研究者をつなぐ研究者　237

　あとがき　245

　索　　引　247

　執筆者紹介　255

◆総論◆ デジタル人文学的手法を用いた
コネクティビティ分析

熊倉和歌子

はじめに

　「イスラーム信頼学」はコロナ禍が本格化する中で始動した。それは、プロジェクトの計画を練っていた数か月前にはまったく予期していない事態であった。間もなく、海外渡航自体がほとんど不可能になった。このことは、海外での調査が研究の重要な部分を占める研究者にとって、研究の遂行が極めて困難な状況に陥ることを意味した。

　絶望的な状況であったことには違いないが、コロナ禍は（今から思えばではあるが）悪いことばかりでもなかった。何より、人の移動が制限されたために職場に行く必要がなくなった。こうして、研究者は自宅という空間で、手持ちの限られた資料を使って何ができるだろうか、という問題に向き合うこととなった。幸いにも、筆者にとってはデジタル人文学という手法を用いることにより、手元にある資料を従来とは異なる形で利用しながら研究を進められるのではないかという可能性に挑戦するための時間となった。

　筆者が専門とする歴史学は、「新たな」資料を追加しながら発展してきた。「新たな」資料という括弧付きの表現には、これまで世に出ることのなかった新出の資料という意味だけでなく、存在こそ知られていたものの何らかの理由により使われてこなかった資料という含意がある。とりわけ後者の場合には、新たな研究上の理論、概念、思想、枠組み、方法が注目されることにより、資料の重要性や有用性が認識されるようになるというパターンがある[1]。私たちのプロジェクトが扱ったのは後者の資料である。すなわちデジタル人文学の手

法を採用することにより、資料の利用可能性を高め、そこから新たな発見をもたらそうと試みたのであった。

また、このプロジェクトは、これまで機械分析を用いてこなかった研究者が試行錯誤しながらその手法の開拓にとりくむものでもあった。図らずもコロナ禍とデジタルは親和性があり、情報共有や共同作業はスムーズに行われ、プロジェクトメンバーのデジタルリテラシーも理想的な形で向上していった。もっとも、このような現象は社会一般に認められるものでもあった。生活全般がデジタル化する中で、デジタルツールがより身近になったためである。例えば、当初、オンラインでプロジェクトの集会を開くことは新しい試みであったが、今やオンライン会議のアプリケーションは日常的に使われるようになった。また、これまで現地の図書館に行かなくては見ることのできなかった歴史資料が自宅にいながらオンラインで見られるようにもなった。

このように、コロナ禍でデジタルトランスフォーメーションが加速していく中、歴史学だけでなく人文学全般において、デジタルな手法を持ち込んだら何か新しいことを打ち出せるのではないかという期待が高まっていった。対面での接触が難しい状況であったにもかかわらず、デジタル人文学に関する研究会や集会がオンライン上で多数開催され、常に多くの参加者を集めていた。本書の執筆者も定期的な勉強会を立ち上げ、インターネット上で活発に議論を交わした。デジタル人文学研究自体はコロナ禍に始まったものではないが、コロナ禍でその裾野は一気に広がった。それまで情報学の専門家が中心となって形成してきたこの分野に、歴史学、言語学、宗教学をはじめとする人文学研究者の多くが関心を持ち、自身の研究とデジタル人文学との融合を図ろうとする動きが顕著に見られるようになったのである。

シリーズ「イスラームからつなぐ」の第8巻にあたる本書は、そのような状況の中で、イスラーム信頼学プロジェクト「デジタルヒューマニティーズ的手法によるコネクティビティ分析」の研究活動に携わった執筆者らが、自らの研

---

1) 例えば、ポストコロニアリズムという思想の広がりとともに、支配のもとに生きた人々の動態を描き出そうという意識が高まり、彼らが残した現地語による資料などが重視されるようになった。また、最近では、環境問題への関心の高まりによって、人間と環境の歴史的な相互関係を見出そうとする環境史研究の進展が目覚ましいが、そこでは歴史学と古気候学との連携の必要性から、歴史資料に残された気候に関する記録や叙述が重要な意味を持つようになった。

究をデジタル人文学的手法を用いることにより発展させるべく取り組んだ研究の成果である。それらは、「イスラーム信頼学」が解き明かそうとする、イスラーム文明において歴史的に見られた「つながりづくり」のあり方をデジタル人文学的手法によって追究しようとするものである。分析において重視されるのは、デジタル人文学的手法の適用とつながりの視覚化であり、この点が本書の大きな特徴である。以下、本書に関わるデジタル人文学の動向をおさえながら、コネクティビティ分析におけるデジタル人文学の可能性について整理してみたい。

1 デジタル人文学の展開とイスラーム関連研究

(1) 国内外におけるデジタル人文学の展開

デジタル人文学(デジタル・ヒューマニティーズ)というとき、それが包摂する内容はあまりにも多岐にわたり、一概に定義するのは難しいが、ここではひとまず、与えられたデータに基づき計算機が導き出す結果を利用しながら人文学的議論を組み立てていく領域、としておきたい。一般的に、デジタル人文学が扱う内容としては、資料のデジタルテキスト化、テキストの構造化、またそこからの情報の抽出・解析・視覚化、データのオープン化・共有といった問題が含まれる。

コンピュータ技術を人文学に応用した研究の始まりと分野としてのデジタル人文学の登場は同時ではない。コンピュータ技術を広くとらえれば、前者はより古くから存在した。より多くの人文学研究者が関心を持ち始め、デジタル人文学と呼ばれる分野が形成され始めたのは、コンピューターとともにインターネットが一般家庭に普及していった前世紀末以降のことである[2]。国内では、

---

2) 国内においては仏教学が先駆けとなってコンピューター技術を利用した研究プロジェクトを推進してきた。1988年には日本印度学仏教学会が事業主体となり、「コンピュータ利用委員会」を設置して論文データベース化事業を開始した。また、1994年には、SAT大蔵経テキストデータベース研究会を設立し、大正大蔵経のテキスト部全85巻のデジタル化事業を開始した。これらのプロジェクトによって構築された「インド学仏教学論文データベース(INBUDS)」や「SAT大正新脩大蔵経テキストデータベース」は、仏教学における重要な研究資源となっている[下田・永崎編 2019: 17-20]。

人文科学とコンピュータ研究会（略称：じんもんこん）が情報処理学会内の研究会として 1989 年に発足し、その翌年以降、毎年シンポジウムが開催されている。2011 年には、日本デジタル・ヒューマニティーズ学会（The Japanese Association for Digital Humanities）の前身が設立され、以後、学会として今日に至るまで若手研究者を集めている。また、2022 年には、国際デジタル・ヒューマニティーズ学会連合（Alliance of Digital Humanities Organizations）が毎年主催する国際会議 DH2024 が東京大学をホスト校としてオンラインで開催され、国内外から多くの参加者を集めた。このような流れにおいて、デジタル人文学に関心を持つ者を誘うような入門書の刊行も相次いでいる。中でもイスラーム信頼学プロジェクトが開始される半年ほど前に刊行された『歴史情報学の教科書』［後藤・橋本編 2019］は、筆者もプロジェクトの計画を立てるにあたって刺激を受けた一冊である[3]。

　イスラーム関連の研究におけるデジタル人文学の導入は、国内のデジタル人文学の盛り上がりに比べるとやや遅れをとっていたものの、近年では重要な展開を見せつつある。その先駆けは、アラブ文学・イスラーム中世史を専門とするムハンナーを編者として 2016 年に刊行された論集『デジタル人文学とイスラーム・中東地域研究』である［Muhanna ed. 2016］。2019 年には、イスラーム圏デジタル人文学ネットワーク（Islamicate Digital Humanities Network）が第 1 回会議を開催した[4]。2024 年 8 月には『デジタル・イスラーム研究ジャーナル Journal of Digital Islamicate Research』の初号が刊行されている。

　このような動きとともに、イスラーム関連研究におけるデジタル人文学の動向を説明する上で欠かすことができないプロジェクトとして、「キターブ（KITAB）」が挙げられる。アーガー・ハーン大学に拠点を置く同プロジェクトは 2015 年に始まり、これによってアラビア語文献のデジタルテキストの整備が一挙に進められていくこととなった。同プロジェクトは、イスラーム初期から現在に至るイスラーム関連のアラビア語文献をデジタルコーパス OpenITI（Open Islamicate Texts Initiative）コーパスに収録し、メタデータとともに公開して

---

3) この他の入門書としては、［小風ほか編 2021; 石田ほか編 2022］がある。
4) IDHN のウェブサイトには、オンラインリソースやツールがまとめられており参考になる（https://idhn.org/resources/）。また、この他の動向については、［須永 2024a］を参照のこと。

いる[5]。このコーパスに収録されるアラビア語文献は、テキスト形式（.txt）で整備され、ダウンロードが可能である。このため、自動検索はもちろんのこと、テキスト構造化のためのタグをつけていくことも可能となっている。このようなデジタルテキストの整備・提供に加え、同プロジェクトでは、右から左へ記述するアラビア文字に適したOpenITI mARkdownというタグ付けの手法も提案している［熊倉 2024: 158-165］。

このような大規模デジタルコーパスの整備が進む一方、プロソポグラフィに関するデータベースも構築されてきた。早いものとしては2000年代に作成が開始されたProsopografía de los ulemas de al-Andalus（https://www.eea.csic.es/pua/）がある。これは、アンダルスのウラマー1万1600人分の情報を収録したデータベースである。また、ゲント大学では、約4000人分の情報を収録したマムルーク朝名士データベースMamluk Prosopographyも公開されている（https://ihodp.ugent.be/mpp）。

デジタル人文学の進展に刺激を受けて、国内においても『イスラーム・デジタル人文学』［須永・熊倉編 2024］が2024年に刊行され、本書の執筆者も多く寄稿している[6]。

(2) デジタル人文学の可能性と課題

デジタル人文学はその名の通り、人文学全般に広がる学問分野である。したがってその射程は広範にわたり、その学問的な意義も多岐にわたる。それらを余すところなく論じることは筆者の能力を越えているため、ここでは筆者が専門とする歴史学、その中でもとりわけ文献史学にとってデジタル人文学との融合がどのような意味を持つのか、またどのような点が課題として挙げられるかについて述べたい。

デジタル人文学が従来の人文学研究とは一線を画す新規性を持っているとすれば、それは大規模データを解析することにより傾向を見出し、発見に導いて

---

[5] OpenITIの利用方法については、熊倉［2024］を参照のこと。
[6] 同書の第1章「イスラーム・デジタル人文学ことはじめ」は、イスラーム関連研究におけるデジタル人文学の動向やデジタル・リソースが簡潔にまとめられており有用である。また同書の末尾には、イスラーム圏のデジタル資料を扱う研究プロジェクト・公文書館・デジタルアーカイブがまとめられている。

いくデータ駆動型のアプローチを人文学において実践することだろう［永崎 2022］。従来の人文学は、研究者がデータを集めながら得た感覚を元にして仮説を立て、データを補いながら検証していく方法を採ってきた。その方法においては、研究者の長年の経験とそれによって研ぎ澄まされた感覚が問いの発見や資料蒐集において「あたりを付ける」ために必要とされ、研究の成り行きを左右する重要な要素となる。もちろんそれはデータ＝経験に依拠して研究を遂行するという点ではデータ中心的な方法ではあるが、所与のデータを解析して研究課題を発見するデータ駆動型とは異なる。言ってしまえば、データ駆動型の研究においては、経験や感覚にそう頼らなくとも、機械によって問いや答えが導きだせてしまうことすらありえると言える。

　前項で述べたように、デジタルリソースの公開と整備が大規模に進み、現時点でもこのデータ駆動型アプローチによる研究がある程度可能となってきている。例えば、ロマノフは OpenITI コーパスに収録されるザハビー（1274-1348 年）著『イスラーム史』のデジタルテキストを解析し、著者が当該著作を編纂する際に参照した情報源とその構成について示唆的な議論を提示している［Romanov 2017］。『イスラーム史』は、刊本にして全 50 巻、単語数にして 360 万語、伝記数にして約 3 万人分の伝記を収録する浩瀚な著作であり、それが含む情報は歴史的なビッグデータと言える。この大著を人間の手のみで分析しようとすれば、研究人生を捧げる覚悟が必要だろう。ロマノフによれば、解析の結果、全体の少なくとも 23％は著者であるザハビー本人による文章ではなく、他資料からの引用であることが判明したという。無論、ロマノフ自身も認めるように、この結果には、分析において依拠したデジタルテキストの精度に課題がある。とはいえ、機械に頼らずにこのような大量のデータを読み込んで引用率を算出することなど不可能なことだろう。

　このような事例を目の当たりにすると、デジタル人文学の可能性が一気に拓けるような気持ちになる。しかし、データ駆動型の研究を人文学で展開していくためには、克服しなくてはならない課題もある。その 1 つがテキストのデジタル化の問題である。資料のデジタル化は進んではいるが、デジタル化されていないものも依然として多数残されている。例えば、OpenITI コーパスが収録するアラビア語文献の数は、2024 年 9 月時点で 1 万 3221 タイトルである。こ

れは世の中に存在するアラビア語で書かれた刊本のほんのわずかな部分に過ぎないだろう。また、公刊されていない写本や文書を含めれば、デジタル資料の整備はまだ端緒についたばかりである。第7章は、現在に至るまで持続的に普及している法学書の継承経路と影響、すなわちその法学書が他の法学書テキストにどのような影響を与えたかという問題に挑むが、データの不足が大きな障害として立ちはだかっていることを指摘する。この問題を克服するには、資料のデジタルテキスト化を推進していくことが必要不可欠となる。

このため、資料のデジタルテキスト化もまたデジタル人文学の領域において扱われることとなる。現在、印刷物の文字を翻刻するOCR（Optical Character Recognition）だけでなく、手書き文字を翻刻するHTR（Handwritten Text Recognition）を利用したアプリケーションが次々と登場し、さまざまな言語を対象に利用されている［Ishida and Shinoda 2021; 宮川 2022; 須永 2024b］。これにより、研究者は、たとえデジタルテキスト化されていない資料であっても、これらのアプリケーションに資料のデジタル画像を読み込ませることにより、そのデジタルテキストを作成することができるようになった。手書き文字の場合には、書き手によって字形が異なるため、テキストに応じた翻刻モデルを作る必要がある。その過程において、機械学習のための教師データが多ければ多いほど翻刻モデル作成の労力に見合った効果を得ることができる。マルタに所蔵される異端審問文書群を対象としてこの作業に取り組みながら、文書の中に現れるムスリム奴隷たちのつながりを可視化したのが第5章である。マレトは、1点が1葉から300葉を超えるものまである文書1000点以上をHTRアプリケーションの1つであるTranskribusで翻刻し、そこから自動検索でムスリム奴隷が言及される文書を抽出して、HTRが文書の翻刻にも有効であることを示した。Transkribusでは、作成した翻刻モデルをオープン化したり特定のユーザーと共有したりすることが可能となっており、それらのモデルに新たな教師データを追加してモデルを発展させていくことが可能となっている。モデルのオープン化が進めば、手書き文字のデジタル化も進展するに違いない[7]。

2つ目の課題は、デジタルテキストの信頼性の問題である。デジタルテキス

---

7) Transkribusでは長らくアラビア語のモデルが公開されていなかったが、2024年10月に、18-20世紀のアラビア語手書き文字のモデルが公開された［Transkribus 2024］。

トには、OCR や HTR による読み取りミスも多く含まれうる。この点を考慮して、先述の OpenITI コーパスでは、利用者がテキストを修正し、その質を改善することができるような仕組みが採られている[8]。当初、私たちの研究プロジェクトにおいても、しばしばデジタルテキストの質の問題が議論された。そこで、本書において複数の章で扱われたマムルーク朝時代の人名録である『ヒジュラ暦 9 世紀の人々の輝く光 *al-Ḍaw' al-Lāmi' li-Ahl al-Qarn al-Tāsi'*』（以後、『輝く光』）を対象として、OpenITI コーパスにアップロードされているデジタルテキストと刊本のテキストとを照合する作業を行った[9]。すると、デジタルテキストには、単語レベルの読み取りミスに留まらず、数行にわたる文章の抜け、ページ単位での抜けなど、大小さまざまな欠陥が含まれていたことが判明した。歴史学研究は、分析対象とするテキストの信頼性を精査する史料批判の作業から始まる。それは、テキストに含まれる 1 つの欠陥や相違が結果に与える影響が少なくないためである。この史料批判の重要性は、たとえテキストが紙媒体からデジタルに変化しても、変わることはない。

『輝く光』の照合作業は実に 3 年の月日を要し、かくして、『輝く光』のデジタルテキストが完成した。『輝く光』は全 12 巻にわたる人名録である。人名と各人に関する伝記をひと揃いの情報として、それが人名のアルファベット順（アーバター順）に並んでいる。このたび、デジタルテキストが整備されたことにより、収録される人物の数が大幅に書き換えられることとなった。従来、1 万 2000 人以上の人物伝が収録されていると考えられていたが、実際には 1 万 3400 人以上（うち、女性は 1075 人）の人物伝を含むものであることがわかって

---

[8] OpenITI コーパスは GitHub に含まれているが、コーパスに変更を加えたい場合に、ユーザーは変更を加えたファイルをバルザフ（イスラームにおいて、現世と来世の間を隔てる期間を意味する）と呼ばれるページに保存すると、ファイルが確認された後にコーパスに統合される仕組みになっている（https://github.com/OpenITI/barzakh）。

[9] この作業においては、キタープのメンバーの一人であるマキシム・ロマノフ氏から技術的なサポートを受けながら、本書の執筆者である伊藤隆郎、太田（塚田）絵里奈、熊倉和歌子、当時東京外国語大学の学部生であった荻野明伊、下宮杏奈、萩原優太、宮川寛人、そして京都大学大学院文学研究科の笹原健の諸氏が修稿作業に当たった。記して謝意を表する。作業は極めてマニュアルな手続きを要した。第 1 段階においては、作業者（学生）は OpenITI が公開するデジタルテキストと刊本のテキストを見比べて、異同があった場合にはその箇所にマークをつけた。第 2 段階においては、マークがつけられた箇所を第 1 段階の作業者とは異なる作業者（伊藤および太田）が確認し、適宜デジタルテキストに修正を加えていった。

きた。また、その利用可能性も大幅に改善された。刊本には索引が付されておらず、かつテキストは 12 巻に分かれていた。これがデジタルファイル上でひとまとまりとなり、全巻を通して自動で検索することが可能となった。これだけでも、研究を進展させるのに十分な意義がある。第 4 章は、まさに『輝く光』の修稿作業によって実を結んだ成果である。伊藤は、15 世紀以降、東地中海・紅海・インド洋を股にかけて国際商業に携わったカーリミー商人にとってかわってハワージャー商人と呼ばれる商人が台頭したという通説に対し、『輝く光』に収録される大商人の伝記を総ざらいし、ハワージャー商人の実像に迫る。デジタルテキストを利用することにより、刊本に基づく研究で取りこぼされてきた商人たちをすくい上げ、より精度の高い研究が可能になったことが示される。

　上述の 2 つ目の課題は、デジタルテキストが依拠する資料の精査という 3 つ目の課題につながる。OpenITI コーパスで公開されるデジタルテキストは刊本に依拠している。したがって、デジタルテキストを精査する際にはその刊本の信頼性が問われなくてはならないはずである。そのように考えると、デジタル人文学の進展には、従来の歴史学が徹底してきた地道な史料批判の作業が不可欠である。実際に、上述の『輝く光』の修稿作業の際には、改めて刊本のテキストの質についても議論された。『輝く光』の刊本は、1934 年に刊行されたカイロ版が最も普及した版であるが、校訂の精度が高いわけでも、優れた索引が付されているわけでもない。単に人名録という資料の性質上、同じ版である方が人物の検索においては便利であるという理由でカイロ版が使われてきたのである。カイロ版の校訂の信頼性については、各研究者が疑問を感じることもあったに違いないが、とはいえ、現行の版を超えるような良質の校訂を行おうとする動きも出てこなかった。そのような状況に対し、デジタルテキスト化の過程を通じて、無批判に使われ続けてきたテキストに改めて疑いのまなざしが向けられることとなったのである。

　以上の 3 点が、筆者の専門とする文献史学から見たデジタル人文学の課題である。それでは、人文学研究においてこうした課題を克服しながらデータ駆動型の研究を推進することによって、人文学研究はどのように変わっていくのだろうか。北本は、それによりもたらされる効果として、(1)大規模データから新たな知識を得る機会を作る、(2)人文学研究を円滑に推進する基盤を構築する、

(3)チーム型研究に基づく研究文化を開拓する、(4)よりオープンな人文学研究を促進することが期待されるとする［北本 2021］。第 2 章において永崎が論じるように、オープンな研究とは、単に、資料がオンラインで公開されるということに留まらず、研究データの共有や発展的利用をも含む。データの再利用はまさに情報学の基礎をなす概念であるが、これを人文学研究にも普及させていくためには、他言語の壁を乗り越え、一般的なガイドラインに沿ったテキストの構造化を行い、共有可能な形のデジタルテキストを作りあげていく必要がある。キターブが提案する一連のデータセットや OpenITI mARkdown などのタグ付け手法の提案はそのための試みの 1 つであるが、北本が提示するような人文学研究の変革が実現されるには、より多くの人々がデジタル人文学的な手法を実践しながら、研究資源となるデータやデータ共有の仕組みを改善していく必要もあるだろう。そのような観点からしても、イスラーム関連研究におけるデジタル人文学は端緒についたばかりである。

2 デジタル人文学×つながりの視覚化

デジタル人文学的手法によって人と人とのつながりを視覚化する意義とは何だろうか。人と人とのつながりは見えるものではない。夫婦だからといって赤い糸でつながれているわけではないし、師弟関係にある知識人同士が鎖（シルシラ）でつながれているわけでもない。見えないものだからこそ、思ってもいなかったようなつながりを知って驚いたという経験がある人も少なくないだろう。もちろん、このようなことは、人名録や聖者伝、博士論文に添えられる謝辞を読んでいても体験しうる。こうした事態に直面したとき、ある社会の、あるいはある人をとりまく人物相関図を描いてみたい、という誘惑にかられることはないだろうか。清廉潔白で知られた政治家が闇の組織と関係していたというようなドラマチックな展開とまではいかなくとも、一般に認知されていないような関係を見出すことができたら、その人物や社会をより一層深く理解することができるのではないだろうか。そのような好奇心が本書の出発点にはある。

もっとも、主たる人物から広がる関係性の描写ということであれば、すでに世の中にあふれている。小説の主人公をめぐる人物相関、代々の家督の継承を

示した家系図や預言者ムハンマドの血を引く人々の系譜などがそうである。このような相関図は、全体の一部を、特定の目的のために作為的に抜き出したものであり、言わば、読者に対するプレゼンテーションのための図である。一方、本書が試みようとする分析は、極力そのような恣意性を伴わない形で関係性を示し、その中から新たな発見を得ようとする点において、このタイプの相関図とは発想が異なる。つまり、当該タイプの相関図においては、ストーリーを構成する主要な人物はあらかじめ作図者によって定められているのに対し、本書での分析においては、まずはそこに登場する人々を可能なかぎり広く対象とし、その中から特徴を持つ人物や関係性を探ろうというデータ駆動的な方法を採っているのである。

　なぜ、このような方法を採るのか、その目的は主として3つある。1つには、パターンの発見である。人と人とのつながりを視覚化する場合には、ネットワーク図として表すことが一般的である。それは、人をノード（点）とし、関係性をエッジ（線）として表現したものの総体である。そのような表現方法においては、点と線が集合するところにクラスター（群れ）が発生することがある。そこで、クラスターを構成する人や関係性に一定の共通点があるかを検証することにより、つながりのパターンを見出すことが可能となる。また、分析に時間軸を組み込むことにより、時代ごとに中心が移動する状況などを視覚化することも可能となる。ただし、扱うデータの規模が大きくなればなるほど、大量のエッジが複雑に絡まり合い、無数のクラスターが隣接し合うようなネットワーク図が出来上がる可能性が高まる。このようなスパゲッティ状のネットワークを見ても、パターンを抽出することはほとんど不可能である。この場合、ネットワーク図の利用はあまり効果的ではないため［篠田 2024］、分析対象をある程度限定するなどの必要性が生じるだろう。第8章は、パターンの発見の好例である。同章はマナーキブ（聖者伝／徳行録）に基づき、ハドラマウト出身者の師弟関係を分析した結果、ハドラマウトでの血縁・地縁関係が同地域内だけでなく、移住先での師弟関係にも影響を与えるというパターンを発見する。

　2つ目の目的は、モデル化である。パターンの発見は、ある人的集団の中での関係性の特徴をモデルとして浮き彫りにする。それは、なぜそのようなモデルが表れるのかについて、政治、経済、文化などのさまざまな社会状況から読

み解いていく作業へと結びついていく。ある社会のモデルは、他の社会との比較を容易にする仕掛けとなる。イスラーム社会の歴史を探究してきたラピダスは、著書『イスラームの都市社会』の補論の中で、中国史とイスラーム史の各分野において、それらの社会がどのように議論されてきたかに基づき、双方の研究者がそれぞれの社会をどのようにイメージしているか、その思考モデルを比較した。それによれば、イスラーム社会の構造はネットワーク型でイメージされるが、中国社会はヒエラルヒー型——それは階層状の構造物ではなくモビールのようなイメージとして理解されているとする。その上で、イスラーム社会にヒエラルヒー型のモデルを、中国社会にネットワーク型のモデルを相互に当てはめてみると、どのような相違を見出すことができるか議論する［ラピダス 2021］。このように、ある社会のある事象に関するモデルを見出すことができれば、いずれ、他の社会のそれとの比較研究に結びつくことが期待される。例えば、15 世紀のカイロにおいて官僚等を務めた文民名士の 11 家系は、婚姻を通じて、ある家系と家系は密な形で、また別の家系と家系は緩やかな形でつながっていた。今後、異なる地域や時代との比較により、このモデルがマムルーク朝（1250-1517 年）の首都であるカイロの社会的特徴と言えるかどうかが明らかになるだろう（第 3 章）。

　3 つ目の目的は、多様な人々を含めた分析である。イスラーム文明は、過去から現在に至るまで大量の人に関する記録を残してきた。それを包摂するジャンルが伝記文学である。例えば、人名録には王や政治的有力者をはじめ、ウラマー、官僚、商人、聖者などの名士が名を連ねている。伝記が残される人物は間違いなく当代の名士ではあるが、社会的地位や存在感にはグラデーションがある。従来の研究では、年代記にも人名録にも登場するようなメジャーな名士を社会の代表として扱う方法が主流を占め、多くのマイナーな名士（「普通の名士」）は捨象されてきた。しかし、社会の大部分を占める彼らを含めた分析はその社会を裾野の部分まで含めて理解する上で不可欠である（第 1 章）。それにもかかわらず、これまでマイナーな名士が分析の対象外とされてきたのは、研究者が手仕事で扱うことのできる情報量に限界があったためである。例えば、先述の『輝く光』を例にとれば、1 万 3000 人以上のメジャー、マイナーな名士に関する情報を前に、そのすべてを対象とした分析は手作業ではほとんど不

可能だろう。そのため、同書はもっぱら年代記等に登場する人物の経歴などを知るための工具書として使われてきたのであった。

このような状況に対し、デジタル人文学的手法は2つの可能性を提示する。1つ目は、社会の多様な人々を扱う研究を可能にすることである（官僚：第3章、商人：第4章、奴隷：第5章、知識人：第6、8、9、10、11章、現代の研究者：第11章）。2つ目は、人に関する記録を含む資料を社会関係の分析のための資料に転換することである（伝記文学：第3、4、6、8、9、10章、裁判記録：第5章、謝辞：第11章）。例えば、第6章ではファフラサと呼ばれる伝記文学の一類型から学統のネットワーク図を描出する。ファフラサは、ある知識が誰から誰に伝えられたかについての情報を含みながらも活用が難しい資料であったが、ネットワーク分析により資料としての可能性が示されたと言える。また、第11章では、現代日本の中東・イスラーム研究者のあいだのコネクティビティを、博士論文に記された謝辞に基づき、謝辞を贈る著者と謝辞を贈られる人物をそれぞれノードとして図示化する。そのネットワーク図は、イスラーム研究者コミュニティの拡大に加え、著者自身の専門分野とは異なる分野の研究者とつながる傾向を示す。マイナーな人々の記録は、メジャーな人々の記録に比べて取るに足らないものも多い。しかし、関係性の視覚化という作業においては、マイナーな人々もメジャーな人々と同様に社会関係を描出するための情報を提供するのである。また、マイナーな人々はメジャーな人々の背景に存在しているわけでもない。第10章は、「イスティドゥアーによるイジャーザ」と呼ばれる名目的なイジャーザによってハディースの伝承経路に連なった多様な人々の存在を浮き彫りにする。そして、多様な人々の存在こそが情報伝達において重要な意味を持つというグラノヴェッターの「弱い紐帯の強さ」論を援用しながら、ハディースの継承に多様な人々が連なる意味を読み解く。

一方、このような分析の基礎となるデータの信頼性の問題についても問われなくてはならない。第9章は、イスナライザー（isnalyserjs）と呼ばれるイスナード分析のためのアプリケーションを用い、知の伝達に関わった知識人たちの没年の差分から実質的な知の伝達が成しえたかについて検討した。ハディースの伝承においては、幼少期や生前（母親のお腹にいる期間）にイジャーザを得てハディースの伝承経路に加わる事例があったことが指摘されているが、それは

実態として「知の伝達」と言えるかどうかという根本的な問題を扱う。この問いは、イスナードに少なからず含まれうる虚構をどう捉え、分析するかについての再考を促す一方で、記述資料の限界もある。その点をどのように克服するか／克服できないかという問題については、今後の課題となるだろう。

　本書が含む11章は、デジタル人文学的手法を用いたコネクティビティ分析のほんの一例にすぎないが、デジタル人文学的分析手法や、コネクティビティという概念をどう分析するかについての示唆的な内容を大いに含んでいるはずである。本書における考察が、今後、デジタル人文学的手法の開拓とコネクティビティ分析の発展への原動力になれば幸いである。

参考文献

石田友梨・大向一輝・小風綾乃・永崎研宣・宮川創・渡邉要一郎編 2022『人文学のためのテキストデータ構築入門——TEIガイドラインに準拠した取り組みにむけて』文学通信

北本朝展 2021「人文学におけるデータ駆動型研究の類型と事例」科学技術・学術審議会 学術分科会 人文学・社会科学特別委員会（第7回）資料2-2、2024年11月24日閲覧。https://www.mext.go.jp/content/20210629-mxt_sinkou02-000016456_4.pdf

熊倉和歌子 2024「TEIガイドラインとOpenITI mARkdown——マークアップ手法を用いた歴史研究と分析」須永恵美子・熊倉和歌子編著『イスラーム・デジタル人文学』人文書院

小風尚樹・小川潤・纓田宗紀・長野壮一・山中美潮・宮川創・大向一輝・永崎研宣編 2021『欧米圏デジタル・ヒューマニティーズの基礎知識』文学通信

後藤真・橋本雄太編 2019『歴史情報学の教科書——歴史のデータが世界をひらく』文学通信

篠田知暁 2024「ネットワークを可視化する——近世マグリブの伝記史料を題材に」須永恵美子・熊倉和歌子編『イスラーム・デジタル人文学』人文書院

下田正弘・永崎研宣編 2019『デジタル学術空間の作り方——仏教学から提起する次世代人文学のモデル』文学通信

須永恵美子・熊倉和歌子編 2024『イスラーム・デジタル人文学』人文書院

須永恵美子 2024a「イスラーム・デジタル人文学ことはじめ」須永恵美子・熊倉和歌子編『イスラーム・デジタル人文学』人文書院

―――― 2024b「自動文字認識とテキスト化——Transkribusによるウルドゥー語の自動翻刻」須永恵美子・熊倉和歌子編『イスラーム・デジタル人文学』人文書院

永崎研宣 2022「人文学におけるデータ駆動型研究に向けた動向」『人文情報学月報』124

宮川創 2022「ディープラーニングを用いた歴史的手書き文献の自動翻刻——コーパス

開発の効率化に向けて」『KU-ORCAS が開くデジタル化時代の東アジア文化研究——オープン・プラットフォームで浮かび上がる、新たな東アジアの姿』関西大学アジア・オープン・リサーチセンター

ラピダス、アイラ・M. 2021『イスラームの都市社会——中世の社会ネットワーク』岩波書店

Ishida, Yuri and Shinoda, Tomoaki 2021 "A Study on the Accuracy of Low-cost User-friendly OCR Systems for Arabic," Part 1 & Part 2, The Digital Orientalist, Accessed on November 24, 2024. https://digitalorientalist.com/2021/09/17/a-study-on-the-accuracy-of-low-cost-user-friendly-ocr-systems-for-arabic-part-1/; https://digitalorientalist.com/2021/09/24/a-study-on-the-accuracy-of-low-cost-user-friendly-ocr-systems-for-arabic-part-2/

Muhanna, Eliyas（ed.）2016 *The Digital Humanities and Islamic & Middle East Studies*, Berlin/Boston: De Gruyter

Romanov, Maxim 2017 "A Digital Humanities for Premodern Islamic History," al-Raqmiyyāt, Accessed on November 24, 2024. https://maximromanov.github.io/2017/10-18.html

Transkribus. 2024 "Arabic Handwritten 18-20c," Transkribus, Accessed on November 24, 2024. https://www.transkribus.org/model/arabic-khat-17-20-century-handwritten

第 I 部

コネクティビティ分析における
デジタル人文学の意義

第1章 普通の名士に光を当てる
——デジタル人文学と伝記文学研究の未来に向けて

新井和広

はじめに

　中東をはじめとするイスラーム世界は文書史料が豊富に残されている地域のひとつである。イスラームの聖典かつ7世紀の同時代史料とも言えるクルアーン、預言者の言行録であるハディースなど啓示に関連する文献をはじめ、さまざまな地域・時代で年代記、地誌、物語集、種々の伝承、旅行記、役人や書記のマニュアル、伝記など社会の状況に関する記録が書き残されてきた。また法廷資料、ファトワー、ワクフ関係文書、王朝の財務記録など司法や行政に関わる文書も残されており、それらを利用した歴史研究も盛んである。その中でも本章で焦点を当てるのは、伝記文学と総称される著作群である。ムスリムたちが人物にこだわって歴史を記述してきたことは多くの研究者が認めるところである。歴史上の出来事に関する記録においては、それに参加した者、目撃した者が記述の核になっており、さらにはその情報が伝えられた経路、伝えた人物の信用度が歴史についての問題関心になった［Marín 2002: 1］。そのためイスラームの歴史においては多数の伝記集が編纂され、他分野の著作であっても伝記集を含むことも多い。本書の主題のひとつはデジタル人文学的手法をどのように歴史研究に活かすことができるのかであるが、後述するように伝記文学の分析はこの手法による成果が期待できる部分である。その理由は政治を中心とする歴史記述の中には現れない人びとに関する情報が豊富に含まれているからである。そこで本章ではイスラームと関連する文学の中でもアラビア語による伝記文学の種類や特徴を確認した後、いくつかの先行研究を「普通の名士」（後

述）という側面から検討し、伝記文学研究にデジタル人文学的手法を導入することによる将来の可能性について考えてみたい。

1　アラビア語の伝記文学

　アラビア語で書き残されている過去の記録の中で伝記文学はその量や地域・時代的な広がりから特別な位置を占めていると言ってよい。そのためムスリムによって残された史料を取り上げる研究書では伝記文学の概要やそれを利用した研究の手法が議論されてきた。日本でも 2005 年に谷口淳一がマムルーク朝までのアラビア語の伝記文学の発展と分析の可能性について論じている［谷口 2005］。ここでは過去の研究の繰り返しになる部分も多いがイスラーム世界における伝記文学の概要や特徴を述べる。

(1)　ムスリムたちの伝記へのこだわり

　ムスリムたちが人物にこだわる理由のひとつは歴史を個人の営為の集積だと考えているからだろう。それは我々が通常思い浮かべる歴史が出来事の歴史であり、歴史学の発展も出来事に重点を置く歴史記述をどのように克服するかが主要な論点のひとつであったことから見ると対照的である。アッバース朝時代の歴史家であるタバリーの有名な年代記は『諸使徒と諸王の歴史』という、人物を中心に据えたタイトルが付けられている。その一方、アラビア語における最大の伝記集のひとつであるザハビーの著作のタイトルは『イスラーム史』である。年代記など典型的な歴史書があまり書き残されなくても伝記集が大量に著された地域も存在する。また歴史書という体裁をとっていても内容は名士を没年ごとに並べた伝記集であることも多い。故人の人生に注目するという特徴は他のジャンルの著作にも影響を及ぼし、地誌、詩集などにも名士たちの伝記を含むものが存在する。バグダード、ダマスクス、カイロ、メッカなど特定の都市で活躍した名士の人名録も著されている。歴史が個人の人生の積み重ねだとするなら、地誌をその場所で活躍した人びとの人生の積み重ねと捉えることも理解できる。いずれにしても伝記の編纂は歴史記述の重要な部分であり続けてきた。

単なる記録ではなく、実用的な機能を持った人名録も多数存在する。イスラームに関連した学問では知識の伝達を重視する。特に預言者の言行に関するハディースは、その内容がクルアーンに準ずる権威を持つため伝達者の信用度が重要となる。このため初期の人名録の中には各個人の伝達者としての信用度を記したものも多数存在するし、伝達者に関する情報の収集・精査の営みが伝記文学や歴史記述の発展に寄与したとも言える。

(2) イスラーム世界の伝記文学の形式と代表作

　前近代におけるアラビア語の伝記文学は我々が普段目にする伝記とはいくつかの点で異なる。最初に言えるのは、伝記文学のほとんどは特定の人物に注目したものではなく人名録、または人名録の体裁をとっている著作が多いことである。たとえある著作の主題が一人の偉人、学識者、聖者だったとしても、記述の大部分はその人物の師、同時代人、弟子の伝記で占められていることも多い。それはその人物が生きた地域、時代の名士たちの状況を記録する書として機能している。例外は預言者ムハンマドの生涯に関する伝記であるが、こちらは彼の教えを直接・間接的に伝えられた人びとの列伝が別に編纂されている。

　2番目の特徴は物語性の欠如である。ほとんどの著作は個人に関する情報（後述）が簡潔に述べられているだけで読み物としての魅力に乏しい。収録人数が多い人名録は各人が名前のアルファベット順で並べられており、工具書としての性格を兼ね備えているし、実際そのように使用されてきた。特定の人物の伝記という体裁をとっている人名録についてもその人物の人柄を伝えることよりその人物が知の伝達の中で果たしてきた役割や、その人物の行動がイスラーム的に正しかったことを示し、その権威を確認するものが多い。

　第三の点は自伝の不在である。イブン・ハルドゥーンやマムルーク朝期のエジプトの学識者スユーティーなど少数の例外を除いて近代になるまで自らの人生を書き残す伝統はあまりなかったと言える。

　さて、伝記文学にはいくつかの名称や形式がある。伝記文学と一口に言っても原語での名前は複数ある。たとえば伝記を総称する語として翻訳を意味する「タルジャマ」という語が使われている。しかしよく知られている伝記文学の中でこの語をタイトルに使用している作品はほとんどなく、人名録に収録さ

ている短い伝記ひとつひとつをタルジャマという例が多い。

　預言者ムハンマドの伝記はアラビア語で「スィーラ（行跡、生涯）」と呼ばれる。預言者伝で最も有名なものはイブン・イスハーク（767年没）によって著され、その後その一部がイブン・ヒシャーム（833年没）によって編纂され注釈が付けられた『預言者伝』で、初期イスラーム史の基礎文献のひとつでもあり、日本語にも翻訳されている。

　預言者自身の伝記に加え、教友や後継者たちの人名録もイスラーム生誕後、非常に早い段階で著されるようになった。預言者ムハンマドの言行を直接・間接的に伝えた人びとは教友（ムハンマドと直接会った人びと）、後継世代（教友から預言者の言行を聞いた人びと）、後継世代の後継世代（後継世代から預言者の言行を聞いた人びと）の3世代に分けられる。この3世代をサラフ（先人）と呼ぶが、このように世代ごとに編纂された伝記集はタバカート（列伝、原義は「階層」「世代」）と呼ばれ、9世紀頃に特定のジャンルとして現れ、その後の人名録の形式のひとつとなった。特にハディースの真偽を確定させるために伝承者の世代ごとの人名録が編纂された。また学識者やスーフィーなどの師弟関係をもとにした人名録もタバカートと呼ばれることがある。

　スーフィズムと関連する伝記のジャンルとしてはマナーキブが挙げられる。マナーキブはアラビア語で「美徳」「善行」を意味する単語の複数形であるが、その名の通り偉人たちの人柄や行動のうちで、特に称賛すべきものを中心に記述する形式である。しかし実際には聖者やスーフィーの伝記を、奇蹟譚に重点を置きながら語る著作を指す言葉となっている。このためマナーキブを「聖者伝」と訳すことも多いが、もともとの意味を重視すれば「偉人伝」「徳行録」の方が訳語としてふさわしい。

　詩人の人名録は「タズキラ（記念）」と呼ばれ、最初はペルシア語やトルコ語でこの語が使用されていたが、後にアラビア語でも使われるようになった。この形式の文献は伝記に加えて各詩人の詩も収録され、場合によっては詩のほうが伝記よりも記述量が多いこともある。伝記の内容も史実性に乏しいものが多いようである。もっともタズキラという語は聖者の人名録の題名としても使われている。

　いずれにしてもイスラーム世界ではさまざまな形で伝記や人名録が編纂され

ることになった。イスラーム世界の広い範囲で知られている人名録としては、イブン・サアド（845年没）の『列伝集成』、イスファハーニー（1038年没）の『聖者たちの飾り』、バグダーディー（1071年没）の『バグダードの歴史』、イブン・ハッリカーン（1182年没）の『貴顕たちの伝記』、ヤークート（1229年没）の『文学者事典』、ザハビー（1348または52/53年没）の『イスラーム史』、サファディー（1363年没）の『逝去の充足』、サハーウィー（1497年没）の『ヒジュラ暦9世紀の人々の輝く光』などがある。その他、時代（ヒジュラ暦の世紀ごと）、地域や都市、職業や地位（学識者、詩人、聖者、スーフィー、統治者、医者、裁判官、軍人、官僚など）、宗派、法学派など特定のカテゴリーごとに各種の人名録が編纂されている。その営みは現在まで続いており、私が専門とするハドラマウト出身者の間でも新たな人名録やマナーキブが出版され続けている。また現代の研究者にも広く利用されている人名録として、シリア出身のズィリクリー（1976年没）による、著名なアラブ人、アラブ研究者、東洋学者を収録した『名士録』がある。

（3） 伝記文学中に見出せる情報

さまざまな形式で著された人名録ではあるが、そこに現れる人物に関する記述はある程度定型化されている。著作ごとに幅はあるものの、人名録中に見出せる代表的な情報は以下の通りである。

> 名前（本人、父、祖父……）、血統、ニスバ（出身地、職業などを表す属性）、ラカブ（あだ名、称号）、出生地、死去した地、埋葬地、師、同世代の友人・同僚、弟子、妻や母方の姻戚関係、移動の遍歴、就任した公職、偉業、奇蹟、逸話、著作、学説、子孫、（ハディース伝承者であれば）信頼度、（顔見知りの人物であれば）著者との関係、（敵対関係にある人物であれば）能力や人柄への批判

すべての人名録が上記の情報を網羅しているわけではない。また著者やジャンルによって筆致は異なる。これらの情報が提示される際には何らかの物語性をもって語られるわけではない。多くは単に地名や人名が挙げられているだけ

で、全体としては無味乾燥なイメージを拭えない。また特定の人物の偉大さやその人物にまつわる奇蹟に関する逸話は「イスラームの価値観」に従った定型的な話が出てくるだけで、我々が考える史料としての価値は乏しいことが多い。しかしこのような記述の中にその人物が生きていた時代の状況が書かれていることもある。特に人びとの趣味や日常生活に関する記述はたとえ断片的なものであっても年代記などには現れにくい貴重な情報である。タズキラやマナーキブなど、史実性が乏しい記述が散見される人名録も、偉業や奇蹟に関する記述を取り除くとその人物の習慣や日常生活が見えてくることもある。

　このような伝記文学は過去について我々に何を伝えてくれるのだろうか。まずは 1960 年代に出版されたハミルトン・ギブによるアラビア語の伝記文学の概要をまとめてみたい。彼が書いたのは中東の歴史家たちに関する論集の中のたった 5 ページを占める短い章であるが、伝記文学と歴史記述の関係を考える上で示唆に富んだ内容である。彼はアラビア語の人名事典（biographical dictionary）の編纂が歴史書の編纂と密接に関連しながら発展してきたと述べた上で、そこに取り上げられている人物の傾向、特に政治的な事柄の重要度に注目している。具体的に言えば、伝記集に登場するのは政治に限らずさまざまな領域で活動した人びとであり、政治はむしろ二次的な扱いになっている。そして最初期の人名事典中に見出せるイスラーム共同体の歴史は、その発展のためにさまざまな領域で男女が成した貢献の総体である。後の時代になると職業や学問分野・学派ごとの人名事典が編纂されるが、そこからさらに発展して、ありとあらゆる人びとを収録する人名事典も編纂されるようになる。そういった普遍的な人名事典は結果として普遍的な歴史とも呼応している［Gibb 1962］。年代記における記述の中心は政治的な出来事であると言えるが、もうひとつの歴史記述とも言える伝記文学は、我々が無意識的に受け入れている歴史記述のあり方を見直す可能性を秘めている。

　またステファン・ハンフリーズは著書『イスラーム史』の中で、アンダルスの学識者イブン・アッバールが編纂した人名録の中からガーフィキーという人物に関する記述を抜き出したあと、ひとりの名士に関する記述から分かることはほとんどないが、複数の人物に関する記述を分析することで少なくとも 6 つの点を明らかにすることができると述べている。それらは(1)当該人物が属して

いる氏族の、名家としての出現時期（血統と生年・没年）、(2)当該地域の学問の中心としての都市間の関係（移動パターン）、(3)学識者間のネットワークと、そのネットワークが政治勢力や社会・親族集団との間に結んでいた関係（師や弟子の名前）、(4)時代の変遷（没年、生年）、(5)宗教的、文化的生活（学んだ学問分野）、(6)学識者のキャリアパターンや収入源（就いた公職）である（カッコ内は利用する情報）［Humphreys 1991: 190-192］。いずれにしても人名録のうち、特に広く知られているわけでもない人物の伝記はそれそのものでは何も明らかにしないが、他の人物の伝記と組み合わせることでその地域・時代の諸相を明らかにできるとハンフリーズは考えている。さらに定型的で一見無機質な記述は、その特徴ゆえに数量的な分析が可能であるとも述べている。これは上述の谷口淳一も、おそらくハンフリーズの見解を踏まえた上で同じ意見を述べている［谷口 2005: 137］。

(4) 伝記文学分析の問題点

しかし、実際に分析のための下準備を進めていくと遭遇する問題も多い。ここでは代表的な問題を3つ挙げてみたい。まずは著作ごとの記述の偏りである。伝記文学・伝記集と括られていても、書かれている情報や記述スタイルは著者によって異なる。単一の、または同一著者の伝記集を分析するのであれば問題ないが、複数の伝記集を分析の対象にする場合はこうした情報の偏りをどのように評価・補正していくのかが問題となる。

第二の点は同じ伝記集の中での情報密度の偏りである。ひとつの著作であっても取り上げられている各個人の情報は質・量とも偏りが多い。場合によっては半ページ程度の記述で終わらせる人物がいるのに対して他の人物には20ページを費やすという伝記集も存在する。これは著者と当該人物との関わりやどの程度その人物にこだわるか、会ったことがない人物の場合はどの程度情報を集めることができたのかが大きく影響している。また著者による人物の評価（肯定的であれ否定的であれ）によっても量も質も変化する。私が第8章で分析した『結婚の冠』も伝記によっては親族関係が書かれているものの師弟関係が書かれていなかったり、没年が抜けていたりすることもあり、扱いに苦労する。

第三の点はイスラーム世界の著作に広く見られる相互参照文化である。新し

く編纂される伝記集はそれ以前の著作の情報をそのまま引用することが多い。これは古い時代の著作が失われることを防ぐという点で望ましいが、同一の伝記集にさまざまな地域・時代の記述の特徴を持った部分が含まれることになる。また著者の同時代人であっても自分独自の情報を持っていなかったり、他に良い伝記集が存在する場合には他の著作の記述をそのまま引用したりすることもある。そうすると引用元の記述スタイルがそのまま反映されることになる。この問題は多くの伝記集に共通して見られるだろう。逆に言えば同一著作の中に見られる情報のムラをどのように処理するのかという問題は、分析する者に情報の取捨選択の決断を迫る問題である。たとえばモロッコのスーフィズム研究の第一人者であるヴィンセント・コーネルによる聖者伝の数量分析（後述）では基になるデータの偏りから統計的な分析は見送られている [Cornell 1998]。質・量ともに限られた史料をもとに数量的な分析を行うためには常に質的な判断に迫られることになり、そういった点では定量的な研究と定性的な研究は地続きでもある。

2　伝記文学を利用した研究の例

伝記文学を利用した研究はデジタル人文学の登場以前から広範に行われてきた。ここではそういった研究を4つに分類し、それぞれの概要と代表的な研究を紹介する。

(1)　伝説的な人物の実像に関する研究

ジャクリーン・シャビはブリルが出版している『イスラーム事典』第3版において、イスラーム世界最大の聖者とされているアブドゥルカーディル・ジーラーニー（1166年没）の伝説と、法学者・説教師としての人物像を比較している。ジーラーニーを名祖とするタリーカであるカーディリーヤの成員はスンナ派四法学派のひとつ、シャーフィイー派の人びとが多いと言われているが、ジーラーニー自身はハンバル派の法学者として知られている。そこでハンバル派の学識者、たとえばイブン・ジャウズィー（1200年没）やイブン・ラジャブ（1392年没）が著した人名録を見るとジーラーニーが生前スーフィズムの修行

を大々的に行っていて多数の弟子を抱えていたという記述は特に見られないことが分かる。その一方、聖者としてのジーラーニーの伝記はエジプトのシャーフィイー派の学識者であるシャッタナウフィー（1324年没）やシリアのターズィフィー（1556年没）の手によるもので、シャビ自身はジーラーニーの実際の姿とはほとんど何の関係もないものだと結論づけている［Chabbi 2009］。

ここでは2種類の伝記文学、つまりハンバル派の学識者の情報を収録した人名録とシャーフィイー派の人物によって書かれた聖者伝が比較されている。どのような経緯でジーラーニーがイスラーム世界最大の聖者と認識されるようになったのかは、聖者伝の分析を待たなければならないことはシャビ自身が認めている。ここで私が注目したいのは、後世における聖者としての認識を相対化する研究が、特に目立たない学識者であっても記録しておくという伝記文学の特性によって可能になったという点である。

(2) 数量的な分析を行い、人名録に収録されている人びとの特徴を分析する研究

人名録に記録されている特定の個人の情報はそれそのものでは何らかの分析を行うことは困難である。しかし人名録全体を、ある集団に関する情報として扱うことで新たな事実が明らかになる可能性はある。この場合は人名録中の情報を数量的なデータに変換し、言及されている人びとの属性の傾向をつかんだり、統計的な処理を行ったりするという手法が考えられるだろう。

人名録を用いて数量的な分析を行った草分け的な研究はハイイム・コーエンによるものである。こちらはヒジュラ暦1-470年（西暦622/3-1077/8年）に宗教学者がどのような職業に就いていたのかを、代表的な人名録19点に現れる1万4000人のうち職業が明らかな4200人を対象に分析したものである。その結果、宗教学者は全ての階層から出現しているが、特に商人と職人の階層に属していた人びとが多いこと、利息の禁止というイスラーム法上の規定はあるが両替商や銀行業者も存在したこと、ヨーロッパとイスラーム世界は交易を行っていたがムスリムの宗教学者でヨーロッパを訪れた者は見当たらないこと、彼らの出身地・本拠地は最初はメディナ、クーファ、バスラが多かったものの、その後はバグダード、ホラーサーンと広がっていったことなどが明らかになった

［Cohen 1970］。

　数量的な分析を行ったもうひとつの研究は、リチャード・ブレットの『中世におけるイスラームへの改宗』だろう［Bulliet 1979］。彼は人名録に書かれているイランのムスリムの名前（同時に血統を示している）を分析し、祖先の中でペルシア系の名前を持っている人物の時代に改宗が起こったという仮説を立て、イランにおいてムスリムが全人口に占める割合の変遷の仮説を提示した。それによると、それまで信じられていたようにアラブ大征服の直後に住民の大多数が改宗したのではなく、ムスリムが人口の過半数を占めるようになったのはそれより数世紀遅れた9-10世紀である。ブレットの議論は多くの仮説に基づいており、特に人名録に記述されている状況が全住民の状況を代表しているという推測は議論の余地がある。またイランの分析結果を十分な検討なしにイラク、シリア、エジプト、チュニジアなど他地域に当てはめたことは批判の的となった。しかし人名録が歴史研究において有用なツールとなりうること、数量的な分析が実際に可能なこと、それによって通説を覆すことができることを示した功績は大きい。1960年代はじめにギブが数量的な分析の可能性について言及したが、1970年代には先駆的な研究が現れたことになる。

　歴史学では利用することが困難な聖者の人名録を数量的に分析した研究もなされている。上記の通り聖者伝には奇蹟に関する逸話が収録されるなど内容の史実性が疑わしいため、歴史研究に関しては真剣な分析の対象とされることはあまりない。しかし記述の傾向からスーフィーや聖者と考えられてきた人びとの属性や当時の社会の状況を推測することは可能である。ここではモロッコにおけるスーフィズムと社会や政治の関係を研究してきたヴィンセント・コーネルの著書『聖者の領域』を紹介したい。彼はムワッヒド朝からマリーン朝初期にかけて書かれた3つの聖者伝で言及されている316人の聖者の情報を分析した。その結果として浮かび上がってきたのはモロッコのスーフィズムでもアラブ色が強いこと、聖者は都市志向が強いことなどである。これはモロッコの住民の大多数がベルベル人であったこと、聖者は田舎と密接な関係を持っているという従来の認識とは対照的である［Cornell 1998: 102-105］。また、分析の際に抽出したデータの中でスーフィズムに特徴的なものはスーフィーたちにちなんだ奇蹟の性質である。それによると聖者伝で記述されている奇蹟の多くが読心、

未来予知、秘密の開示といった人びとの認識に関わるものであり、スーフィズムの理論書で重視されている預言者やヒズルによる導きに関する記述は上記と比較するとごく限られている。コーネルはこの事実から、社会の中で人びとが期待する聖者像は何らかの力を持った存在ではなく仲介者、智者であろうと結論づけている［Cornell 1998: 115-116］。私が興味深いと考えているのは、奇蹟に関する分析では逸話の史実性（≒ありうるかどうか）は問題にされていない点である。人名録は過去に関する記録だけではなく、過去の人びとの意識や期待の記録であるとも言える。

(3) 人名録に収録されている人物の傾向を分析する研究

人名録に記述されている個人の情報だけではなく、取り上げられている人物の傾向を分析する研究もある。たとえば東長靖はスーフィズムの歴史において、ハッラージュ（922 年没）の処刑後、10 世紀半ばから 12 世紀半ばまでの時代に編纂されたスーフィーの列伝は、一般的にスーフィーとみなされていた人びとに加えて正統カリフや法学派の祖などイスラーム共同体の発展にさまざまな分野で寄与した人物も含んでいることを指摘している。この時代はスーフィズムの古典理論が体系化されると同時にその正統性に関する議論も盛んに行われていた。そしてスーフィーとは言えない偉人たちを人名録に含むことはスンナ派内での正統性を確保するという当時のスーフィーの意図を表していると結論づけている［東長 2013: 71-72］。このようなアプローチは、伝記集を分析することで著された時代の社会状況や著者の学問的主張を見出すことも可能であることを示している。

(4) 一般的な史料として人名録を利用する研究

伝記文学中の記述は史料としても利用されてきた。その理由は定型的な記述の中に著された時代の出来事や社会状況を示す情報を見つけることができることである。アラビア語による古典では著者が主題そのものから離れて記述対象の人物が暮らしていた地域の特徴を論じたり、その地域のイスラーム化について自説を展開したりすることがよくある。このような記述は貴重な同時代史料となる可能性がある。もっともこれは人名録としての利用というよりは、人名

録の定型的な記述からこぼれ落ちた部分を利用する研究ということになろう。

またサハーウィーの『輝く光』のように人物の情報を記述するだけでなくその人物の評価を行い、特定の人物については人物や学説の批判などを含む人名録は、思想研究にも利用できる。つまり人名録と分類されている著作も我々が考えるような参照文献とは異なり、さまざまな形で利用できる可能性を持っている。

3 デジタル人文学と伝記文学——普通の名士の評価と扱いの可能性

(1) 普通の名士の重要性

上述の通りさまざまな形で利用されてきた伝記文学ではあるが、デジタル人文学での発展が見込めるのは人名録の網羅的な研究、特にそこに書かれている普通の名士や彼らが属している集団だと私は考えている。ここで言う「普通の名士」とは、伝記文学の定型的な記述の中に埋もれ、特に研究者の目を引くことのない人びとという意味である。当然のことながら、伝記集で取り上げられる人物は暮らしていた時代や地域においては特別な存在であった。しかし伝記集に登場する人びとのほとんどは新たな学説を提示したり、地域や時代を超えて広く読まれる著作を残したり、国家や社会の変革を成し遂げたりしたわけではない。別の言い方をすれば出来事に焦点を当てた歴史記述では捨象されやすい人びとである。しかしイスラーム的な知の維持・発展や次世代への伝達、さまざまな社会制度の運用、秩序の維持、さらに国家の運営においては、一定以上の学識を持ち、各地の村落レベルで活動していた人びとなしには成し遂げられない。人名録はそのような人びとに関する情報が豊富に収録されている史料であるし、記述量で見ればそういった人びとこそが歴史を動かしてきたのだという著者の主張を暗に見出すこともできるだろう。

そしてそのような普通の名士の背後にはそうした人びとを育てる集団（家系など血縁集団に加えて地縁や職能を基にした集団も考えられる）を見出すこともできるだろう。特に家系の場合は歴史を通じてあちこちの史料に学識者や名士として記録されるが、国家運営や政治の表舞台に姿を現すことはあまりない、まさに普通の名士を生み出す集団として存続してきたことが考えられる。私が従来

から調査・研究の対象としてきたのはそういった人びとであり、その一例は第8章で取り上げるアッタース家である。アッタース家の人びとはハドラマウト、東南アジア、東アフリカ、ヒジャーズなどインド洋沿岸諸地域のアラビア語史料や英語・オランダ語などの植民地文書に宗教者、実業家、治安への潜在的な脅威、統治への協力者、政治活動家として現れ、時には対立する2集団の双方に家系の成員が関わった記録もある。彼らの中から時には国務大臣や大統領を務める者が現れることもあるが、彼ら自身は政治エリートの家系というわけではなく宗教者、学者、専門家として社会に関わる人びとである。アッタース家自体は17世紀以降に現れた新しい家系だが、アラビア語の伝記文学を詳細に分析すれば、各時代・地域で同様の特徴を持つ家系は多く見つかるはずである。

要するに、伝記文学に収録されている相対的に無名の個人や彼らが属している集団は、歴史上の主要なアクター（統治者、軍人、各地の有力者、さらには反逆者）によって引き起こされる出来事（戦争、講和、反乱、王朝の交代）を中心とする歴史に新たな視点を提供する可能性を持つ。伝記文学はそれそのものでは歴史の流れを語ることはない。しかし政治エリートと一般信徒の間に存在する中間的な存在を見出すことができれば、伝記文学は過去の社会の状況について、ドラマチックな変遷以外の何かを我々に語りかけてくれるだろう。

(2) 関係性の中で個人をとらえる

伝記文学に現れる個人を、彼らが属する集団と関連づけてとらえ直すことは重要であるが、分析の中で集団の中に埋もれてしまう可能性もある。そういった集団から離れて個人を個人たらしめる方法として有効なのは個人間の関係を何らかの形でデータ化して分析することだと私は考えている。そして個人の関係に関するデータの可視化はデジタル人文学でよく使われている手法である。それと同時にネットワーク分析の手法をイスラーム研究に利用することも考えられる。個人間の関係の例としては血縁関係、パトロン・クライアント関係、雇用関係、友人関係などが考えられるが、アラビア語の人名録に最も頻繁に記述されるのは血統も含めた親族関係と、師弟関係など知の伝達に関するものであろう。血縁関係や血統を正確にとらえることができれば上記の、普通の名士たちが所属していた親族集団を伝記集の中から浮かび上がらせることができる。

師弟関係のネットワークの中に位置づけられた者は、相対的に無名な学識者であっても師弟関係を通じて各地に存在する学問の中心地、たとえばバグダード、カイロ、ダマスクス、メッカ、イスタンブル、チュニス、マラケシュなどで活躍した高名な学者たちにつながっていく。そういったネットワークの末端に位置する学識者たちは地方の村落で人びとに読み書きやイスラームの基礎的な知識を伝え、地元で起こる法的な問題に対処していた人たちかもしれない。また都市でクルアーン塾などを開いて子供や一般信徒に読み書きを教えていたかもしれないし、イスラーム諸学を学びはしたが実生活では事業を行うなど経済活動が生活の大部分を占め、学識者としての活動はほとんど行わなかったかもしれない。つまり普通の名士たちは学界と一般信徒の境界に存在し、学識者たちのコミュニティを山にたとえれば裾野を形成する人びとだと言える。とは言っても一般信徒とは知識や教養という点では一線を画していただろう。そうしてその裾野に位置する学者たちに師事した人びとの中から稀代の学者が生まれる可能性もある。稀代の学者の弟子たちが必ずしも同レベルの学識者になるわけではないし、村落レベルの住民から稀代の学識者が輩出することも珍しくはない。

いずれにせよ個人をさまざまな人びととの関係の中に位置づけることによってその人物ならではの役割が浮かび上がってくる。統計データの中ではその個人の有無は数値の僅かな変化でしかないが、可視化された師弟関係の中でのその個人の有無は、知の伝達経路の有無を意味する。つまりその人物が記録から消失すると、その人物につながっていたある集団が知の伝達の鎖から外れ、宙に浮いた状態になる可能性もある。その重大さはハディースの伝達者の例を考えれば明らかであろう。知識の伝達を通したつながりは、ある意味信頼が生み出すつながりでもあり、そういったつながりの中にある人物を置くことは統計的な価値を超えたその人物の重要性を可視化させるということでもある。

(3) デジタル人文学的手法を用いた伝記文学研究
　　——マキシム・ロマノフの試み

さて、デジタル人文学的手法を用いた伝記文学研究にはどのようなものがあるだろうか。ここで確認したいのは、デジタル人文学を明確に定義することは

困難であるということである。コンピュータの使用ということであれば1980年代後半以降の論文の執筆はほとんどがコンピュータを使用して行われているし、その他データの入力や分析も表計算ソフトやデータベースソフトが使用されている。現在デジタル人文学と総称される具体的な取り組みは、テキストのデジタル化、自動文字認識、マークアップやマークダウンによるテキストのタグ付け、ネットワークの可視化、テキストの計量分析、数値解析などである［須永・熊倉編 2024］。ここではデジタル人文学を、コンピュータなしには現実的ではないテキストの分析や可視化と大まかに定義する。

　デジタル人文学的手法を伝記文学の分析に応用したものとして、分野の第一人者であるマキシム・ロマノフの研究を検討したい。ロマノフは2016年から17年にかけて伝記集の中でも規模が大きな2つの作品、ザハビー著『イスラーム史』（上述）とイスマーイール・バーシャー・バグダーディー（1919年没）著『識者たちへの贈り物』を対象に分析を行い、3つの論考を発表している。まず全50巻で3万人の伝記を収録する『イスラーム史』の内部構成の分析では、著者のザハビー自身が示している出典と『イスラーム史』の中身を比較した。その結果として当該著作のうち少なくとも23％が他の著作からの引用だということを明らかにした。同時にロマノフはそれまで研究者が直感的に理解していたが体系的に分析してこなかった『イスラーム史』の構成の特徴を数値的に明らかにしている［Romanov 2017a］。これは人名録を分析した研究ではあるが、そこに書かれている人びとの人生やそれぞれの時代の社会の状況を明らかにしたものではない。しかも分析にあたっては100語ずつ機械的に切った部分同士を比較するという方法をとっており、伝記ごとの細かい比較は今後の課題としている。あとの2つの研究は上記2作品に現れる個人のデータ、たとえば個人にまつわる日時、地名、ニスバ（血統、部族・家系、出身地、職業、学派などを示す由来名）などから歴史におけるさまざまな変化を明らかにしている。たとえば時代ごとに現れるニスバの特徴の変化を見ることで軍事、行政、宗教、民間などの部門の盛衰を分析し、歴史が進むにしたがって脱部族化、軍事化、専門職化、制度化といった傾向が見られることを指摘している［Romanov 2016］。また『識者たちへの贈り物』の分析では本文中に現れる地名（人物の居住地、出生地、移動など）の変化や場所同士の関係を可視化することでイスラーム世界全体、

または各地の中心の変化を明らかにしている［Romanov 2016; 2017b］。

　ロマノフの研究から分かるデジタル人文学の利点のひとつはコンピュータの力を借りることでデジタル化された膨大なテキストから一定のアルゴリズムに基づいてデータを抽出・分析し何らかの知見を得ることができることである。当然のことながら精読と比較して捨象されたり誤った形で取り込まれる情報もある。しかし個人による精読では扱うことができない量のテキストを分析できるという点で利点も多い。別の言い方をすれば研究者は必ずしも分析対象のテキストの全文を読む必要がないということでもある。もちろん分析にあたっては対象となるテキストの特徴をよくつかむことは必須であり、専門外の研究者が同様の分析をできるというわけではない。いずれにせよデジタル人文学は従来の人文学的アプローチとは質的に異なる研究手法であることは確かである。

　この手法は一見すると有用なツールに見えるが現時点では課題も多い。たとえば上記『イスラーム史』中における過去の著作からの引用部分の割合を調べたとしてもそれは概算でしかない。またテキストからデータを自動で抽出したりタグ付けしたりして行う分析にしても地名やニスバは多くの場合ひとつの単語で表されるので、乱暴な言い方をしてしまえば語句の検索とどの程度違いがあるのかという疑問も出てくる。またニスバは同じ単語であってもさまざまな意味を持つ可能性があるため文脈から意味をつかむ必要があるが、それを考慮した分析手法も確立されてはいない。また、ロマノフが現時点で達成しているのはムスリム社会全体の傾向をつかむことであり、私がデジタル人文学に期待している、個人を関係性の中で浮かび上がらせることはまだ先の話である。

（4）　テキストのデジタル化とタグ付け──半自動の試み

　デジタル人文学的手法を用いてより精緻な分析を行うためにはどうすればよいのだろうか。解決方法のひとつはテキストに論理的なタグを付けることである。テキストへのタグ付けはTEI（Text Encoding Initiative）が有名だが、アラビア語のように右から左に書くテキストでは入力や表示でさまざまな問題があり実用的ではない。ロマノフはTEIに代わるマークダウン（mARkdown）という方式を提唱している[1]。この方式を用いて半ば自動でテキストにタグ付けし、その後手動で修正を加えていくことで将来はより精緻な分析ができるとのことであ

る。

　しかし、人名、地名、ニスバと比較して、血縁、地縁、師弟関係をもとにした個人同士のつながりを自動で抽出するのは困難である。その理由は師弟関係が定型的な言い回しで書かれていないことも多いため文脈も考慮する必要があるからである。たとえばある人物の師や弟子を列挙する形で書かれている伝記集であればそれらの人物をある程度自動で抽出することは可能だろう（もっともムスリムの人物名を正確に抽出するのは困難である）。しかし師弟関係の記述によっては「○○は△△に対し□□のテキストを読んだ」など文章で表されることも多い。またマナーキブでは優雅な文体で知識の伝達が表現されることもある。またアラビア語の人名は同じ人名も多いため、誰が誰の弟子なのかを正確につかむためには精読が必要となる。また血統や学統などの関係をタグ付けする手法もまだ確立していない。

　もうひとつ、より根本的な問題はテキストのデジタル化の進捗状況である。インターネットの普及やアラビア語古典のデジタル化・公開にともなって研究者は過去の碩学でも入手しえなかった量や地理的範囲にまたがるテキストに向き合うことができるようになった。しかし公開されたテキストは過去に著されたテキスト全体から見ればまだほんの一部であることも確かである。またインターネット上で公開されている古典のテキストについても書籍をOCRにかけたものをチェックせず載せているものもあるなど精度もまちまちで、そのまま研究に使用できる質を持ったものは多くない。そのような問題を解決すべくアーガー・ハーン大学、メリーランド大学、ハンブルク大学など複数の機関が協力してデジタル時代の研究基盤を整えようとする試みがOpenITI（Open Islamicate Texts Initiative）である[2]。そこでは刊本や写本を自動で認識するOCR、HTRの改良をすると同時にテキストのコーパスも作られている[3]。そこにアップロードされているテキストは1万3000を超えているが私の専門地域であるハドラマウトに関連する史料や伝記文学はほとんど見当たらない。おそらく現時点では多くの地域で状況は変わらないだろうし、だからこそ研究者の広範な共同作

---

1) https://maximromanov.github.io/mARkdown/
2) https://openiti.org/
3) https://kitab-project.org/metadata/

業が必要となる。しかしイスラームの歴史に名を残す有名な著作であれば国際的な分業でタグ付けを行うことは可能だろうが、個々の研究者が取り組んでいる地域・時代の重要なテキストがデジタル化され、タグ付けが行われるのはまだまだ先の話である。現在のところ、それ以前の統計的な分析の規模を拡大させる以上の成果を出すのは難しいだろう。

　現時点における制約の中でも個人の研究者が取り組めそうなもののひとつが人びとのつながりのデータを手作業でまとめ、可視化を行う方法である。テキストから抜き出した情報をスプレッドシートに入力し、プログラム（Gephi や Palladio など）で関係を図示することで、テキストを読むだけでは把握できなかった関係性を直感的につかむことができる。手動でデータをまとめるのは以前から行われているので、その先の可視化や分析（ネットワーク分析など）が現在で言うところのデジタル人文学の領域ということになる。ネットワークの図示、またはデータの可視化が研究手法たりうるのかは議論がある。塩崎悠輝は可視化そのものは分析者による分析対象の把握や視座の転換を助ける手段ではあるが研究手法としての意義は薄いと述べている［塩崎 2024: 76］。私自身はこの指摘はもっともであると考えつつ、可視化によって得られる直感的なひらめきの重要性は過小評価するべきではないと考えている。

　ネットワークの図示も、数値解析も、コンピュータを用いなくても可能ではある。コンピュータを用いる最大の利点は、条件を変えてさまざまな検討がすぐに行えることである。たとえばネットワークを図示するためのデータのセットを一度入力すれば、人びとのつながりの中で特定の家系／職業／学問分野／学派／党派／出身地域の人びとがどの程度関与しているのかを、それぞれの属性を持つ人びとを抜き出すことで手作業とは比較にならないほど高速に表示することができる。数値的な解析にしても、たとえば時代の画期がどこかを検討する際に、コーエンの研究のように1世紀ごとに切り分けて変化を見るということではなく、画期となりそうな時期を細かく分けて、それぞれのケースを検討しやすくなるだろう。このように、同じデータであっても条件を変えることでさまざまなケースごとに可視化するのは手作業では実用的とは言えず、デジタル人文学時代ならではの分析方法だと言えるだろう。

おわりに——伝記文学研究の今後を見据えて

　デジタル人文学は大きな可能性を秘めた分野であり、中東・イスラーム研究においてもそれは例外ではない。パーソナルコンピュータが本格的に普及したのは 1980 年代であり、人文学においてコンピュータによる分析が本格的に始まったのは 1990 年代以降である。中東イスラーム関連の研究ではアラビア文字やラテン・アルファベットによる転写文字の処理がネックになっていたが、2000 年以降はコンピュータの OS にアラビア文字が、その後転写文字も標準で搭載されるようになり、状況は劇的に改善した。同時にインターネットの高速化が進み、アラビア語テキストのデジタル化によってそれ以前とは比較にならないほど史料へのアクセスが容易になった。国際的な研究者の共同作業によってアラビア語古典へのタグ付けなどに関する手法が開発・改良され、コンピュータによる分析の手法も格段に進歩している。今後の研究は更なる文献のデジタル化、自動・手動のタグ付け作業、それを利用した解析方法、特に文脈に沿った分析法の開発が並行して進んでいくだろう。

　デジタル人文学と総称されるさまざまな取り組みはまだ始まったばかりである。膨大なテキストを一人の研究者がすべて分析するのは不可能なため、最終的にはインターネットを利用した共同作業のプラットフォームを作ることが鍵になる。またデジタル人文学的な取り組みは互いに関連しつつも総体として何か新たな学問領域を切り開く段階には達していない。それよりも以前と比較して大量のデータを扱えるようになり、手動で行ってきた作業がある程度自動化されたことでさまざまな仮説の比較検討が容易になったことが現時点で個人の研究者が受けることができる恩恵である。特に伝記文学を基に人びとの関係性を分析する場合、相対的に無名な個々の名士や学識者、彼らを核とするさまざまな集団の役割を以前よりも明確にすることがデジタル人文学に期待されている。

参考文献

塩崎悠輝 2024「閉じられたテキストを世界に向けて広げる――デジタル人文学とイスラーム法学のテキスト研究」須永恵美子・熊倉和歌子編『イスラーム・デジタル人文学』人文書院

須永恵美子・熊倉和歌子編 2024『イスラーム・デジタル人文学』人文書院

谷口淳一 2005「人物を伝える――アラビア語伝記文学」林佳世子・桝屋友子編『記録と表象――史料が語るイスラーム世界』東京大学出版会

東長靖 2013『イスラームとスーフィズム――神秘主義・聖者信仰・道徳』名古屋大学出版会

Bulliet, Richard W. 1979 *Conversion to Islam in the Medieval Period: An Essay in Quantitative History*, Cambridge: Harvard University Press.

Chabbi, Jacqueline. 2009 "'Abd al-Qādir al-Jīlānī," Kate Fleet, Gudrun Krämer, Denis Matringe, John Nawas, and Devin J. Stewart (eds.), *Encyclopaedia of Islam Three*, Leiden: Brill.

Cohen, Hayyim J. 1970 "The Economic Background and the Secular Occupations of Muslim Jurisprudents and Traditionists in the Classical Period of Islam (: Until the Middle of the Eleventh Century)," *Journal of the Economic and Social History of the Orient* 13(1): 16–61.

Cornell, Vincent J. 1998 *Realm of the Saint: Power and Authority in Moroccan Sufism*, Austin: University of Texas Press.

Gibb, Sir Hamilton. 1962 "Islamic Biographical Literature," Lewis and Holt (eds.), *Historians of the Middle East*, London: Oxford University Press.

Humphreys, Stephen R. 1991 *Islamic History: A Framework for Inquiry*, Revised Edition, Princeton: Princeton University Press.

Marín, Manuela. 2002 "Biography and Prosopography in Arab-Islamic Medieval Culture: Introductory Remarks," *Medieval Prosopography* 23: 1–17.

Romanov, Maxim. 2016 "Toward Abstract Models for Islamic History," Elias Muhanna (ed.), *The Digital Humanities and Islamic & Middle East Studies*, Berlin: Walter de Gruyter.

―――― 2017a "A Digital Humanities for Premodern Islamic History," Accessed on August 13, 2024. https://maximromanov.github.io/2017/10-18.html

―――― 2017b "Algorithmic Analysis of Medieval Arabic Biographical Collections," *Speculum* 92/S1 (October 2017): 226–246.

第2章 グローバルに共有可能なテキストデータの構築に向けて

永崎研宣

はじめに

　デジタル技術を活かしてテキスト資料を様々な形で分析するための手法は、世界各地で研究され開発されてきている。本プロジェクトのテーマであるコネクティビティの分析についても、様々な技術が適用可能である。しかしながら、そうした分析を適切に行うためには、分析に適した、使いやすく、かつ、信頼のおけるデータが作成されていることが必要である。そのようなデータを作るにあたり、特にイスラーム関連の資料においてよく用いられるアラビア文字系統の文字で書かれた資料は、現段階ではテキストデータとしての扱いがそれほど容易ではない。主な原因は、書字方向の違いに起因するものであると思われるが、古い資料や手書きの資料を扱う場合には、字種の不足という問題も生じる場合がある。しかしながら、筆者はイスラーム関連の研究には知見がなく、一方で、2024 年に刊行された須永恵美子・熊倉和歌子編『イスラーム・デジタル人文学』（人文書院）は、この分野でのデジタル技術の応用に関する考え方から具体的な事柄まで最新の情報が網羅されており、敢えて筆者がイスラーム研究に関する事柄を述べる必要性は現段階ではあまりないように思われる。そこで、本章では、主にデジタル資料としての文字とテキスト構造に関して、国際的なデジタル人文学の文脈におけるイスラーム研究やアラビア系文字資料を含めた大まかな方向性について、筆者が見聞したいくつかの情報を提示することとしたい。

1　求められるデータ

　コネクティビティを明らかにするためには、コンピュータを用いたネットワーク分析を行えるようにすることが1つの有用な手段である。ネットワーク分析とは、簡単に述べるなら、対象の要素間の接続関係を可視化・指標化して、キーとなる情報を抽出する分析手法である。これに向けたデータとしては、ノードとエッジを記述したなるべく正確なデータが必要となる。なるべく正確であるということは、そのデータ自体に誤りがないというだけでなく、根拠となったデータに戻ることができるということも含む。すなわち、ネットワーク分析に用いられるデータは多くの場合テキスト資料から抽出されるものであり、そのテキスト資料の対応箇所になるべく手間をかけずに戻り、確認できるようになっていることが重要なのである。大元の資料は、写本や版本であり、それをデジタル化した画像があればそこにデジタル的に戻れるようにすることは技術的には可能である。そこからデジタル文字起こしを行ってテキストデータを作成し、そのテキストデータに戻りやすい形で各要因とその接続関係を抽出していく、ということになる。ここでの各々のプロセスを適切に行っていくことが、デジタル資料を作成・活用していく上で重要なのである。

　ここに学術研究用のデータという観点を加えると、研究の基礎となったデータを用いた再検証やさらなる発展的な研究が可能になれば、研究成果の信頼性向上や研究に投資された時間や人手の有効活用、他の関連データとの組み合わせによる幅広い研究の可能性など、様々なプラスの効果が期待される。近年は、こうした期待感を踏まえた、オープンアクセスやオープンデータという流れや、それを含めたオープンサイエンスという動向が国際的な潮流として強まってきており、欧米の研究助成団体では成果の利用条件をなるべく自由なものにするようにという要求を強め、結果としてデジタル人文学に関するソフトウェアやデータの多くがオープンライセンスで公開され自由に使えるという状況が現出してきている。日本政府も2024年度にはオープンアクセス加速化事業に100億円を投入するなど、この流れに着実に参画しつつある。

　このように見てみると、なるべく正確なデータであると同時に、他の人も利

用できて、さらに効率的に利用できるデータが求められていることがわかる。まず、正確性について検討してみると、この種の研究に用いるデータは、1人で作る場合もあれば、複数人で研究者グループとして作成する場合もある。いずれの場合にも、正確性を高めることが求められるが、誤りが混入することを完全に避けることはできない。そのような場合には、作業にかかるプロセスを記録しておくことが重要である。それによって、誤りが発見された場合に、単に修正するだけでなくその後の同種の誤りを避けるためのプロセスの再確認を行うことができ、また、同種の誤りを発見しやすくすることもできる。なお、記録は、人が書き残さねばならない場合もあるが、仕組みをうまく工夫することで自動的に残すことができる場合もある。Googleドキュメントや Googleスプレッドシート等ではウェブ上の共同作業において変更履歴を残すことができる場合もあるが、そういったものもプロセスの自動的な記録と言ってよいだろう。他にも、ウェブコラボレーションシステムのなかには作業記録を残す機能を有しているものがあるので、必要に応じて利用を検討されたい。

　他の人による利用や効率的な利用を考慮する場合、データの形式が共有しやすいものになっていることが重要である。この場合、既存の流通しているデータ形式があればそれに準拠することが基本である。後に詳述するが、文字をデータ化する場合には、現在はUnicodeに準拠することが一般的である。特に、徳原［2024］が説明するように、アラビア系文字は文字を入力・表示・検索するいずれの場面においても複雑な処理が必要になるが、近年の一般的な多言語対応ソフトウェアであれば、Unicodeが提供する仕組みを利用することで比較的簡単に各種作業をできるようになっているため、他の選択肢を検討する必要はあまりなくなっている。

　一方、文字を組み合わせて単語や節、段落、章、冊等の単位でテキストデータとしての構造を記述したり、あるいは、テキスト内の人名や地名等の様々な要素を注記して取り出しやすい形にしようと考えたりした場合には、テキストの構造化に関するいずれかの形式を採用することになる。テキストの構造化に関しては、人文学のための国際デファクト標準としてTEI（Text Encoding Initiative）ガイドライン［TEI Consortium n.d.a］が1987年から策定され広く用いられている［ナンシー・イデほか 2018］が、熊倉［2024］が指摘するように、右から

左に書く文字体系において XML を利用することの困難さは解消されていない。それゆえに、Markdown を利用する方法や、それにあわせた編集システムを開発している OpenITI（Open Islamicate Texts Initiative）プロジェクト[1]をはじめとして、様々な試行錯誤が続けられている。国際デファクト標準である TEI ガイドラインに準拠することは潜在的には大きなメリットが存在するが、利用者コミュニティにおいて受容されなければ有用性は高まらない。適切なデータ形式の共有という課題を考えるための材料として、TEI ガイドラインにおける非欧米言語対応の近年の動向を紹介してみたい。

2　共有しやすいデータに向けて

テキスト資料に書かれた情報を元にしてコネクティビティ分析を行おうとする場合、まずは、テキストデータの作成が必要となる。テキストデータの作成は、概ね 2 つのプロセスを経ることになる。文字起こしと、テキストの構造化である。

(1) 文字という課題

文字起こしについては、Unicode でおおむね対応可能であり、アラビア系文字に関する状況は徳原［2024］に述べられている通りである。三上［2002］によれば Unicode 登場以前には様々な文字コードが共存し、互換性の確保が難しい状態だったが、Unicode の開発と普及を通じて整理・統合されていったようである。Unicode におけるアラビア系文字に関しては、言語ごとに用意されているのではなく、アラビア系文字として一括して扱い、それに対するバリエーションとして各言語を表示・処理できるようにしている。

Unicode は基本的には現在利用されているテキストに関する文字を収録したものである。近年は学術的な文字も収録される傾向が強まっているものの、現時点では、収録のための手続きは文字の符号化に関する専門的な知識が必要であり、国際標準化に関わる所定の手続きを経る必要があるため、時間もそれな

---

[1] https://openiti.org/

りにかかってしまう。今必要な文字をすぐに使えるようになるというわけではない。したがって、順序としては、同じテキストを共有するコミュニティの間で「外字」として作成して共有していき、その文字群がある程度まとまった後に、Unicodeに登録するための提案作業に入るということになる。「外字」として文字を扱う場合には、ユーザ各自が独自に文字コードを定義できるPUA（Private Use Area）と呼ばれるコード番号領域が用意されており、文字コードとしてはこれを用いた上で、それに対応するフォントを作成することになる。これが、外字コードと外字フォントと呼ばれるものになる。テキストを配布する際に、外字フォントも同時に配布して、テキストを表示する際にはこのフォントを用いるように周知しておけば、表示もコピー＆ペーストも一応は可能である。ただし、PUAのコード番号領域は、他の専門家コミュニティでは別の文字を割り当ててしまっている場合があり、そうすると他のコミュニティで作成したテキストでは適切でない別の文字が表示されてしまうことになる。政府が推進するオープンサイエンス政策の流れを考慮に入れるなら、今後は様々な分野のテキストを横断的に利用しようとするニーズが高まっていくことが期待されており、そのような状況下では、国際的に一意に文字を指示できるUnicodeを利用するべきだろう。

　では、実際にUnicodeに文字を登録する場合には、どのような流れになるのだろうか。Unicodeは、IT企業等によって構成されるUnicode協会におけるUnicode技術委員会（UTC）で議論されている。そして、Unicodeと規格を同期させている国際標準化機構（ISO）と国際電気標準会議（IEC）の規格、ISO/IEC 10646を通じた議論も行われており、その議論を行うワーキンググループは、ISO/IEC JCT1/SC2/WG2（WG2）である。ISOとIECはそれぞれ参加国代表によって国際標準規格を策定する組織であり、業界団体であるUnicode協会とは性格が異なっている。ISO/IECは、この2組織が共同で策定している国際標準規格であることを意味する。そして、WG2で行われている議論は、符号化文字集合UCS（Universal Multiple-Octet Coded Character Set）の国際標準化であり、その範囲は、世界の文字を網羅する普遍的な符号化文字集合を開発することである。

　UTCとWG2での議論は、対面での会議も行われているが、基本的には主に文書を通じて行われており、それぞれのリポジトリに掲載され公開されている。

・Unicode® Technical Committee Document Registry（https://www.unicode.org/L2/）
・WG2 Document Registry（https://www.unicode.org/wg2/WG2-registry.html）

ここでは、双方のリポジトリに掲載されている文書「Arabic additions for Quranic orthographies」を手がかりとして、その文字符号化の流れについて見てみよう。

　この文書は、2019年9月29日に提出され、UTCにおいては「L2/19-306」、WG2においては「WG2 N5142」という文書番号が割り当てられている［Pournader and Anderson 2019a; 2019b］。この内容を大まかに言えば、以下の通りである。

　アラビア語のクルアーンの文字にはマイナーな正書法でテキストを表現するために使用された様々な文字が存在しており、そのうちの文字の一部は、Unicode及びISO/IEC 10646に登録されたが、その他の文字は未登録であった。この文書では、それらの文字に加えて、著者らとクルアーン・アラビア語の専門家であるライデン大学のマライン・ファン・プッテンとのさらなる議論において有用とみなされた文字や、著者らが後から発見した文字も含んでいる。この正書法は主に北西アフリカで使用されているもので、いくつかの共通記号がある。この提案は、これらの正書法で必要とされるすべての文字を網羅しているわけではないが、むしろ、最も重要な文字を確立し、将来の提案を前進させるための重要なステップと考えるべきものである。

　つまり、クルアーンを記述するための文字が状況によっては不足してしまうという事態を解決するために提案されたものである。そして、この後には、既存のUnicodeのアラビア語処理のモデルと整合性を保てるように符号化方法を考慮したと述べている。

　この後、これに対してUTCにおいて「Comments about "Arabic additions for Quranic orthographies" proposition」（L2/19-393）が2019年10月30日に提出される［Lazrek 2019］。アラビア語のUnicodeモデルに沿っていない部分についての指摘が主であり、証拠画像も付与して丁寧な説明を行っている。さらに2019年12月27日、前出の案を支持する旨の意思表明がなされたのが「Comments on L2/19-306 Arabic additions for Quranic orthographies」（L2/20-041）［Haralambous

2019］である。

　こうした議論の後に、2021 年 9 月 14 日には Unicode version 14.0 が発行され、既存の Arabic Extended-A の区画に 12 文字が追加されるとともに Arabic Extended-B が新設され、Range: 0870–089F の範囲で 41 文字が追加された。ただし、これは ISO/IEC 10646 に先行して行われた改訂であり、この時点では両者は同期していなかった。その後 2022 年 9 月 13 日に発行された Unicode version 15.0 において、これらの文字を含む 10646: 2020 の修訂第 1 版との同期が行われたのである。また、10646: 2020 修訂第 1 版ではアラビア文字に関しても Unicode ver. 14 より若干文字が多かったため、それらは Unicode ver. 15 において同期された際に追加された。

　ここまで見てきたのは比較的短期間に登録された例だが、議論にかなりの時間を要する場合もある。イスラーム研究関連で見てみると、たとえば、2007 年 12 月 4 日に提案された「Proposal to Encode Siyaq Numerals in ISO/IEC 10646」（L2/07-414）［Pandey 2007］は、アラビア文字の書字方法に沿った数字を Unicode に登録しようとしたものだが、文書リポジトリを見てみると、その後様々な改訂が行われ、最終的に Unicode に登録されたのは 2019 年 3 月 5 日、version 12.0 においてであった［Unicode 2019］。実に 10 年以上を要したことになる。このように、内容によってはかなり時間がかかってしまう場合もあるため、Unicode への登録に際してはそのあたりも念頭に入れて検討する必要がある。

　アラビア文字に限らずあらゆる文字について、必要性を感じたなら、このようにして文書ベースでやりとりをしつつ、手続きを進めていくことになる。提案に際しては、Unicode における文字の扱いの仕組みと、文字そのものの用法や歴史的経緯等についての深い理解が必要であり、時間も結構かかってしまうため、それぞれの専門家が連携しながら丁寧に進めていく必要がある。上記で採り上げたクルアーンの文字の事例における提案者のうちの 1 人はカリフォルニア大学バークレー校の言語学研究室に設置された SEI（Script Encoding Initiative）という組織で世界中の様々な文字の Unicode への登録を支援してきており、筆者も悉曇文字（梵字）の異体字の登録において協力をいただいたことがある。文字を新たに Unicode に登録する際しては、SEI に協力を仰ぐのも 1 つの選択肢だろう。

なお、アラビア文字に関しては、筆者にはその妥当性は判断できないが、UTCのリポジトリには2022年に「LIST OF UNENCODED ARABIC CHARACTERS」(L2/22-284)という文書［Rikza 2022］が提出されており、今後これらの文字の符号化が検討されていくのかもしれず、大変興味深いことである。次期バージョンにて登録される予定の文字に関してはProposed New Characters: The Pipeline[2]というページにリストされており、気になる文字が提案されているときは、ここを時々確認してみるのもよいかもしれない。

(2) 文字起こしのワークフロー

文字の扱い方の方針を決めた後、具体的に資料から文字起こしをすることになる。現在は、深層学習を活かすことで自動文字起こしの精度がかなり高まってきており、そういったソフトウェアを利用することが1つの有用な方法である。活字であればOCR（光学文字認識）ソフトウェアを用いることになるが、近年はHTR（手書き文字認識）も精度が高まりつつあり、選択肢の1つとして考慮しうる段階にきている。

OCRやHTRに関する具体的なソフトウェアとしては様々なものがリリースされており、活字資料であればそれなりの精度で読み取れるようになってきているようである。HTRに関しては、近年、Transkribus[3]がよく用いられるようになってきている。これは、以前はスタンドアロンのソフトウェアとしても配布されていたが、現在はウェブサービスとなっている。基本的には有料サービスということになっているが、学術向けサービスということでそれほど高額ではなく、一応、無料版も提供されている。基本的に多言語対応ということになっているが、読み取り機能を訓練する機能が提供されており、精度を高めるための工夫を利用者側が行えるようになっている。イスラーム研究向けのこのサービスの操作方法等の具体的な事項については須永［2024］が詳しいのでそちらを参照されたい。また、OpenITIプロジェクトではeScriptoriumの利用を推奨しており、丁寧なチュートリアル動画を公開している［Open Islamicate Texts Initiative n.d.］ので、こちらも参考になるだろう。

---

2) ［Unicode Pipeline n.d.］。

3) https://www.transkribus.org/

自動文字起こしには必ず誤認識が発生する。この割合はテキストの種類や保存状態、文字の形など、様々な要素が関わってくるため一概に言うことはできないが、完全に正確なテキストであることを前提とした扱いは難しい。そこで、自動文字起こしの後に人の目で確認することで精度を高めるという選択肢が有用となる。

　人の目で確認をする場合にも、留意すべき点がいくつかある。まず、より高い精度を目指すのであれば多重チェックが有効である。チェックの回数を増やすほど精度は高まることが期待される。また、このチェックをより効率的かつ正確なものにするためには、チェックのためのソフトウェアやツール等にも工夫の余地がある。既存の OCR/HTR ソフトウェアの多くがすでに備えている機能だが、OCR/HTR で生成したテキストとその対象の元画像の該当箇所とを行単位や文字単位で対比して、必要に応じて修正できる機能があることが望ましい。共同作業の場合には、これに加えて、修正結果を共有できる仕組みを用意することが望ましい。この共有のタイミングは Google ドキュメントのようにリアルタイムにできれば最上だが、それは無理だとしても、少なくともネット経由で修正結果を効率的に作業者・利用者の間で迅速に共有できる枠組みは用意するのがよいだろう。

　近年は、このような用途に GitHub を用いることも増えてきている。GitHub は、オープンソースのオペレーティングシステムである Linux のソースコードを管理するために開発された、プログラムのソースコード等の変更履歴を記録し追跡することが可能なバージョン管理システムである Git を元にしたソフトウェア開発のためのプラットフォームである。プログラムのソースコードにおいて誰がいつどの箇所を修正したかということを効率的に確認できるものだが、プログラムのソースコードはテキストデータであるため、この仕組みを人文学資料のテキストデータに用いる動きが最近は広がっている。上述の OpenITI はまさにその典型例だが、他の人文学分野でも着々と採用されるようになってきている。研究データとしては、機関リポジトリやデータジャーナルのサイトに掲載するのが一般的だと考えられがちだが、修正が必要なデータを公開する場合には、いつどの箇所を修正したかということをいちいち明記するのはなかなか大変である。そもそも、その種のサイトではデータの修正はあまり歓迎され

ないこともある。しかし、GitHub であれば、修正が前提のシステムであり、修正箇所を自動的に検知して記録してくれる[4]ため、色々な意味で負担を減らすことができる。このようなことから、データ構築のみならずデータ公開に際しても、データの性質によっては GitHub の採用も視野に入れてみるとよいだろう。

(3) 文字列の構造化

　テキスト資料をデータ化したものから分析に必要な情報を抽出するためには、何らかの方法で構造化する必要がある。上述のように、様々な方法があるなかで、アラビア系文字資料に関しては、熊倉［2024］において採り上げられているように、TEI ガイドライン[5]と OpenITI によるマークダウン形式が比較的よく見受けられるように思われる。

　構造化の作業に着目してみると、アラビア系文字によるテキストを扱う場合には、TEI ガイドラインに準拠してタグ付けをしようとすると、タグの文字列は左から右に表示されるのに本文は右から左に表示されたり、連結された文字の間にタグを入れると文字が切れてしまったりするなど、様々な問題が生じる。これを回避するための仕組みも、TEI ガイドラインでタグ付けをする際によく用いられる Oxygen XML Editor では一応用意されているものの、処理が重くなるため、ファイルサイズが大きくなるとうまく作業ができなくなってしまう。こうした問題が十分に解決されないために、マークダウン形式にも一定の説得力と需要がある。マークダウン形式でデータ構築を進めている OpenITI プロジェクトでは、これを容易に行うためのエディタの設定ファイルを提供しており、操作方法が独特なために慣れが必要な面もあるものの、テキストの種類によっては、単にテキストエディタでマークダウンのタグを書いていくよりは使いやすいと言ってよいように思われる。

　できあがったデータの表示に関しては、ネットワーク分析のように要素を抽

4）　この種のものは今や無数に存在するが、例として以下のものを挙げておく。
　　・Digitale Faust-Edition（https://github.com/faustedition）
　　・TEI Publisher Shakespeare Demo（https://github.com/eeditiones/shakespeare）
　　・HDIC Database Project（https://github.com/shikeda/HDIC）
5）　https://tei-c.org/release/doc/tei-p5-doc/en/html/index.html

出して分析的に表示しようとする場合には、PythonやR等のライブラリを用いてプログラミングを行うことで様々な表現が可能であり、あるいはまた、分析対象となるデータをCSV等のテーブル形式で抽出した後に、Gephi[6]やCytoscape[7]等のネットワーク分析用のソフトウェアに読み込ませるという方法もある。また、簡単に可視化するだけであれば、スタンフォード大学が提供するPalladio[8]にデータを読み込ませてみるのもよいだろう。

あるいは、とりあえず元の資料に近い形で表示させて読みやすくするという方向性もある。アラビア系文字のテキスト資料においても、Open Arabic Periodical Editions（Open Arabic PE）[9]では、アラビア語の定期刊行物のデジタル版を作成・公開すべくTEIガイドラインに準拠したデータを作成し、GitHubで公開するとともに、これを簡便に読みやすい形で表示するプログラム、TEI Boilerplate for editions of Arabic texts[10]も提供している（図1）。このプログラムは、XSLTで記述されたものであり、インディアナ大学の研究者が作成したTEI Boilerplate[11]をカスタマイズしたものである。TEI Boilerplateは欧文で書かれたTEIガイドライン準拠のテキストを前提として開発されたものであり他の言語・文字体系のことは特に意識されていないが、オープンソースで公開されているため自由に改良が可能である。そこで、ここでは、アラビア系文字を扱えるようにして、オープンソースの美しいアラビア文字フォントを組み込み、テキストとページ画像を並べ、目次を表示し、各資料のメタデータにリンクされるように改良した、とのことである。TEIガイドラインに準拠してデータ構築を行った場合、30年以上にわたって蓄積されてきた様々なツールやノウハウを応用することでコストを多くかけずにデータ構築や処理が可能であり、これはその典型例と言えるだろう。

TEIガイドラインは、1987年に欧米の人文学者・コンピュータ言語学者が集まって取り組みが開始され、その時点では日本の情報工学者も参加していたも

---

6) https://gephi.org/
7) https://cytoscape.org/
8) https://hdlab.stanford.edu/palladio/
9) https://github.com/OpenArabicPE
10) https://github.com/OpenArabicPE/tei-boilerplate-arabic-editions/
11) https://dcl.luddy.indiana.edu/teibp/

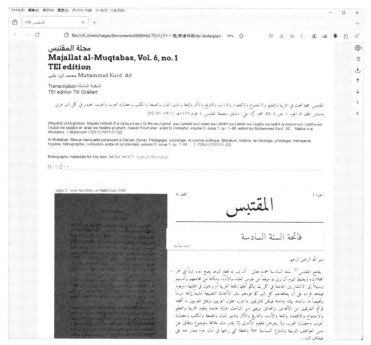

図1　Open Arabic PE が提供する表示システムによる定期刊行物の表示

のの、その後欧米圏以外からはあまり深く参画することができず、欧米言語中心で、欧米諸国で発展してきたという経緯がある。また、テキストを抽象的な概念と措定して、なるべく個別言語のローカルな要素を含まないことを目指して改良が進められてきた。しかしながら、そこには欧米言語におけるテキスト概念が暗黙的に前提となっており、非欧米言語において TEI ガイドラインを適用するには「例外処理」を行うための仕組みで対応できる場合が多かったものの、例外処理を行わなければ処理できないような国際標準は普及させることが難しく、普及しないことにはその言語文化圏の言語を扱えるようにならない。TEI ガイドラインは、単に構造化やタグ付けを行うだけでなく、そのようにして作成されたテキストデータを容易に処理し活用できることも含めたエコシステムが形成されることが重要である。Open Arabic PE において TEI ガイドラインに準拠したテキストデータだけでなく TEI Boilerplate のアラビア語向けカス

タマイズ版が作成・公開されていることもまさにそれを企図したものだと言える。現在は、TEIガイドラインを策定するTEI協会[12]においても、そのような非欧米圏への対応が本格化してきている。ここでは、イスラーム研究関連におけるTEIガイドライン対応の可能性について参考となりうる情報を提供すべく、この流れについて紹介することとしたい。

　TEI協会では、2005年10月からInternationalization and Localization projectが進められ、TEI P5ガイドラインのコアになる部分の翻訳プロジェクトが進められた［TEI Consortium n.d.b］。中国語、フランス語、ドイツ語、イタリア語、日本語、韓国語、スペイン語への翻訳が行われ、日本からは大矢一志が取り組んだ。これはあくまでも既存のTEIガイドラインを翻訳しただけであったが、各国での普及に際しては重要な鍵となりうるものであった。また、外字に関する議論が行われ、日本からも2名の研究者が議論に参加したが、外字は東アジア漢字文化圏には多く存在しうるものの、西洋中世写本でも多く登場し、既存の文字コードに含まれない文字は他にも様々な形で利用されうるため、ローカルへの対応というよりはむしろ、TEIガイドラインが目指すところの抽象的なテキストモデルの構築に合致するものであると言える。

　筆者は、こうした状況に対して、暗黙的に欧米言語が前提となっている状況においては、ローカルな要素を必要に応じて組み込んでいくことで欧米言語のテキストモデルを相対化していくことがむしろグローバル化を達成する上で重要であることを認識し、2016年にポーランド・クラクフで開催された国際デジタル・ヒューマニティーズ学会連合の年次学術大会において「Digital Humanities in Cultural Areas Using Texts That Lack Word Spacing」[13]という研究発表［Nagasaki et al. 2016］を行い、これを踏まえて、TEI協会に対して、東アジア言語文化圏のテキストモデルについて公式に議論する場を設置すべく東アジア／日本語分科会（East Asian/ Japanese Special Interest Group）の設置を提案した。これが認められたことにより、初めてTEI協会において公式にローカル言語のテキストモデルに関して議論する場が形成された。これに続いてすぐに、インドテキスト分科会も設置された。インドのテキストもまた、多様であり、欧米言語

---

12) https://tei-c.org/
13) 発表申込みは1年前に行うため、この発表原稿の執筆は2015年に行われた。

とはテキストモデルも書記体系も異なっているため、個別に議論すべき事項が多くあることから、今後色々なアクションが出てくることが期待される。

　東アジア／日本語分科会はその後、TEI ガイドラインに関して日本語で議論することもできる場として機能してきており、日本語で用いられるルビを表現するための要素群を TEI ガイドライン全体に組み込むことができた。日本語のテキストモデルにおいて時として重要なものとなることがあるルビが、TEI ガイドラインにおいて例外ではなく公式のものとして利用できることになったのである。ここでも、Unicode のときと同様に、手続きの流れについて少し見てみよう。

　ルビに関する議論は、上述の 2016 年の筆者の発表においても登場するが、その後、2019 年にオーストリア・グラーツで開催された TEI カンファレンスにおいて、日本語学者の岡田一祐を中心として、より具体的な発表が行われた [Okada et al. 2019]。この後に提案書が作成され、TEI 技術委員会[14]の議論に付されることになる。TEI 技術委員会は TEI 協会のメンバーの中から自薦・他薦の候補を募り、会員による投票によって選ばれる。毎月オンラインで会議が行われ、年に 2 回は対面の会議も開かれ、TEI ガイドラインや公式のスタイルシート等、様々な事項について議論と改良が行われている。ルビの提案書もここで議論されるとともに、GitHub にも提案書がリンクされ、そこでも様々な観点からの議論が行われた。TEI 協会は GitHub 上にアカウントを持っており、TEI ガイドラインの構築に関わる議論やデータ構築もここで行っている [GitHub n.d.a]。議論は主に issues[15] 掲示板を用いて行われており、ルビに関する議論もここで行われたが、メインのスレッド 64 件のやりとりがあった [GitHub n.d.b] だけでなく、様々なスレッドに分岐してそれぞれ議論がなされた。そこで既存の構造との互換性やルビ要素が対応すべき対象や範囲、拡張可能性など、ガイドラインの中での位置づけの確認や実装を意識した議論が行われた。議論が十分に収束し、ガイドラインにおける文言や事例も確認されたところで、およそ半年に 1 度行われる改訂にあわせて組み込まれ、2021 年 2 月 25 日に TEI P5 version 4.2.0 としてリリースされた [TEI Consortium n.d.c]。ruby 要素は、TEI ガ

14）　https://tei-c.org/activities/council/
15）　https://github.com/TEIC/TEI/issues

イドラインの主要な要素を説明する第 3 章「Elements Available in All TEI Documents」に掲載され、このバージョンのコードネームは ruby とされた[16]。

　TEI 協会は研究者個人や研究者が属する個別の組織によって成り立っている組織であり、TEI ガイドラインをはじめとするテキスト構造化に関わる活動を国際化するために協会内に組織を整備したり協会から費用を支払ったりすることは実質的には困難である。しかし、ここまで見てきたように、TEI ガイドラインを策定する TEI 協会は、テキスト構造の国際化におけるローカルの問題に正面から取り組むようになってきており、共通語としての英語での議論だけでなく、分科会等の体制を通じて各言語での議論も可能な形になっている。

　TEI 協会において東アジア／日本語分科会とインドテキスト分科会が設立されたにもかかわらず、アラビア系文字、あるいは右から左に書く書記体系に関する議論の場は、TEI 協会においては未だ個別に用意されている状況ではない。言語文化圏単位での分科会設立はそれに関するコミュニティを成立させることが期待され、それ自体は研究者としての研究活動とはスコープがずれてしまうため、どうしても取り組みにくいという面はあるだろう。しかし、アラビア系文字という特徴的な書記体系を共有する文化圏が TEI ガイドラインに注力するようになれば、TEI ガイドラインの発展のみならず、それを通じたテキスト構造化手法のグローバル化、すなわち、内容がわからなくとも形式を通じた情報伝達がある程度可能となる状況を作り出すことができるだろう。こういったことについては日本からも貢献する道があるかもしれない。

おわりに

　本章では、文字とテキストの構造化においてローカルな状況が国際標準のなかでどのように扱われていくかをみてきた。組織として、あるいはコミュニティとして定めたルールのなかで多くの人が関わり 1 つのルールを維持し拡張していく仕組みは、個人が考案した優れた手法に比べると融通は利かないものの、変更に関わる手続きの安定性や互換性の面では信頼性が高い。もし個人が考案

16）　この経緯については Okada *et al.*［2023］に詳しい。

した手法を広く安定的かつ長期的に使えるようにしようとしたら、最終的にはここでみてきたような手続きを実施する体制も構築する必要があり、それには大変なコストがかかってしまうだろう。そこにかかってしまう労力を他のことに回すことができるのであれば、研究活動はより発展させられることだろう。既存の国際標準に準拠することはすぐに簡単にできるとは限らないが、既存の仕組みを活かしつつ、各言語の特徴をそこで阻害されることなく活かしていく道を探すことは将来のより大きくかつ安定した発展につながるはずである。それは独力で取り組むべきものではなく、複数人で、プロジェクトで、あるいは組織として、取り組むに値する課題である。日本のイスラーム研究は、徐々にそのような方向でデジタル技術への取り組みを進めていると見受けられるので、今後もそのようにして着実に発展していくことを期待したい。

参考文献

熊倉和歌子 2024「TEI ガイドラインと OpenITI mARkdown」須永恵美子・熊倉和歌子編『イスラーム・デジタル人文学』人文書院

須永恵美子 2024「自動文字認識とテキスト化」須永恵美子・熊倉和歌子編『イスラーム・デジタル人文学』人文書院

徳原靖浩 2024「Unicode とアラビア文字」須永恵美子・熊倉和歌子編『イスラーム・デジタル人文学』人文書院

ナンシー・イデほか 2018「TEI：それはどこからきたのか。そして、なぜ、今もなおそこにあるのか？」『デジタル・ヒューマニティーズ』（王一凡・永崎研宣監訳）1: 3-28. https://doi.org/10.24576/jadh.1.0_3

三上喜貴 2002『文字符号の歴史――アジア編』共立出版

GitHub. n.d.a "Text Encoding Initiative Repository," https://github.com/TEIC/TEI

―――. n.d.b "Encoding of Ruby Glosses #205," Last updated on February 20, 2021. https://github.com/TEIC/TEI/issues/2054

Haralambous, Yanis. 2019 "Comments on L2/19-306 Arabic Additions for Quranic Orthographies（L2/20-041）," Uploaded on December 27, 2019. https://www.unicode.org/L2/L2020/20041-quranic-cmt.pdf

Lazrek, Azzedine. 2019 "Comments about '*Arabic Additions for Quranic Orthographies*' Proposition（L2/19-393）," Uploaded on October 30, 2019. https://www.unicode.org/L2/L2019/19393-quranic-add.pdf

Nagasaki, Kiyonori *et al.* 2016 "Digital Humanities in Cultural Areas Using Texts That Lack Word Spacing," Digital Humanities 2016（July 11-16）におけるペーパー。https://dh2016.

adho.org/abstracts/416

Okada, Kazuhiro et al. 2019 "An Encoding Strategic Proposal of 'Ruby' Texts: Examples from Japanese Texts," TEI 2019（March 17-20）におけるペーパー。https://gams.uni-graz.at/o:tei 2019.155/sdef:TEI/get?context=context:tei2019.papers

―――. 2023 "Rubi as a Text: A Note on the Ruby Gloss Encoding," *Journal of the Text Encoding Initiative* 14（Online）, Accessed on 30 March, 2023. http://journals.openedition.org/jtei/4403, https://doi.org/10.4000/jtei.4403

Open Islamicate Texts Initiative. n.d. "Resources," Accessed on November 1, 2024. https://openiti.org/resources

Pandey, Anshuman. 2007 "Proposal to Encode Siyaq Numerals in ISO/IEC 10646（L2/07-414），" Unicode. https://www.unicode.org/L2/L2007/07414-siyaq.pdf

Pournader, Roozbeh and Anderson, Deborah. 2019a "Arabic Additions for Quranic Orthographies（L2/19-306），" Uploaded on September 29, 2019. https://www.unicode.org/L2/L2019/19306-quranic-additions.pdf

―――. 2019b "Arabic Additions for Quranic Orthographies（WG2 N5142），" https://www.unicode.org/wg2/docs/n5142-19306-quranic-additions.pdf

Rikza, F. Sh. 2022 "List of Unencoded Arabic Characters," Unicode, October 17, 2022. https://www.unicode.org/L2/L2022/22284-unencoded-arabic-chars.pdf

TEI Consortium. n.d.a "TEI P5: Guidelines for Electronic Text Encoding and Interchange. Version 4.8.1," Last updated November 1, 2024. http://www.tei-c.org/Guidelines/P5/

―――. n.d.b "TEI: Guidelines for Electronic Text Encoding and Interchange," P5 Version 4.8.1. Last updated on November 1, 2024. https://tei-c.org/release/doc/tei-p5-doc/en/html/FM1.html

―――. n.d.c "P5: Guidelines for Electronic Text Encoding and Interchange," Version 4.2.0. Last updated on February 25, 2021. https://tei-c.org/Vault/P5/4.2.0/doc/tei-p5-doc/en/html/

Unicode. 2019 "Ottoman Siyaq Numbers," https://www.unicode.org/charts/PDF/Unicode-12.0/U120-1ED00.pdf

―――. 2021 "Arabic Extended-B," https://www.unicode.org/charts/PDF/Unicode-14.0/U140-0870.pdf

Unicode Pipeline. n.d. "Proposed New Characters: The Pipeline," Last updated on September 10, 2024. https://www.unicode.org/alloc/Pipeline.html

第 **II** 部

史料から浮かびあがる
コネクティビティ

第3章 網の目のなかの人々を描く
――女性がつなぐマムルーク朝後期の文民ネットワーク

熊倉和歌子

はじめに――男性中心的な家系図から女性がつなぐ家系図へ

　中世アラブ・イスラーム社会の名家に関する既往研究は、女性を媒介項とした男性の社会的地位・官職の獲得を指摘しながら、婚姻の社会経済的な側面を論じてきた［Petry 1981; Escovitz 1984; Rapoport 2005; Eychenne 2013; Otsuya 2019］。しかし、それは婚姻の社会的機能の一側面しか捉えていないように思われる。なぜならば、実際には、婚姻を通じてさまざまな集団が「家系」に参画し、婚姻関係のネットワークが張りめぐらされることになるためである。現実の社会において、人はさまざまなネットワークのなかに埋め込まれるノード（点）であり、婚姻関係はそうしたネットワークの1つである。既往研究が示してきた社会経済的な戦略としての婚姻は、婚姻関係を結ぶ両家による合理的選択の結果であるが、これをよりマクロな視点から現実社会のなかに位置づければ、両家に留まらない網の目のなかでの綱引きやしがらみがあり、そうした引力のなかで社会経済的地位というボールの位置が決まってくるのだと考えられる。
　このような婚姻によって形成されるネットワークを示そうとするとき、夫側の系譜だけでなく、妻側の系譜もまた重要な存在となってくる。父系集団を主軸とする従来の家系図では、一族の女性が嫁いだ先でなした子やその子孫の情報が嫁ぎ先の家系図に引き継がれることにより、婚姻を通じた家同士のつながりは見えづらいものとなる。それでは、網の目の結節点となる女性たちの情報を家系図のなかに含めるにはどのような方法があるだろうか。従来の家系図が女性の系譜を捨象してきたのは、第一には父系中心的、もしくは男性中心的な

59

歴史観によるが、第二には紙面の制約も大きく影響している。ワープロソフトや描画ソフトを利用して家系図を作成する場合には、設定された用紙サイズに収める必要がある。他方、表計算ソフトは無限に付け足していくことが可能ではあるが、複雑な家系図を描くのには向いていない［熊倉 2023］。

　こうした問題に風穴を開ける可能性を秘めているのがデジタル人文学の手法である。機械のスペックが許す限り、どこまでも広がる面上に、つながりを描くことが可能となる。途中でデータを追加しようと、図そのものを描き換える必要もない。このようなメリットを持つデジタル人文学的手法は、今後、婚姻関係を可視化する際の方法として標準化されていくだろう。そこで本章では、マムルーク朝後期（1382-1517 年）のカイロの文民名士たちを対象として、女性の系譜を含めた婚姻ネットワークの可視化をデジタル人文学的手法を活用して試みていく。

1　史料と分析対象

(1)　史料

　本章では、サハーウィー（1427-97 年）による人名録『ヒジュラ暦 9 世紀の人々の輝く光』（以後、『輝く光』と略記）を用いる。全 12 巻からなるこの大著には、ヒジュラ暦 9 世紀の軍人、カリフ、マムルーク朝やその他地域のスルターンや王族、ウラマー、官僚、商人など 1 万 3400 人ほどが収録されている[1]。『輝く光』が史料として貴重である理由として、第一に全体の収録人数の多さがあり、第二には最終巻を女性に特化した章としている点が挙げられる。この女性章には、全体の 8％にあたる 1075 人の女性に関する情報が収録される。本章は『輝く光』のなかでも特に女性章を対象とし、そこに収録される文民名家の女性たちの婚姻情報を抽出する。

　女性章に収録される女性たちは、主として、それ以前の巻に収録される男性たちと血縁関係や姻戚関係にある者たちである。地理的には、カイロだけでなく、ダマスクスやメッカ、メディナなどの都市女性が含まれるが、その理由

---

[1]　『輝く光』のデジタルテキストの修稿作業をともに行った研究協力者のマキシム・ロマノフから情報を得た。

『輝く光』が依拠した情報源による。女性章に収録される文民エリート家系の女性の情報源は、主として、①歴史書や人名録、②師集成、③個人的に得られた情報、④サハーウィー自身のネットワークに分類される。

　①歴史書や人名録については、著者であるサハーウィーの師であるイブン・ハジャル（1372-1449 年）、歴史家であるアイニー（1361-1451 年）、マクリーズィー（1364-1442 年）、ビカーイー（1406-80 年）、メッカのウラマーであるファースィー家のタキー・アッディーン（1373-1429 年）、同じくメッカのウラマーであるファフド家のタキー・アッディーン（1385-1466 年）とその息子ナジュム・アッディーン（1409-80 年）の著作に依拠したと見られる。伝記中には、典拠情報が簡潔に書かれる場合もあり、具体的には、イブン・ハジャルによる歴史書『豊かな情報』（*Inbā' al-Ghumur*）やマクリーズィーによる人名録『首飾りの真珠』（*Durar al-'Uqūd*）といった著作が挙げられている。また、書名は明記されていないものの、メッカの女性に関する情報の多くは、ファフド家の人物の著作に依拠したことが記されている。これは、おそらく、ファースィーの人名録『価値ある首飾り』（*al-'Iqd al-Thamīn*）の続編としてナジュム・アッディーンによって書かれた『隠された真珠』（*al-Durr al-Kamīn*）のことだろう［太田 2019: 175-178］。『隠された真珠』に収録されるのは男女合わせて 1739 人であるが、このうち実に 16.5％にあたる 287 人が女性であり、サハーウィーにとってメッカ社会の女性について知る重要な情報源となったに違いない。

　これらの歴史書や人名録に加えて、②師集成（muʻjam）もまた『輝く光』の重要な情報源となっている。師集成とは、教えを受けた師をアルファベット順に並べ、それぞれの師から学んだことを記録した個人の履修歴である[2]。ファフド家の人々が代々師集成を編んでいたことは知られているが［Rosenthal 2012］、『輝く光』の記述からは著者であるサハーウィーが彼らの師集成や、サハーウィー自身の師であるイブン・ハジャルの師集成を参照していたことがわかる。

　また、③個人的に得られた情報も、『輝く光』の女性に関する記述に反映さ

---

[2] カッターニーによれば、師録（mashyakha）もまたハディースの教えを受けた師の記録であるが、師集成（muʻjam）は師を名前のアルファベット順に並べたものであり、師録と同じように使われるようになった用語だという（*Fahras al-fahāris*, 1: 67）。いずれも、人名録作者にとって重要な情報源となった。師録については、Hilali and Sublet［2020］を参照のこと。

れている。例えば、ヘブロンのシャイフ・アルバラド（町長）であったサラーフ・アッディーンは、自身が教えを受けたハディージャ・イブナト・アフマドの伝記（tarjama）をサハーウィーに書き送っており、サハーウィーはハディージャの伝記を書く際にこれに依拠している［*Daw'*, 12: 24］。また、件のサラーフ・アッディーンは、890/1485-86 年にサハーウィーを仲介者として行われた集団イジャーザの取得に際して、自身の母親についての情報を書面に書き入れサハーウィーに送付しており、このときの情報に依拠してサラーフ・アッディーンの母親の伝記も収録されている[3]。

さらに、サハーウィー自身が師弟関係にあった女性やその親族の伝記も含まれている。特に、サハーウィーがムジャーウィル（聖地寄留者）として聖地での修学に励んだ際に師事した女性や、彼と同様にムジャーウィルとして学びを共にした女性の伝記は豊富に含まれている[4]。

以上見てきた情報源からもわかるように、『輝く光』の女性についての記述は、学問を通じたサハーウィー自身のネットワークを示している。そこで立項されている女性は、学問に身を投じることのできる、経済的にも社会身分的にも中流以上の家系出身者であったと言ってよいだろう。

(2) 分析の対象となる人々

本章は分析の対象とする人々を、①ハイサム家、②フハイラ家、③サッファーフ家、④ナスラッラー家、⑤アブール・ファラジュ家、⑥クワイズ家、⑦バーリズィー家、⑧ムズヒル家、⑨カーティブ・ジャカム家、⑩ジーアーン家、⑪ブルキーニー家の 11 家系に属する男女とする。これらの家系のうち、①から⑩までの家系は、15 世紀カイロに多数の官僚を輩出したことで知られる名家であり、マルテル・トゥミアンがこれらの家系の歴史、成員、歴任した官職、

---

3) ［*Daw'*, 12: 24］. 集団イジャーザとは、複数人に対して授与されるイジャーザのこと［水上 2014］。しばしば遠隔でイジャーザが授与されたが、そこには授与者と被授与者のあいだを取り結ぶ仲介者の存在が不可欠であった。サハーウィーはしばしば集団イジャーザの仲介者となっており、その際に得られた情報が人名録に記されたと考えられる［太田（塚田）2023］。

4) サハーウィーは、870/1466 年に最初の大巡礼を行い、その際にメディナ参詣も果たした。このときを含めて少なくとも 3 回はメディナに滞在経験のあるサハーウィーは、晩年、メディナにて著作活動に励み、同地に埋葬された［Petry 2012; 長谷部 2008: 210-211］。

婚姻関係などをまとめている［Martel-Thoumian 1991］。⑪のブルキーニー家は、カイロの大カーディーを輩出したウラマー家系であるが、これについては伊藤が成員のキャリアパスを整理している［伊藤 1996］。

　表1はこれらの家系の概要をまとめたものである。①ハイサム家、②フヒイラ家、⑤アブール・ファラジュ家、⑥クワイズ家、⑨カーティブ・ジャカム家、⑩ジーアーン家の6家系はキリスト教から改宗したイスラーム教徒である。出身地は、出自不明の②フヒイラ家を除き、①④⑨⑩⑪の5家系がエジプト出身、③⑥⑦⑧の4家系がシリア出身、⑤はアルメニア出身である。官僚名家として括られる①から⑩の家系は、いずれも政庁の長官級の官職を歴任しているのに対し、ウラマー家系を代表するブルキーニー家はシャーフィイー派大カーディー職を歴任しており、ここでは行政職と宗教・法関連職のあいだには一定の隔たりがあることが見受けられる。

　これらの家系のうち、婚姻情報が得られる男女の人数を表2にまとめた。各家系から得られる婚姻情報は豊富とは言えないが、⑦バーリズィー家、⑩ジーアーン家、⑪ブルキーニー家についてはそれぞれ10件以上の婚姻関係を復元することが可能である。

　『輝く光』に収録される女性たちに関する情報の基本項目は、ⓐ名前、ⓑ生没年、ⓒ師弟関係、ⓓ結婚歴、ⓔ性格・信仰心、ⓕ埋葬場所であり、この他に父母兄弟の簡潔な情報や、巡礼歴などが含まれることがある。ⓐ名前からは、本人の名前（イスム）だけでなく、父親・祖父・曾祖父といった父系の情報が得られる。またその女性が子をなした場合には、「某の母」というクンヤ（添え名）から子どもの名前（イスム）に加え、その子の父親、つまり対象とする女性の夫の情報をも得ることができる。本章の分析は、このうち、特にⓐとⓓの情報に注目しながら、夫婦のつながりに加えて、そこから広がる家系のつながりをとらえていく。

2　家系間のつながりの可視化を試みる

(1)　可視化手法の課題
従来のいわゆる「ツリー型」の家系図は、家督や家産がどのように世代を経

表 1 分析対象とする 11 家系の概要

	家系	宗教 宗派	出身地 （出身地方）	主な官職
①	ハイサム家	改宗ムスリム 元コプト教会	カイロ （エジプト）	ウスターダール、ワズィール、ムフラド庁長官、ハーッス庁長官
②	フハイラ家	改宗ムスリム 元コプト教会	不明	マムルーク書記官、ムフラド庁副長官、ムフラド庁書記官、軍務庁副長官
③	サッファーフ家	イスラーム シャーフィイー派	アレッポ （シリア）	秘書長官（アレッポ、サファド、カイロ）、国庫のワキール（アレッポ）、慈善庁長官（アレッポ）、文書庁書記官（アレッポ）、軍務庁長官（アレッポ、ダマスクス、カイロ）
④	ナスラッラー家	イスラーム シャーフィイー派	フゥワ （下エジプト）	ワズィール、大ウスターダール、ウスターダール、秘書長官、国庫のワキール、ハーッス庁長官、軍務庁長官、ムフラド庁長官、ワクフ庁長官、ジェッダ港長官
⑤	アブール・ファラジュ家	改宗ムスリム 元アルメニア使徒教会	不明 （アルメニア）	ワズィール、ウスターダール、ワーリー（カトヤー、カイロ）、上エジプト地域調査官、下エジプト地域調査官、ダミエッタ総督、シャルキーヤ地方長官、軍の執達吏
⑥	クワイズ家	改宗ムスリム 元メルキト派キリスト教	カラク、ショーバク （シリア）	秘書長官、国庫のワキール、ハーッス庁長官、ザヒーラ庁長官、ムフラド庁長官、軍務庁長官
⑦	バーリズィー家	イスラーム シャーフィイー派	ハマー （シリア）	シャーフィイー派大カーディー（ハマー、アレッポ、ダマスクス）、秘書長官（ハマー、カイロ）、軍務庁長官（アレッポ、カイロ）
⑧	ムズヒル家	イスラーム シャーフィイー派	ダマスクス （シリア）	秘書長官（ダマスクス、カイロ）、ハーッス庁長官、軍務庁長官
⑨	カーティブ・ジャカム家	改宗ムスリム 元コプト教会	カイロ （エジプト）	ワズィール、ハーッス庁長官、軍務庁長官
⑩	ジーアーン家	改宗ムスリム 元コプト教会	ダミエッタ （エジプト）	秘書長官、ダワーダール、ハーッス庁財務官、軍務庁財務官、スルターン私金庫長官、マムルーク書記官（シリア、エジプト）
⑪	ブルキーニー家	イスラーム シャーフィイー派	ブルキーナ （下エジプト）	シャーフィイー派大カーディー（ダマスクス、カイロ）、カーディー・アルアスカル

表2 婚姻情報が得られる家系別の男女の人数

	家系	女性	男性
①	ハイサム家	1	0
②	フハイラ家	1	0
③	サッファーフ家	0	1
④	ナスラッラー家	1	1
⑤	アブール・ファラジュ家	2	2
⑥	クワイズ家	1	3
⑦	バーリズィー家	5	5
⑧	ムズヒル家	2	4
⑨	カーティブ・ジャカム家	2	5
⑩	ジーアーン家	17	9
⑪	ブルキーニー家	15	11
	合計	**47**	**41**

て継承されたかを示すのには適しているが、婚姻関係のように横へ広がる情報を示すのには向いていない。それは、「ツリー型」の家系図が、世代という時間軸を含む表現方法であるためである。つまり、ツリー型家系図の横軸（行）は時間軸であり、厳密には、同世代間の婚姻関係は同じ行に記載する必要がある。すると、同じ行の上に複数の関係を示す線（エッジ）が引かれることになり、それらの関係は視覚的に把握しにくいものになる。また、実際には、対象とする人物たちすべての生年を把握することは難しく、どの時間軸にその人物を置くかという問題の大部分は推測により判断しなくてはならなくなる。

そこで、本章で採用するのが、ネットワーク図である。ネットワーク図は、人（ノード）のつながりと、それらが織りなす集団（クラスター）の分布を可視化するのに最適な図法である。他方、ネットワーク図では、同じ表のなかに時間軸を含めることは難しいため、基本的には、時間軸は考慮しないという方針を採ることになる。とはいえ、本分析が15世紀、世代にしておよそ3世代という限られた時間軸を対象とするのであれば、時間軸の捨象はさほど大きな問題にはならないだろう。仮に世代間のネットワークの変化を見たいということであれば、世代別に婚姻関係を分類し、ソートをかけることは可能である。ただし、繰り返しにはなるが、現実的には、婚姻関係が成立した時期を史料中の記述に基づいて特定することは困難である。

さて、これまでにもデジタル人文学的手法を用いて婚姻ネットワークを分析するような研究は見られた。例えば、ヴォッリーナは、マムルーク朝からオスマン朝への移行期におけるダマスクスの名家カーディー・アジュルーン家の婚姻関係を可視化している［Wollina 2016; 2021］。その図は、人をノードとし、親子・兄弟関係をライトグレーのエッジ（線）、カーディー・アジュルーン家の外部の人間との婚姻関係を黄色のエッジ、内部の人間との婚姻関係を緑色のエッジとする。一見、それはネットワーク図のように見えはするが、従来型の家系図に婚姻関係を書き入れたものである。したがって、カーディー・アジュルーン家という一つの家系を対象として、その家系がどのように内婚や外婚を行っていたかを示すという点では必要な情報を満たしてはいるが、カーディー・アジュルーン家以外の家との関係性が見えにくいという従来の家系図の課題を抱えたままである。

　次に、16世紀から17世紀にかけてイスタンブルを拠点としたオスマン朝のドラゴマン（通訳者）を研究したロスマンによる可視化の事例を見てみよう［Rothman 2021］。婚姻関係を示した図[5]では、ドラゴマンを輩出した家系をノードとし、ノードの大きさでドラゴマンを輩出した人数を示す。また、ノードの色で出身地（オスマン朝領内、ヴェネツィア、ヴェネツィア植民地、その他、不明）を表現している。1回以上婚姻関係を持った家系同士はエッジでつながれるが、婚姻関係の数にかかわらずエッジの太さは一定である。この図は家系をノードとすることにより、婚姻関係を通じた家系間のつながり方が単純化され、把握しやすい。ただし、家系というレベルでの可視化は、個人間のつながりの束としての家系間のつながりを可視化することはできない。例えば、家系Aと家系Bが婚姻関係にあることはわかっても、夫婦それぞれがどちらの家系の出身なのかがわからない。婚姻関係の研究については、文化人類学や社会学において膨大な蓄積があり、そこでは、家系のあいだを女性がどのように移動するかという点が着目されてきた。このことを踏まえれば、婚姻関係を分析の対象に含めるときには、個人間のつながりを基本とした可視化分析が望ましいだろう。

5）　https://ark.digital.utsc.utoronto.ca/ark:61220/utsc73539 (Fig 1.2, Fig. 1.3).

以上から、家系間のつながりの可視化と、それら成員たちの個人間のつながりの可視化をバランスよく両立する方法を考案することが現時点での課題として浮かび上がってきた。次の項では、具体的にこの課題を克服するような方法について検討していきたい。

(2) 婚姻関係の可視化手法

人をノード、婚姻関係をエッジとしてつながりを描いてみよう。男女ともに結婚が1回のみの場合には、2つのノードがエッジで結ばれる形で可視化される。2回以上結婚した場合には、その回数分のエッジがその人物から伸び、ノード（配偶者）とつながれる。例えば、図1はブルキーニー家のタキー・アッディーンの娘ハディージャの婚姻関係を表す。中央のノードがハディージャで、周囲の5つのノードがその結婚相手である。つまり、この女性は5人の男性と結婚したことが示される［*Daw'* 12: 31］。しかし、対象としたデータのなかでは、このハディージャのように3回以上結婚するケースは稀であり、多くの場合、1対1、もしくは1対2でつながれる。すると、単に個人と個人のあいだの婚姻関係を図示化するだけでは、網の目のようなネットワークは出現しない。図2は、先述の11家系を対象として、その成員たちの婚姻関係をPalladio（https://hdlab.stanford.edu/palladio/）で図示化したものの一部であるが、いくつかの例外を除き、集合と集合が結びつくことはない[6]。また、この図からは家系という要素も捨象されており、家同士のつながりを分析することもできない。

他方、このような不完全な図のなかで、小さなネットワークを構成する集団がいくつかある。そのうちの1つである図3を見てみよう。これは、ブルキーニー家の男性ワリー・アッディーンを中心にした婚姻ネットワークである。ワリー・アッディーンとつながる4人の女性のうち、ハワー、ジャンナ、ザイナブ_1の3人は、ワリー・アッディーンとの他にも婚姻関係を持ったことのある女性である。この3人のうち、ジャンナとザイナブ_1はともにブルキーニー家の父親を持つブルキーニー家の女性であるが、ハワーはブルキーニー家の女性とヒムスィー家の男性とのあいだに生まれたヒムスィー家の女性である。他

---

[6] Palladioを利用したネットワーク図の作成については、熊倉［2023; 2024］を参照のこと。

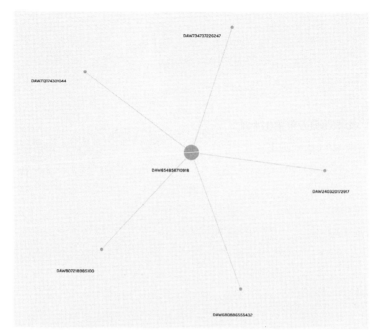

図 1 ブルキーニー家のハディージャを中心とする婚姻関係

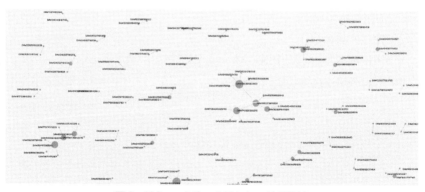

図 2 対象 11 家系の成員たちの婚姻関係

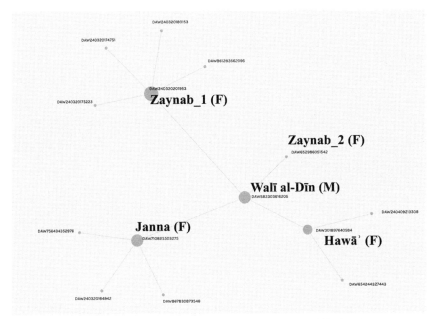

図3 ブルキーニー家のワリー・アッディーンを中心とした婚姻ネットワーク
図中の（F）は女性を、（M）は男性を示す。

方、ザイナブ_2は、スルターン＝バルクーク（在位1382-89年、1390-99年）のマムルークであったクルムターイの孫娘である［*Daw'* 12: 47］。先ほどのハディージャの例にしかり、ブルキーニー家の男女は、生涯に複数の外婚と内婚を通じて、当家内外の人物との結びつきを持つ傾向にあったと言える。この特徴は、本章が対象とする11家系のなかでも特にブルキーニー家において顕著であり、その婚姻関係を従来型の家系図に収めることはほとんど不可能なほどである［熊倉 2023］。このように、多方向に広がるネットワークと、親族間で結ばれる内向きのネットワークの両方を表現することも婚姻ネットワークの可視化において重要なこととなる。

　以上の問題を踏まえると、個人を家系という特定の集団に結びつける必要があるだろう。その際、従来型の家系図のような父系中心的な図になることを避け、女性の系譜も追跡できるようにすることも、もう1つの課題となる。そこで提案する手法は、個人を表すノードを可能な範囲で父親の家系を表すノード

第3章　網の目のなかの人々を描く —— 69

と母親の家系を表すノードそれぞれに紐付けるというものである。これにより、父方の家系と母方の家系それぞれのもとにその成員のノードを集めることができる。

　それでは実際に、このルールでデータセットを作成してみよう。先ほどのブルキーニー家のザイナブ_1を例に、彼女から広がる関係性をまとめると表3の1行目から6行目になる。さらに、これに配偶者の父親と母親の家系を加えていくが、ワリー・アッディーン以外の4人の配偶者は人名録には立項されない無名の人物であり、名前から得られるのは父親の情報のみである。ここでは、父親の家系と母親の家系はわかる範囲で紐付ければよいというルールに基づき、名前から得られる父親の家系の情報を加える。それが、表3の7行目から10行目である。父親がバサーティー家の人物である場合には、その人物を「父Basati」というノードに紐付ける。このうち、夫4はニスバ（由来名）を確定できなかったため、父系の情報を「父不明1」としている。この要領で、他のノードについても記述していく（11行目から28行目）。最後に、可視化した際に、ブルキーニー家の男性を父親として持つ集団とブルキーニー家の女性を母親として持つ集団が離ればなれにならないよう、29行目のように「母Bulqini」と「父Bulqini」を結びつける。これをPalladioに読み込ませた結果が図4である。図3と比較すると、ワリー・アッディーンと結婚したザイナブ_2以外の女性が母親もしくは父親のいずれかがブルキーニー家に属することが可視化された。以上のように、個人を父親の家系と母親の家系それぞれの集団に紐付けながら婚姻関係のネットワークを描いていくことにより、家同士の結びつきについても可視化することが可能となる。

　ネットワーク図を作成する際には、図1から図3で利用したPalladioや、より発展的な可視化が可能なGephiなどがある。Palladioは表3のようなSourceとTargetのデータセットさえあれば可視化することができるが、ノードの属性ごとの色わけなど、外観に関わる柔軟な操作や設定ができない。他方、Gephiは、その点比較的自由に設定できるが、SourceとTargetからなるエッジデータと、ノードの属性をまとめたノードデータの2つのデータセットが必要になる。本章の分析では、ノードの性別情報や父親／母親の家系の情報を視覚的に把握する必要があるため、Gephiを利用した[7]。対象とする11家系とそこから広が

表3 データセット

関係性	Source	Target	関係性の説明
1	Zaynab_1 (F)	父 Bulqini	Zaynab_1 の父親の家系の情報
2	Zaynab_1 (F)	夫1	Zaynab_1 の婚姻関係1人目
3	Zaynab_1 (F)	夫2	Zaynab_1 の婚姻関係2人目
4	Zaynab_1 (F)	夫3	Zaynab_1 の婚姻関係3人目
5	Zaynab_1 (F)	夫4	Zaynab_1 の婚姻関係4人目
6	Zaynab_1 (F)	Walī al-Dīn (M)	Zaynab_1 の婚姻関係5人目
7	夫1	父 Basati	夫1の父親の家系の情報
8	夫2	父 Ajluni	夫2の父親の家系の情報
9	夫3	父 Ibadi	夫3の父親の家系の情報
10	夫4	父不明1	夫4の父親の家系の情報
11	Zaynab_2 (F)	父 Ibn Qulmtay	Zaynab_2 の父親の家系の情報
12	Zaynab_2 (F)	Walī al-Dīn (M)	Zaynab_2 の婚姻関係
13	Hawā' (F)	父 Ibn al-Himsi	Hawā' の父親の家系の情報
14	Hawā' (F)	母 Bulqini	Hawā' の母親の家系の情報
15	Hawā' (F)	夫1'	Hawā' の婚姻関係1人目
16	Hawā' (F)	夫2'	Hawā' の婚姻関係2人目
17	Hawā' (F)	Walī al-Dīn (M)	Hawā' の婚姻関係3人目
18	夫1'	父 Murkham	夫1'の父親の家系の情報
19	夫2'	父カリフ	夫2'の父親の家系の情報
20	Janna (F)	父 Bulqini	Janna の父親の家系の情報
21	Janna (F)	夫1″	Janna の婚姻関係1人目
22	Janna (F)	夫2″	Janna の婚姻関係2人目
23	Janna (F)	夫3″	Janna の婚姻関係3人目
24	Janna (F)	Walī al-Dīn (M)	Janna の婚姻関係4人目
25	夫1″	父 Ibn Tughan	夫1″の父親の家系の情報
26	夫2″	父 Safti	夫2″の父親の家系の情報
27	夫3″	父不明2	夫3″の父親の家系の情報
28	Walī al-Dīn (M)	父 Bulqini	Walī al-Dīn の父親の家系の情報
29	母 Bulqini	父 Bulqini	Bulqini 家同士の結びつき

る婚姻関係にある男性127人、女性84人を対象として可視化した結果が、図5である。

3　ネットワーク図を読み解く

家系ごとの分布を見てみると図6のようになる。図中①から⑪で囲われてい

---

7) ネットワーク描写のモデルとして大規模で複雑なネットワークの可視化に適した Yifan Hu を用いた。同モデルについては Hu [2006] を参照。

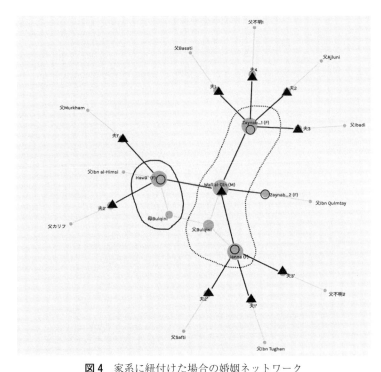

図 4　家系に紐付けた場合の婚姻ネットワーク
〇は女性、▲は男性。実線はブルキーニー家の女性を母親に持つ女性を表し、点線はブルキーニー家の男性を父親に持つ集団を表す。

る範囲は、血縁関係にある父親もしくは母親が当該家系出身である男女の集合である。このようにして見たとき、11家系のなかで最も大きなクラスターを形成し、中心性が高いのは⑪ブルキーニー家である（図7）。その中心に位置しているのは、図3、図4で見てきたワリー・アッディーンである。ブルキーニー家の女性の特徴は、先述のザイナブ_1のように、生涯に3人から5人の男性と結婚する傾向があることである。しかも、その相手方の男性は人名録に立項されていない者が多い。このことから、ブルキーニー家の婚姻関係の構築には、特定の有力家系と結びつくのではなく、多様な人物と結びつくような特徴が見出される。ブルキーニー家のクラスターに内包される②フハイラ家は、ブルキーニー家の女性と婚姻関係を結んでいる。このようなブルキーニー家の婚

図5 11家系が織りなす婚姻ネットワーク

姻関係の特徴は、他の10家系には認められない。ブルキーニー家が大カーディー職を保持することができた要因として、婚姻を通じてさまざまな人々と結びついた（＝多数のステイクホルダーを持った）ことを指摘できるのではないか。他方、同家の男性は、内婚が多く、クラスターの中心付近に位置する傾向にある。

　これと対照的なのが、ブルキーニー家のクラスターの左下に位置する、シリア出身の⑦バーリズィー家と⑧ムズヒル家である。両家には男女ともに外婚を通じて、有力家系と結びつこうとする意志を垣間見ることができる。ムズヒル家の男性は、マムルーク軍人やカリフを父親に持つ女性との婚姻関係を築くな

第3章　網の目のなかの人々を描く——73

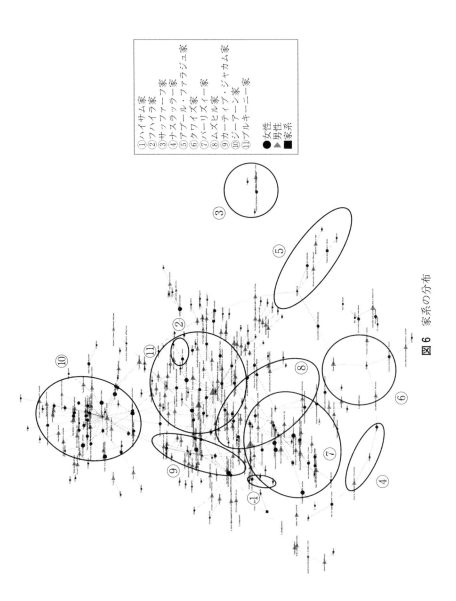

図6 家系の分布

74 —— 第Ⅱ部 史料から浮かびあがるコネクティビティ

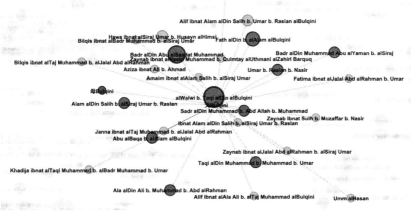

図7　ブルキーニー家を中心としたクラスター

ど、カイロを拠点とする軍人支配層とのつながりづくりに積極的である。他方、バーリズィー家は男女ともに、同家と同じくハマー出身のアッタール家や、ダマスクスのウラマー名家ヒッジー家やフルフール家と姻戚関係を取り結んだ。一見関わりがないように見えるバーリズィー家とブルキーニー家が比較的近い位置にある理由は、ムズヒル家があいだをつなぐ役割を果たしているためである。ムズヒル家はバーリズィー家の女性と姻戚関係にあり、なおかつブルキーニー家の女性とも姻戚関係にあるため、女性を含めたネットワーク図においてはムズヒル家を中央にしてこの3つの家系が隣接するのである。

　次に、⑩ジーアーン家のクラスターに目を向けてみよう。同家は、ネットワーク図の中心から一定の距離をとりながら、2番目に大きいクラスターを形成している。このクラスターが中心から距離を置いている理由としては、同家は代々、軍務庁の財務官を担ってきた実務官僚の家系であり、長官職を輩出してきた他の名家とは、職掌や格が異なることが挙げられる［Kumakura 2016; 熊倉 2019］。同家の男性は内婚の傾向が強いが、同じく元コプト教徒で実務官僚のムハーター家とは、ジーアーン家の男性1名、女性3名が婚姻関係を結んでいる。

　他方、ジーアーン家のクラスターは、下側に広がるクラスターの集合からは分離しているように見えるが、同家の女性の外婚を通じて、先ほど登場したダ

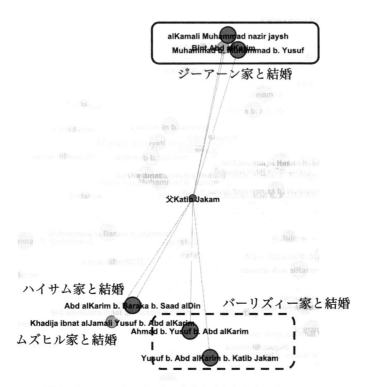

図8 カーティブ・ジャカム家を中心としたネットワーク

マスクスの名家フルフール家やバーリズィー家ともつながっている。また、ジーアーン家を集合につなぎとめる上で重要な役割を果たしているのが⑨カーティブ・ジャカム家である。同家はジーアーン家の女性2名および男性1名と婚姻関係を持つ。他方で、カーティブ・ジャカム家の男性1名と女性1名がバーリズィー家、女性1名がムズヒル家、男性1名がハイサム家との婚姻関係を築いている（図8）。そのため、カーティブ・ジャカム家のクラスターは上下に引っ張られるような形となっているのである。

　最後に、中心の集合を取り囲むように位置するクラスターについて見ていこう。③サッファーフ家のクラスターはどのクラスターともつながらない孤立したクラスターとなっている。これはアレッポ出身の同家が長らくアレッポを拠

点としてきたことと関係していると推察される。④ナスラッラー家、⑤アブール・ファラジュ家、⑥クワイズ家はいずれも行政職トップの官職を歴任してきた家系であるが、中心的な集合とは一定の距離をとり、なおかつ、中心的なクラスターを形成するブルキーニー家やムズヒル家、カーティブ・ジャカム家とは直接的なつながりを持たない。ナスラッラー家とクワイズ家は姻戚関係でつながり、クワイズ家とアブール・ファラジュ家もまた姻戚関係でつながっているが、強い結びつきではない。アブール・ファラジュ家とジーアーン家は、ビント・マラキー家という、元コプト教徒の家系を介して間接的に結びついており、言わば「遠い親戚」である。このように3つの家系は、中心の集合を取り囲むように1本の婚姻関係でつながりあうが、サッファーフ家のように遊離しないのはバーリズィー家とクワイズ家の婚姻関係による。バーリズィー家の女性ムグールは3人の男性と結婚しているが、そのうちの1人がクワイズ家のダーウードであった。ダーウードはまた、アブール・ファラジュ家の女性とも婚姻関係を結んでいるため、3つの家系はかろうじて中心の集合と結びついているのである。

おわりに

　本章では、婚姻関係に基づくネットワーク図の可視化手法を提案し、実際にカイロの文民名士家系の関係性の可視化を試みた。簡単なデータセットで可視化できるこの手法は、時代や地域によらず適用可能である。

　もっとも、その結果は、社会的背景によって異なるものとなるだろう。1つには、本章で試みた名家の婚姻ネットワーク図は王朝の首都カイロの特殊性を表しているだろう。同時代のメッカ社会やシリアの地方都市の場合には、限定された家系のなかでエッジが結ばれるような閉じた形のネットワーク図となるなどの地域的な特徴を示す可能性がある。もう1つには、時代的な特徴も考えられる。そもそも、文民にとって「家系」が重要性を帯びるようになり、明瞭な形をもって表れてきたのは、チェルケス朝期以降のことと考えられている［Martel-Thoumian 1991; Michel 2021］。今回取り上げた11家系はいずれも15世紀になって表舞台に現れた、言わば新興の家系であり、この背景にはイクター制

という既存の政治経済体制の基盤の瓦解に起因する社会構造の再編が深く関わっていたと推察される[8]。

このような地域的・時代的な背景を踏まえれば、本章で可視化した9/15世紀カイロの文民エリート間の婚姻ネットワークは、他の時代・地域の婚姻ネットワーク図との比較を可能にする。社会の結合のあり方が時代や地域によってどのように異なるのかを視覚的に把握する1つの指標となるだろう。

もう1つの展望としては、本章でも前提となっていた「家」という概念を一旦とりはらい、個と個のつながり（あるいはその破綻）に注目した女性の社会的モビリティやライフヒストリーに関する研究が進展していくことが望まれる。そうした研究がなされることで、はじめてその時代の「家」とは何かという問題に迫ることができるのではないだろうか[9]。本章が提示した婚姻ネットワークの可視化手法は、従来家系図の外に置かれていた姻族を家系図の構成要素に加えたに過ぎない。新たな手法や視点を獲得しながら、いかにして史料の限界を乗り越えていくか、歴史学の挑戦は続く。

参考文献

Ḍaw': al-Sakhāwī, *al-Ḍaw' al-lāmi' fī a'yān al-qarn al-tāsi'*, 12 vols, Cairo: Maktabat al-Quds, 1935-1937.

Fahras al-fahāris: al-Kattānī, 'Abd al-Ḥayy b. 'Abd al-Kabīr. *Fahras al-fahāris wal-athbāt wa mu'jam al-ma'ājim wal-mashyakhāt wal-musalsalāt*, 3 vols, Beirut: Dār al-Gharb al-Islāmī, 1982.

伊藤隆郎 1996「14世紀末-16世紀初頭エジプトの大カーディーとその有力家系」『史林』79（3）: 315-359

太田啓子 2019「14-16世紀のメッカのウラマー——ファフド家の事例から」『お茶の水史学』62: 173-187

太田（塚田）絵里奈 2023「「イスティドゥアーによるイジャーザ」に基づく15世紀ウラマーの名目的関係構築」『西南アジア研究』97: 2-22

---

8) マムルーク朝後期における既存の政治経済の体制の瓦解とそれに伴う社会構造の再編については、[三浦 1989; 熊倉 2019] を参照のこと。

9) 中世イスラーム世界における家族研究の課題と展望については、[Bray 2011] を参照のこと。やはりそこでも、「家族」とは何かという問題が追究されるべきと主張されている。

熊倉和歌子 2019『中世エジプトの土地制度とナイル灌漑』東京大学出版会
―― 2023「見えないつながりを描き出す――デジタル人文学の可能性」黒木英充・後藤絵美編『イスラームからつなぐ 1　イスラーム信頼学へのいざない』東京大学出版会
―― 2024「TEI ガイドラインと OpenITI mARkdown――マークアップ手法を用いた歴史研究と分析」須永恵美子・熊倉和歌子編『イスラーム・デジタル人文学』人文書院
長谷部史彦 2008「マムルーク朝期メディナにおける王権・宦官・ムジャーウィル」今谷明編『王権と都市』思文閣出版
三浦徹 1989「マムルーク朝末期の都市社会――ダマスクスを中心に」『史学雑誌』98(1): 1-47
水上遼 2014「イブン・アル＝フワティーの伝える 13 世紀後半の集団イジャーザ――バグダード・メッカ間およびバグダード・ダマスクス間の事例から」『オリエント』57(1): 62-72
Bray, Julia. 2011 "The Family in the Medieval Islamic World," *History Compass* 9(9): 731-742.
Escovitz, Joseph H. 1984 *The Office of Qāḍī al-Quḍāt in Cairo under the Baḥrī Mamlūks*, Berlin: Klaus Schwarz Verlag.
Eychenne, Mathieu. 2013 "Les six filles du vizir Ġibriyāl: Familles et alliances matrimoniales dans le milieu des administrateurs à Damas au XIVᵉ siècle," *Annales Islamologiques* 47: 153-174.
Hilali, Asma and Jacqueline Sublet. 2020 "The Masters' Repertoire (Mashyakha) and the Quest for Knowledge," Sebastian Günther (ed.), *Knowledge and Education in Classical Islam: Religious Learning between Continuity and Change, Volume 2*, Leiden: Brill.
Hu, Yifan. 2006 "Efficient, High-Quality Force-Directed Graph Drawing," *The Mathematica Journal* 10(1): 37-71.
Kumakura, Wakako. 2016 "Who Handed over Mamluk Land Registers to the Ottomans? A Study on the Administrators of Land Records in the Late Mamluk Period," *Mamlūk Studies Review* 18: 279-296.
Martel-Thoumian, Bernadette. 1991 *Les civils et l'administration dans l'état militaire Mamlūk (IXᵉ/XVᵉ siècle)*, Damascus: Institut français de Damas.
Michel, Nicolas. 2021 "Families of Cairene Civil Servants, from Mamluk to Ottoman Times (Fifteenth-Sixteenth Centuries)," C. U. Werner, M. Szuppe, N. Michel, A. Fuess (eds.), *Families, Authority, and the Transmission of Knowledge in the Early Modern Middle East*, Turnhout: Brepols.
Otsuya, Kaori. 2019 "Marriages of Meccan Scholarly Families in 650-850/1252-1446," *Orient: Journal of the Society for Near Eastern Studies in Japan* 54: 105-125.
Petry, Carl F. 1981 *The Civilian Elite of Cairo in the Later Middle Ages*, Princeton: Princeton University Press.
――. 2012 "al-Sakhāwī," P. Bearman (ed.), *Encyclopaedia of Islam New Edition Online (EI-*

2 English), Leiden: Brill.
Rapoport, Yossef. 2005 *Marriage, Money and Divorce in Medieval Islamic Society*, New York: Cambridge University Press.
Rosenthal, F. 2012 "Ibn Fahd," P. Bearman (ed.), *Encyclopaedia of Islam New Edition Online (EI-2 English)*, Leiden: Brill.
Rothman, Natalie. 2021 *The Dragoman Renaissance: Diplomatic Interpreters and the Routes of Orientalism*, Ithaca: Cornell University Press.
Wollina, Torsten. 2016 "The Banu Qadi 'Ajlun: Family or Dynasty?," *DYNTRAN Working Papers*, no. 19, online edition, Accessed on September 30. http://dyntran.hypotheses.org/1623
―――. 2021 "Family and Transmission of Knowledge in Mamluk and Early Ottoman Damascus," C. U. Werner, M. Szuppe, N. Michel, A. Fuess (eds.), *Families, Authority, and the Transmission of Knowledge in the Early Modern Middle East*, Turnhout: Brepols.

第4章 15世紀の東地中海・紅海・インド洋におけるムスリム商人たち
——デジタルテキスト分析の試み

伊藤隆郎

はじめに

「ムスリム商人」とは、高等学校の世界史（世界史探究）の教科書にも記載されている言葉である。試しに『世界史用語集』（山川出版社、2023年）を見ると、「ムスリム商人」が2か所、「ムスリム商人の東南アジア進出」が1か所に掲載されている。しかも、いずれも最も高い頻度数7とされ、色刷りになっている。

だが、このように日本の歴史教育において重要視されている用語でありながら、ムスリム商人についての研究は、後述のカーリミー商人（ただし、彼らの多くはムスリムであったが、ユダヤ教徒やキリスト教徒もいたと考えられている）を別にすれば、世界的に見ても多くはなく、彼らの具体的な経歴や活動もあまり知られているわけではない。それはなぜだろうか。おそらく最も大きな理由は、ムスリムの商人たちに関する史料が断片的で限られているからであろう。富裕な商人は名士ではあったが、主としてウラマーや公職に就いた名士たちについて記す人名録や年代記などの史書に、商人たちの伝記や死亡録が収録されることは多くなかった。

そうしたなか注目される史料のひとつが、サハーウィーの人名録『ヒジュラ暦9世紀の人々の輝く光』（以下、『輝く光』）である。同書には、比較的多くの商人の伝記が収録されている。その点には、既にウラド・ハンムが着目し、後述するように、博士論文 [Oulad-Hammou 2004/05] で、『輝く光』を主要史料に商人たちについて包括的に論じている[1]。しかし、同論文には問題点も少なくない。

そのひとつは、見落とされている商人が何人もいることである。とはいえ、それを責めるのは酷であろう。『輝く光』は刊本にして12巻、総ページ数3726に及ぶが、索引がないからである。だが、この問題はデジタルテキストを利用することで容易に解決することができる。

以上を踏まえ、本章で試みるのは、Open Islamicate Texts Initiativeのウェブサイト（https://github.com/OpenITI）で提供されている『輝く光』のデジタルテキストを刊本と突き合わせ修訂したデジタルテキスト[2]を利用し、15世紀の東地中海・紅海・インド洋において活躍したムスリム商人たちについて検討することである。ただし、残念ながら筆者はまだ、デジタルテキストを縦横にコンピュータ解析できるほどデジタル人文学の手法に習熟していない。そのため本章は、本巻の趣旨に十分沿うものとはなっていないが、ご寛恕いただきたい。

1　14世紀末-15世紀初頭における変化

インド洋と地中海を結ぶ国際交易路である紅海ルートを舞台に11世紀から15世紀にかけて活躍したのが、カーリムないしカーリミーと呼ばれた商人たちである。彼らについては、史料が比較的豊富なこともあり、これまでに多くの研究がなされてきた［Lapidus 1967: 117-128; ラピダス 2021: 167-182; 家島 2006: 422-451; 佐藤 2008: 109-127］。高校の教科書でも「カーリミー商人」が触れられている（前述の『世界史用語集』によれば頻度数5）。

彼らはインドからもたらされた胡椒をはじめとする香辛料などを紅海ルート経由でカイロやアレクサンドリア、シリアに運び、ヨーロッパ商人に売ることで莫大な利益をあげた。また、こうして得た「利益の一部を国家に対する貸付金とし、モスクやマドラサを建設して社会的にも大きな役割を果した」［家島 2002］。史料上、彼らの活動が目立つのは、14世紀である。そのため、この時期がカーリミー商人たちの最盛期といわれることもある。14世紀半ばまでは、

---

1)　同論文のコピーはJulien Loiseau氏に提供していただいた。記して謝意を表する。
2)　『輝く光』のデジタルテキストの修訂作業には、筆者のほか、本巻の執筆者でもある熊倉和歌子、太田（塚田）絵里奈に加え、荻野明伊、下宮杏奈、萩原優太、宮川寛人（以上、東京外国語大学外国語学部）、笹原健（京都大学大学院文学研究科）の諸氏があたった。記して謝意を表する。

「モンゴルの平和」の下、ユーラシアで交易活動全般が活発になっていたことがカーリミー商人たちの活躍とも関係していたであろう。またそれ以降は、モンゴル帝国の解体に続いて起こった東部アナトリアからイランにおける諸勢力の抗争、ティムール（1405年没）による征服活動と彼の死後の政治的混乱の影響で、東西交易における紅海ルートの重要性が増したことが、背景として考えられる［Wing 2014: 61］。

ところが、カーリミー商人たちの繁栄は急に終わりを迎える。通説では、次のように説明される。14世紀末以来悪化していた財政を立て直すため、マムルーク朝スルターン＝バルスバーイ（在位1422-38年）が強制購入や専売などを通じて交易活動に介入したことで、カーリミー商人は没落した。代わって、「ハワージャー khawājā」「ハーッス（スルターン財源）の商人 tājir al-khāṣṣ」「スルターンの商人 tājir al-sulṭān」と呼ばれ、マムルーク朝スルターンの代理人として奉仕する御用商人が台頭したが、自由な活動が阻害された紅海・インド洋交易の活気は失われた。

しかし、このような通説に対しては、異論もある。例えばオバンは、マムルーク朝スルターンによる介入は、海上交易活動に悪影響を及ぼすことはなかったとし、カーリミー商人の没落はインドにおける主要な交易港が変化したからではないかと示唆する［Aubin 1988: 85-86］。家島も、カーリミー商人たちの没落によってエジプト・紅海軸ネットワークが解体したという一方で、15世紀から17世紀末までインド洋では「人間の往来や物品・情報の交流が活発に展開して」いたと指摘する［家島 1991: 422-424］。そのことはまた、近年の研究によっても確かめられている［Meloy 2010: 218-225; 2019; Bahl 2017］。

さらに近年の研究で注目すべきは、アペジャニスの研究［Apellániz 2009］である。彼は、カーリミー商人に代わって台頭したハワージャー商人たちを、単なる国家の手先ではなく、免税特権（musāmaḥa）を与えられ、スルターンのために働きつつも、私的な商業を続けた商人だったとみなす。そして、バルスバーイが目指したのは、ハワージャー商人たちを利用して間接的に交易活動に介入することであり、以後マムルーク朝はこのやり方を踏襲したと論じる。すなわちアペジャニスも、バルスバーイ以降のマムルーク朝による交易の「独占」が交易活動に悪影響を及ぼしたという見方を否定しているのである。

ところで彼は、マムルーク朝スルターン＝シャイフ（在位 1412-21 年）がハワージャー商人の積極的な利用を始めたという [Apellániz 2004: 290; 2009: 74]。だが、ハワージャーまたはハワージャキーという言葉が「ハーッスの商人」に対して用いられた例は、既にイブン・ナーズィル・アルジャイシュ（1384 年没）の文書作成手引書中に見られる [Tathqīf: 203-204]。もっとも、そこで名前が挙げられている 2 人の商人のうち、1 人は特定できず、もう 1 人のウスマーン・ブン・ムサーフィルは、主としてマムルークを扱った御用商人だった [Ito 2021: 232]。カルカシャンディー（1418 年没）によれば、「ハワージャーとは、ペルシア人など異国の大商人たちに対するラカブ（称号または敬称）のひとつであり、ペルシア語で、その意味は殿（sayyid）である。〔文字〕カーフを付けたハワージャキーとは、強意のためのニスバ（由来名）〔の形〕である」[Ṣubḥ: vi, 13]。また、彼らが扱ったのは、主にマムルークや女奴隷だったらしく [Ṣubḥ: vi, 10, 15, 31]、ハワージャーとは元は奴隷商人を指したと一般に考えられている。イブン・ナーズィル・アルジャイシュのいう「ハワージャー」も外来の奴隷商人を意味しているように見える。だがその一方で彼は、「ハーッスの商人」であるハワージャー商人たちに免税特権文書が発行されたとも述べている [Tathqīf: 147]。実はアペジャニスも、ハワージャーと呼ばれ、「スルターンの商人」として活動するカーリミー商人が 14 世紀末にいたことを指摘しているのである [Apellániz 2009: 75; cf. Ashtor 1983: 275-276; 佐藤 2008: 121]。以上を考え合わせれば、14 世紀末には、奴隷商人だけでなく、免税特権を得た御用商人（ハーッスの商人、スルターンの商人）たちがハワージャーと呼ばれるようになりつつあったといえるであろう。

　アペジャニスはまた、イブン・ヒッジャ（1434 年没）の記録しているシャイフ治世の免税特権文書が伝存最古だというが [Apellániz 2009: 79]、カルカシャンディーの書記百科事典中に、それよりも前に発行されたものが収録されている。すなわち、シリア総督が、後述のハワージャー（・シャムスッディーン）・ムハンマド・イブン・ムザッリクに対し、彼の取引する商品にかかる税を 20 万ディルハム免ずることを認めた文書である [Ṣubḥ: xiii, 40]。カルカシャンディーは、その発行をファラジュの治世（1399-1412 年）としか書いていないが、後述するように、1408-09 年だった可能性が考えられる。一方、イブン・ヒッジャ

の文書集成に収録されているのは、ダマスクスの商人ハワージャー・ブルハーヌッディーン・イブラーヒーム・イスイルディーとその3人の息子に1416年、1万ディーナールの免税を認めた文書である［Qahwat al-inshā': 157-159］。

さて、これらの史料からは、商人たちがどのようにして免税特権文書を得たのかはわからないが、近年刊本が出版されたサフマーウィー（1464年没）の文書作成手引書［Bauden 2019: 33-34］中に注目すべき記述がある。それによれば、ハワージャー商人たちに与えられる免税特権には3等級があり、1番上が1万ディーナール以上、2番目が3000から9000ディーナール、そして3番目が3000ディーナール以下の免税を認めるもので、当時最もよく発行されたのは2番目の等級だったという［Thaghr: ii, 843-845］。この記述をもとにアペジャニスが推測するように［Apellániz 2009: 103-105］、ハワージャー商人たちはどうやら免税額に相当する金額を支払うことによって免税特権を得ていたらしい。言い換えれば、免税特権を購入した商人がハワージャーと呼ばれたのだと考えられる（ただし、この点については、後述のように、なお検討が必要である）。

彼らはまた、しばしば外交使節に任じられた。そのことは、ハワージャー商人たちに対して文書中で用いられたラカブ（形容辞）の例からも明らかとなる。カルカシャンディーは、次のように説明する［Ṣubḥ: vi, 15, 42, 71］。

- 「仲介者の如き al-safīrī」。彼らが王たちの間を仲介するために、またマムルークや女奴隷などを連れて諸国を往来するために、彼らに用いられることがある。それは、使節や人々の間の調停者である仲介者（safīr）にちなむ強意のニスバ〔の形〕である。
- 「諸国家の信頼 thiqat al-duwal」、ときには「両国家の信頼 thiqat al-dawlatayn」とも言われる。信頼とは、誠実という意味である。諸国を往来するために、特に商人たちに用いられる。王たちの間を使節として往来する者がそのように称されるのはふさわしい。
- 「両御前の側近 muqarrab al-ḥaḍratayn」。彼らが両国家の間を往来する者である場合〔に用いられる〕。
- また、それよりも広範な場合として、「諸国家の側近 muqarrab al-duwal」が続けて挙げられている。

それでは、カーリミー商人に代わって15世紀に東地中海、紅海、インド洋で活躍した、これらハワージャー商人などの大商人たちはどのような者だったのであろうか。それを見る前に、本章で主に参照する『輝く光』から、検討対象とする人物をどのように抽出するか、そして彼らに全体としてどのような特徴が見られるかについて説明しておこう。

2　『輝く光』の中の商人たち

　『輝く光』には、既に触れたように、比較的多くの商人の伝記が収録されている。その理由のひとつは、15世紀に御用商人として国家に協力する商人が増えたからかもしれない。加えて、『輝く光』の著者サハーウィーの個人的な環境も影響したと考えられる。まず、彼自身は主にハディース学者として活動したが、祖父や父、兄弟は糸を商っており、学問に熱心な商家の出身だった［伊藤 1997: 23-25］。また、メッカに何度も巡礼しては数か月から数年滞在したので、当時東西交易の重要な中継地となっていた同地で商人たちと直接会ったり、彼らのことについて聞いたりする機会は多かったであろう。そうでなくても、『輝く光』の重要な典拠のひとつ、ナジュムッディーン・ウマル・イブン・ファフド（1480年没）によるメッカの人名録『隠された真珠』に、数多くの商人たちの伝記が収録されているのである。

　ともあれ、『輝く光』中の商人たちの伝記に着目したのが、さきに言及したOulad-Hammou［2004/05］である。その中で彼は、大商人（grands marchands/commerçants）、香料商（'aṭṭār）、書籍商（kutubī）を取り上げており、そのうち大商人についてはリストを作成し、263人の名前を挙げている［Oulad-Hammou 2004/05: 263-274］。便利なリストではあるが、重複があったり、「大商人」の基準が不明だったりといった問題がある。

　本章では、地域間交易に携わっていたと考えられる商人を「大商人」とみなすことにした。そのため、例えば、イブン・サワーフはハマーのハナフィー派カーディーを務めながら商業にも従事していたとされるが、地域間交易には関わっていなかったようなので［Dawʾ: iii, 113-114］、検討対象から外した。

一方で、「はじめに」でも触れたように、このリストから漏れている商人も少なくない。彼らについては、ヴァレの研究書に付された213人のイエメン商人のリスト［Vallet 2010: 703-729］も参考にしながら、『輝く光』を精査して補った。このような作業の結果、241人の「大商人」を抽出した[3]。

　この241人の「大商人」の中で、『輝く光』に限らず、今回参照した史料のいずれかにおいてハワージャーと呼ばれているのは74人（30.7％）である。その内訳を詳しく見れば、次の通りである。74人中、『輝く光』と『隠された真珠』の両方に伝記が収録されているのは43人であり、そのうち28人はどちらでもハワージャーと呼ばれている（ただし、そのうち4人は『輝く光』中、本人の伝記ではなく別の箇所でハワージャーと呼ばれている）。また、43人中4人が『輝く光』のみで（ただし、そのうち1人は本人の伝記とは別の箇所で）、一方11人が『隠された真珠』のみでハワージャーとされる。

　この結果をどのように解釈したらよいであろうか。15世紀から16世紀初頭のメッカの大商人について調べたモーテルによれば、5人（正確には4人）[4]が、ナジュムッディーン・ウマル・イブン・ファフドの息子アブドゥルアズィーズ（1516年没）による年代記ではハワージャーと呼ばれているのに対して、『輝く光』では呼ばれていないという［Mortel 1994: 17-18］。したがってサハーウィーは、ほかの歴史家に比べて「ハワージャー」という言葉を使うのを控える傾向があったといえるであろう。ただし、そこになんらかの基準があったかどうかはわからない。「ハワージャー」を、アペジャニスの見解に従って、免税特権を与えられた商人の呼称だとすれば、サハーウィーがハワージャーと呼ぶのは主にマムルーク朝から免税特権を得た商人であり、イブン・ファフド父子がハワージャーと呼ぶのは、マムルーク朝だけでなく、ラスール朝やメッカのシャリーフ政権から免税特権を得た商人だったと考えられないこともない。だが、それを裏付けるような史料はない。一方、モーテルは、「ハワージャー」を、ある程度の富と権力をもった商人に対して商人仲間が用いた敬称だったのでは

---

[3]　後に触れるイエメン出身のターヒル家のジャマールッディーン・ムハンマドは、『輝く光』に伝記が収録されていないが、『隠された真珠』ではハワージャーと呼ばれており、例外的に検討対象に加えた。

[4]　サダカ・ブン・アフマド・ブン・クトゥルバクは実はハワージャーと呼ばれている［$Daw^{\prime}$: iii, 317］。

ないかと述べる［Mortel 1994: 19-20］。前述のようにサハーウィーは、本人の伝記ではなく、その息子や甥などの伝記で、当該人物をハワージャーと呼ぶことがままある。したがって、本来の用法はともかく、一般に敬称として用いられていた可能性はある。

さて、「大商人」たちの伝記を概観して気づくのは、所属する法学派のニスバへの言及が少ないことである。241人中、シャーフィイー派とされるのは37人（ただし、うち1名は『輝く光』とは別の史料に記載あり）、マーリク派6人、ハナフィー派4人、ハンバル派2人であり、計49人（20.3％）しかいない。また、ハワージャー商人74人の場合、シャーフィイー派6人（8.1％）のみである。これは、彼らの多くが法学の本格的な勉強にまで進まなかったことを示していると考えられる。

彼らが扱った商品については、残念ながら、ほとんど不明である。香辛料、砂糖を扱ったとされる商人が2人ずつ、織物（bazz）、布（qumāsh）、奴隷（raqīq）、マムルーク、穀物を扱ったと伝えられる商人が1人ずつ見られるだけである。

出身地は、ニスバなどをもとに判断した。その際、例えばアブドゥッラー・ブン・ムハンマド・アジャミーはイスバハーニー（イスファハーン出身）というニスバをもつが、本人はメッカで生まれ、先祖の移住時期が不明なので［Daw': v, 59］、ヒジャーズ出身者とみなした。一方、エジプトからメッカに移住したジャウシャン家（後述）の場合、第2世代以降はメッカ生まれだが、すべてエジプト出身者とみなした。そのようにして、明確に分けられない者もいるが、彼らの出身地を分類した結果は図1の通りである。

エジプト（81人）、シリア（44人）、ヒジャーズ（35人）の出身者が全体の3分の2を占めている。これは多少とも実態を反映しているであろうが、サハーウィーの情報源、関心の範囲が、これら彼の活動した地域に偏っていたことにも注意が必要である。

次に、ハワージャー商人たちの出身地を分類した結果は、図2の通り。

図2を図1と比較すると、イラン、イラク、シリアの出身者の割合が増えていることが明らかである。「大商人」中のハワージャー商人の割合はそれぞれ、イラン（15/23人＝65.2％）、イラク（5/12人＝41.7％）、シリア（18/44人＝40.9％）である。「大商人」たち全体でハワージャーと呼ばれたのが約30％なので、こ

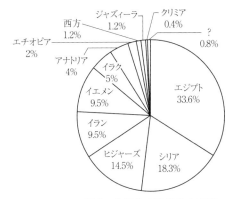

図1　大商人の出身地の内訳

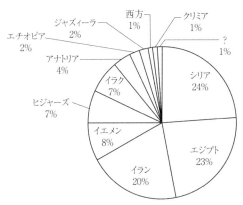

図2　ハワージャー商人の出身地の内訳

れらの地域、中でもイラン出身の商人がハワージャーと呼ばれる割合が突出して高いことがわかる［cf. Mortel 1994: 25］。

　以上から、カーリミー商人に代わって台頭した商人がハワージャーと呼ばれるようになったのは、14世紀末以降、紅海・インド洋の交易活動に参与するイラン出身の商人が増えたせいだったのではないかと考えられる。そしてそれは、モーテルの研究結果をもとにウィングが指摘するように、ティムールの征服活動の余波だったのであろう［Wing 2020: 309-310］。イランをはじめ、イラク、シリアのいずれもがティムールによって征服されている。おそらくこれらの地

域の住民の中に、東地中海・紅海・インド洋での交易活動に活路を見出す者が多くいたのであろう。

3 大商人たちの経歴と活動

それでは、比較的詳しい情報が得られる人物や家系を取り上げ、彼らの経歴と活動を詳しく見てみよう。

(1) ムザッリク家 [Oulad-Hammou 2004/05: 182-195; Ashtor 1974: 28-29; 1983: 281-282; Apellániz 2009: 79-82; Wing 2020]

この家系が有名になるのはハワージャー・シャムスッディーン・ムハンマドからであるが、彼の前半生は不明な点が多い。ニスバからは、アレッポで生まれた後、幼い頃にダマスカスに移住したと推測される [*Ḍawʾ*: viii, 173-174]。いずれにせよ、生まれたのは 1353/54 年で、父は牛乳屋（labbān）だった。ムハンマドは海上交易に従事し（dakhala fī al-baḥr）、自身で語るところでは、最初の航海で 10 万ディーナールと 80 万ディルハムを稼いだのだという。こうして富を築いた彼は、シリア・エジプト間、シリア・ヒジャーズ間に隊商宿を建てるなどして街道の整備に尽力したほか、メッカ、メディナの住民に対するワクフの拡充などにも努めた [*Dāris*: ii, 290-291]。そして 1408 年、後のスルターン＝シャイフが、宿敵ナウルーズを打ち破ってダマスカスを奪い、同地の商人たちに5000 ディーナールの支払い義務を課した際、その徴収の責任を負わせたのが、当時彼らの大立者となっていたムハンマドだった [*Sulūk*: iv, 72]。前述の免税特権文書は、この仕事を果たした後に、彼に与えられたものであったかもしれない。なお彼は、娘の 1 人をナウルーズに嫁がせていた [*Ḍawʾ*: iii, 85; *Nayl*: vii, 188]。また別の娘は、同じダマスカスの有力商人ブルハーヌッディーン・イブラーヒーム・イスイルディー（1423 年没）[*Ḍawʾ*: i, 118] の妻だった [*Dāris*: i, 151]。こうした通婚圏の広がりは、彼の如才のなさを示しているといえるであろう。

アシュトールによれば、ムハンマドの息子の 1 人スィハーブッディーン・アフマドも商人であり、どちらを指すかは不明であるものの、ヴェネツィアに残る史料の多くに、ムザッリク家の活動への言及が見られるらしい。それらから

は例えば、ムザッリク家の者がダマスクスの「スルターンの商人」として胡椒と生姜をヨーロッパ人に売る一方、私的にはインディゴ、クローヴ、乳香をコンスタンティノープルに輸出し、フィレンツェ産の織物などと交換していたことがわかるという。

このようにムハンマドは遣り手の商人ではあったが、その立場は決して安泰なものではなかった。1439年、突如投獄され、内邸に3万ディーナール、ハーッス庁に1万ディーナールを納めるように要求されたのである。彼が釈放されたのは、息子が交渉した末に、内邸に5000ディーナール、ハーッス庁に1000ディーナールを納めることで合意してからのことであった[Sulūk: iv, 1157]。その5年後、1444年に彼は没し、ダマスクスの自身の墓に埋葬された。ウマイヤ・モスクで執り行われた葬儀には、ダマスクス総督はじめ多くの人が参列したと伝えられている。彼には、前述の娘2人とアフマドのほかに、ウマル、ハサン、そして名前だけしか知られていないアリー、計6人の子供があった。

スィハーブッディーン・アフマド [Ḍawʾ: ii, 147; Ḥawādith: 113-114]——彼はハワージャーと呼ばれているが、その商業活動について、アラビア語史料からは何の情報も得られない。しかし、アシュトールによれば、ヴェネツィアの史料の中に、前述のムザッリク家に関する記録のほか、アフマドがカタロニアから珊瑚とサフランをシリアに輸入していたことや、ジェノヴァ商人たちにダイヤモンドを売っていたことを示す記録も見られるという。一方、アラビア語史料は彼の徳を讃え、彼がダマスクスに小麦粥の給食所を建設したことを特筆する。1468年没。父と同様、彼の葬儀にも多くの人が参列し、父の建てた墓廟に埋葬された。

スィラージュッディーン・ウマル [Ḍawʾ: vi, 120]——1384/85年頃にダマスクスで生まれ、クルアーンを暗記し、ハディース学を学んだ。彼も兄弟のアフマドと同じく、ハワージャーと呼ばれているが、その商業活動については不明である。伝えられているのは、彼の善行である。マムルーク朝スルターン＝タタル（在位1421年）は、メディナの荒廃した井戸を修理するため、彼に500ディーナールをもたせて派遣したという。またウマル自身は、1432年に私財でメッカに井戸を掘り、住民に大いに喜ばれた [Sulūk: iv, 870; Inbāʾ al-ghumr: iii, 471; Itḥāf: iv, 62-63]。さらに、メッカの聖モスクでクルアーンを教えるダマスクス出

身のイブン・フマームとその子供のために家を購入してやったこともあった［*Durr*: i, 176］。1437/38 年、疫病のためにダマスクスで亡くなった。

バドルッディーン・ハサン［*Daw'*: iii, 126］——ダマスクスに生まれ、父と同じく商業の道に進み、そのために諸地域を回ったという。1415 年には、ほかの 2 人の商人とともにメッカのアミールに捕らえられて金を要求され、ハサンは 3 万 3000 ドゥカート（ifrantī）を支払うことで解放された［*'Iqd*: iv, 120; Vallet 2010: 645］。以後彼は、メッカの歴史家ファースィー（1429 年没）によってハワージャーと呼ばれているものの、商人としてよりもマムルーク朝の役人として活動するようになる。1438 年、ジッダのアミールに任じられ、赴任時にメッカの井戸の修理費 5000 ディーナールを託された［*Sulūk*: iv, 1028, 1030］。彼がその後、いつまでジッダのアミール職を務めたかは不明だが、1447 年シリアの軍務庁長官に任じられると、途中一時的に解任されることはあったものの、1474 年に死去するまで同職にあった［*Nayl*: v, 229; vi, 154, 177, 224, 329; vii, 94］。

ハサンの息子イブラーヒームとシャムスッディーン・ムハンマド——イブラーヒームは父の存命中に人頭税監督を務めていたが、父の死後は公職を退き、翌年、1474/75 年に亡くなったという［*Daw'*: i, 41］。一方、ムハンマドはウラマーとなり、1484 年にはダマスクスのシャーフィイー派大カーディーに任じられた。また、彼の子供や孫もウラマーとして活動したようである［Oulad-Hammou 2004/05: 186-188］。

ほかにシリア出身の大商人としては、マムルーク朝スルターン＝カーイトバーイ（在位 1468-96 年）からメッカやメディナなどにおける建築事業を委託されたことで知られるハワージャー・イブン・ザミン（1492 年没）［*Daw'*: viii, 260-262; Oulad-Hammou 2004/05: 218-220］、またハワージャー・イーサー・カーリー（1490 年没）［*Daw'*: vi, 159］とその一族カーリー家［*Daw'*: v, 274; viii, 274-275; x, 88; Oulad-Hammou 2004/05: 205-216］などを付け加えることができる。

(2) タウリーズィー家 ［Oulad-Hammou 2004/05: 173-181］

タブリーズィーとも言われたが、一般にタウリーズィーと呼ばれたという［*Daw'*: xi, 93］[5]。以下でその経歴を紹介するアブー・バクル、ムハンマド、アリー 3 兄弟の父ムハンマドも、遠距離交易に携わるイランの大商人の一人だっ

たとされる［Dhayl: 326］。

ファフルッディーン・アブーバクル［Daw': xi, 93; Durr: ii, 1297-1298］——イブン・ファフドによれば、イラン北西部のギーラーンに生まれた。父や弟たちと一緒にカイロを経てメッカに移り住んだ。そこで有力な商人になり、ジッダの港務監督官（shāh bandar）を務めた後、1427年頃にカイロに移って、アレクサンドリアのマムルーク朝スルターンの商務局（al-matjar al-sulṭānī）を管轄したという。裕福になったが、ほかの商人と揉めることがよくあったらしく、アレクサンドリアの商人バドルッディーン・ハサン（1450年没）に訴えられ、10万ディーナール以上を没収されることになった［Daw': iii, 133］。また1451/52年には、タージュッディーン・イブン・ヒッティーという商人［Daw': xi, 154, 243］との間で争いが起こり、理由は不明だがスルターンの怒りを買って両者ともに鞭打たれ、アブーバクルはメッカの家を没収された。その後、彼は1455年に死ぬまで、カイロで貧しい生活を送った。サハーウィーは彼を「スルターンの商人」と呼び、イブン・ファフドはハワージャーと呼ぶ。

ジャマールッディーン・ムハンマド［Daw': x, 9-10; viii, 227; Durr: i, 398］——兄アブーバクルと同様、彼もギーラーンに生まれ、父や兄弟たちと一緒に一時期カイロに滞在した後、メッカに移住した。それから彼はイエメンへ行き、ラスール朝スルターンのアデンの商務局を差配したが、しばらくして解任されると、メッカ、次いでカイロに移った。しかし1421年、負債のためにカイロにいられなくなり、メッカに滞在してからイエメンに向かった。そして、イエメンで過ごした後にメッカに戻り、1433-35年に同地で没した。

彼については、興味深い一件がヴェネツィアに残されている史料から判明する［Apellániz 2004; Christ 2012: 251-270］。1415年、ヴェネツィアの商人ジョヴァンニ・ゾルジは、アレクサンドリアでハリージャ・ハーフィズという御用商人から、1スポルタあたり160ベサントで70スポルタの胡椒を購入するように求められた。ジョヴァンニはこの胡椒を掛け買いし、ヴェネツィアで売ったが、かえって6000ドゥカートの損失を被ったという[6]。彼は金を工面しようとしたが、うまくいかず、そうしている間にハワージャー・ハーフィズが死ん

---

5) 後述するジャマールッディーン・ムハンマドは、その書簡で、自身のニスバをタウリーズィーと記している［Apellániz 2004: 303-304］。

でしまう。そこに登場したのが、ハワージャー・ハーフィズの債権の一部を引き受けたジャマールッディーン・ムハンマド・タウリーズィーである。彼は在アレクサンドリアのヴェネツィア領事に手紙を送り、この問題の解決を図るように求めた。だが、事態は進展せず、しびれを切らしたムハンマドの要請で、おそらく1417年夏に、その頃アレクサンドリアに来ていたジョヴァンニの兄弟ジャコモ・ゾルジが投獄された。その後、ゾルジ兄弟のおじと1418年夏に新たに着任したヴェネツィア領事の働きにより、交渉の結果、ハワージャー・ハーフィズの相続人に2000ドゥカート、ムハンマドに1000ドゥカートが支払われることで合意に達し、1419年10月ジャコモは釈放された。

　ムハンマドはほかに約2500ドゥカート相当の金銭と物品を受け取ったらしいが、すべての債権を回収するにはほど遠かったようである。アペジャニスも指摘する通り、アラビア語史料が伝える、彼が1421年にカイロを離れることになった原因は、この負債であろう。

　彼は、イブン・ファフドとサハーウィーによってハワージャーと呼ばれているが、ヴェネツィア側史料ではハワージャーとされていない。このような違いが生じた理由は、彼がラスール朝の御用商人になったことはあってもマムルーク朝の御用商人ではなかったからかもしれない。いずれにせよ、彼はハワージャー・ハーフィズの債権の一部を引き受けることで、御用商人と同じ立場に立つことになった。そして彼は結局、マムルーク朝政府を信頼する「賭け」［黒木 2023: 6-8］には失敗したのであった。

　ヌールッディーン・アリーは、エチオピアとの交易で財をなしたが、エチオピア王の求めに応じて武器や馬をも届けるようになったために、人々から疑いの目を向けられるようになった。1429年、エチオピア王の使者として西欧に行き、エチオピアと共同でムスリムに対する攻撃を行うよう提案したという理由で捕らえられ処刑された。彼の評価は、既に同時代の歴史家たちの間で分かれているが［*Sulūk*: iv, 795-796, 797; *Nujūm*: xiv, 324-326; *Inbā' al-ghumr*: iii, 426-427; *Dhayl*: 326-327; *Ḍaw'*: vi, 28-29］、ラビーブによれば、エチオピアの使節が実際にアラゴ

---

6)　スポルタ（sporta）は重量単位で、1スポルタは約211-225 kgに相当する［堀井 2022: 52, n. 122］。また、ベザント（besant）あるいはベザント（bezant）およびドゥカート（ducat）は金貨を指す。これらについては、髙田京比子氏、飯田巳貴氏のご教示を得た。記して謝意を表する。

ンのアルフォンソ 5 世（在位 1416-58 年）の下を訪れ、アルフォンソ 5 世はエチオピアとの同盟を受け入れたらしい。またエチオピア王は、紅海交易への参入を望んでもいたという［Labib 1978: 642-643］。一方アラゴンは、1430 年、マムルーク朝との間で協定の草案を作成している［Bauden 2019: 14, 67］。

　このような複雑な国際関係の中にあって、アリーが何をしようとしていたのかはわからない。ただ、エジプトの歴史家イブン・タグリービルディー（1470 年没）は彼をハワージャーと呼んでいるが、実際のところ彼には「諸国家の信頼」と呼ばれる資格が欠けていたとはいえるかもしれない。

　ファフルッディーン・アブーバクルの娘ハディージャは、メッカの歴史家ナジュムッディーン・イブン・ファフドの甥アブドゥッラフマーン（1469 年没）［*Ḍawʾ*: iv, 70-71］の母だという。アブドゥッラフマーンは、父アブーバクル・アフマド（1485 年没）が訪れていたコルカタで生まれたが、父がコルカタに行ったのは気晴らしのためだったとされ［*Durr*: i, 551］、アブドゥッラフマーンについても父アブーバクル・アフマドについても、商業との関わりを示す記述は見られない。彼らはもっぱらウラマーとして活動したようである。

　ほかにイラン出身の大商人といえば、ハワージャー・シャイフ・アリー・キーラーニー（1444 年没）が挙げられる。彼もまたギーラーンに生まれ、14 歳で故郷を離れると、シリア、エジプト、メッカ、イエメンを渡り歩いた後、主に紅海での交易に従事した［*Ḍawʾ*: v, 313; *Durr*: ii, 1064-1065］。ヴェネツィアの史料で言及されるシャイフ・アリーが彼のことであれば、1412 年、ヴェネツィア商人に香辛料を 5 万 6000 ディーナール（ないしドゥカート）で売ったという［Ashtor 1974: 27, 35］。またアラビア語史料は、彼が 1413 年にマムルーク朝スルターン＝シャイフから 5000 ディーナールを渡されてメッカに派遣され、イエメンからもたらされた胡椒を買い付け、1 万 2000 ディーナールで売り、利益をあげたと伝える。彼はその後、1421 年には「商人たちの王 malik al-tujjār」と呼ばれるまでになり、マムルーク朝スルターン＝バルスバーイの下でも御用商人として活動した［*Inbāʾ al-ghumr*: ii, 521; *Ithāf*: iii, 499, 580; Apellániz 2004: 296 n. 35; 2009: 70; Vallet 2010: 643-645, 662; Bauden 2023: 238］。

　また、カイロやシリアで学んだ後、インドへ渡り、デカンのバフマニー朝の宰相および「商人たちの王」として活躍しただけでなく、ペルシア語の文人と

しても優れた才能を発揮したハワージャー・マムフード・ガーワーン（1481年没）[Daw': x, 144-145; Aubin 1988: 86, 89; Flatt 2015] とその一族であるガーワーン（カーワーン）家が有名である [Daw': i, 23, 281; ii, 94-95; vi, 38; Oulad-Hammou 2004/05: 235-248]。

(3) ウライバ家 [Oulad-Hammou 2004/05: 226-234]

ブルハーヌッディーン・イブラーヒーム [Daw': i, 41-42; xi, 261; Durr: i, 594-595]——下エジプトのミンヤト・バニー・サルスィールで生まれた後、カイロに移り住んだ。イブン・ファフドは彼をハワージャーと呼ぶが、その商業活動の詳細は不明である。サハーウィーは、彼がスーフィーたちの庇護に熱心であったと伝える。同郷の聖者アフマド・ハッシャーブ [Daw': ii, 117] や、下エジプトのマハッラ・クブラーとカイロで活動したスーフィーのシャイフ・聖者ガムリー（1445年没）[Daw': viii, 238-240; 長谷部 2003: 173] を崇敬し、後者のモスクに多額の寄付をしたりした結果、彼の家を多くのスーフィー・聖者たちが訪ねるようになったという。このようにイブラーヒームが彼らと親しかったことは、南イランのカーザルーンを本拠とするスーフィー教団カーザルーニーヤと商人たちとの関係を想起させる [Aubin 1988: 86; 家島 2006: *166*, n. 33]。イブラーヒームは、スーフィーや聖者たちに航海安全などの霊験を期待したのであろうか。あるいはまた、彼らのネットワークや政治的・社会的影響力を利用しようという考えもあったのだろうか。ともあれ彼は、何度もメッカに巡礼し、逗留した（jāwara）という。その最中であろう、1470年にメッカで死んだ。彼には、ハサンとアブドゥルカーディルという2人の息子のほかに、1人ないし2人の娘があった。

　娘の1人は、彼女の父イブラーヒームや兄弟たちの反対を押し切って、ヌールッディーン・アリー・フーウィーという商人（1470/71年没）[Daw': vi, 59] と結婚したが、結局、約500ディーナールをこの商人に支払うことで離婚させられた。ウラド・ハンムは、その後彼女が商人アフマド・ブルッルスィー [Daw': ii, 246] と再婚したと考えているが、ブルッルスィーと結婚したのは、イブラーヒームの別の娘だったかもしれない。いずれにせよ、ウライバ家が同じエジプトの商人との通婚を重要視していたらしいことが窺われる。

バドルッディーン・ハサン［*Ḍawʾ*: iii, 90-91; *Nayl*: vii, 377］——クルアーンを覚えた後、商業の道に進んだ。サハーウィーは、ハサンが商売に優れ、顔役の 1 人に数えられたと述べる。また歴史家アブドゥルバースィト（1514 年没）は、彼をハワージャーと呼ぶ。しかし、彼の商業活動については、父と同様、不明である。1453 年、いとこのハディージャと結婚した。ほかに伝えられているのは、カイロにいくつかの建物を所有しており、死後に差し押さえられたことである［*Wajīz*: iii, 959］。1484 年、カイロの外港ブーラークで死んだ。

　ムフイッディーン（ザイヌッディーン）・アブドゥルカーディル［*Ḍawʾ*: iv, 259-260］——クルアーンを暗記し、複数の師の下で学んだ後、商業に従事した。1475/76 年、アレクサンドリアでヨーロッパ人に捕らえられ、ロードス島に連行された 4 人のムスリム商人たちの 1 人である。約 4 か月後、彼らは身代金を払って釈放された［*Nayl*: vii, 148-149, 156; *Badāʾiʿ*: iii, 114, 119; 堀井 2022: 94-95］。その後、アブドゥルカーディルは 1480 年にアレクサンドリアの御用商人に任じられた。サハーウィーによれば、幾人もの妻と死別し、彼女たちの遺産から多くを得たという。1485 年にアレクサンドリアで死んだ。死後、アレクサンドリア、カイロ、メッカ、ジッダにあった彼の遺産は、ザヒーラ（スルターン直轄財源）に属するという理由で差し押さえられた［*Wajīz*: iii, 959-960］。サハーウィーは彼を評して、「父と同じく商業に従事したが、父の道からは離れ、有力な役人（kibār al-mubāshirīn）の道を歩んだ。結局は、言い表せないほどの負債を抱えることになった」と述べる［*Wajīz*: iii, 965-966］。マムルーク朝政府に彼があまりにもべったりだったということであろう。

　なお、アブドゥルカーディルとハサンのいとこ違いにあたるアフマドは、彼らの下で働いたが、彼ら 2 人の死後投獄されたという［*Ḍawʾ*: i, 224］。

　第三世代——ハサンには 2 人の息子アリーとイブラーヒームがいたが、1492 年、2 人とも若くして疫病の犠牲になった［*Ḍawʾ*: v, 210; i, 40］。一方、アブドゥルカーディルにはムハンマドという息子がおり、クルアーンを覚え、ハディース学を学んだが、父の後に試練を受けたとされる［*Ḍawʾ*: viii, 65］。この試練とは、父の遺産が差し押さえられたことを意味しているのであろう。

　ほかにエジプト出身の商家としては、エジプトからメッカに移住した後、ハワージャーとは呼ばれなかったものの、3 代にわたって商人を輩出したジャウ

シャン家［*Daw'*: ii, 18-19; iv, 318; v, 275; viii, 180, 290-291; xi, 137; Oulad-Hammou 2004/05: 196-199］を挙げておこう。

(4) そのほか

　イエメン出身者としては、例えば、サアダに生まれた後、メッカを拠点に紅海、インド洋で交易活動を展開したターヒル家のハワージャー・バドルッディーン・ハサン（1466年没）［*Daw'*: iii, 127］、その2人の息子や甥［*Daw'*: i, 132-134; vi, 80; v, 213 (no. 718); *Durr*: ii, 1022-1023］、またアデンに住みメッカとの間の交易に携わったアーイシャ・アジャミーヤという女性（ニスバから、先祖はイラン出身だったと推測されるが）［*Daw'*: xii, 82］などがいる。

　ヒジャーズ出身者としては、ドゥクーキー家のハワージャー・イッズッディーン・アブドゥルカーディル（1429/30年没）とその息子［*Daw'*: iv, 222; v, 240; *Durr*: ii, 1034-1035］、および弟とその息子［*Daw'*: v, 240; xi, 86; *Durr*: i, 214-215; ii, 1289-1290］が挙げられる。また、ザーイド・スィンビスィー家のアフマド（1424年没）、その2人の息子と孫、および甥［*Daw'*: i, 266-267; iv, 321; vi, 300; iv, 219-220; iv, 277］が、いずれもハワージャーとは呼ばれていないが、メッカを拠点に商人として活動した。

　イラク出身者には、バスラからメッカに移住し、主にメッカとホルムズの間での交易に携わったというハワージャー・アブドゥルカリーム・ドゥライム（1451年没）とその息子［*Daw'*: iv, 319; v, 244］などがいる。

　西方（マグリブ・アンダルス）出身の商人は少ないが、アシュトールとアペジャニスによれば、ガーリブ・ルファーイール（ガーリブ・リポリ）という名のハワージャー商人がおり、バレンシア出身のムデーハルだったという［Ashtor 1974: 27, 29; Apellániz 2009: 126-130］。また、その代理人（wakīl）でアレクサンドリアの「スルターンの商人」ブルハーヌッディーン・イブラーヒーム・バランティースィー（1475年没）［*Daw'*: i, 72-73; *Majma'*: i, 78-79］、その又甥でアレクサンドリアのスルターンの商務局を管轄したムハンマド（1487年没）［*Daw'*: viii, 288-290］もイベリア半島出身だった。

4　カーリミー商人とハワージャー商人

　一般的に、カーリミー商人は独立した商人だったが、ハワージャー商人は政府・国家に依存し、官僚化していたとされる。だが、そのような見方は単純過ぎるように思われる。たしかにハワージャー商人は御用商人であり、政府・国家に協力した。しかし、アペジャニスが強調するように、彼らは、そのかたわら私的な商業活動も続けたのである。また、ウライバ家のアブドゥルカーディルについてのサハーウィーの評からも、商人は役人のようになるべきではないと考えられていたらしいことが窺える。一方、カーリミー商人たちの中にも、マムルーク朝やラスール朝と深い関係を有し、御用商人然とした者が何人もおり、外交使節として用いられることもあった［家島 2006: 422-451］。したがって、政府・国家との関係という面におけるカーリミー商人とハワージャー商人との違いは、従来言われているほどには大きくなかったのではないだろうか。

　政府・国家との関係のほかに、カーリミー商人とハワージャー商人の違いとして、古林清一は次の3点を挙げる［古林 1968: 55-58］。第一に、ハワージャー商人には外来人が目立つという。たしかにそうだが、シリア出身者が多い点にも注意すべきである。なお、そのこととも関係するが、カーリミー商人がもっぱら紅海・インド洋で活動していたのに対して、ハワージャー商人の中には東地中海で活動する者もいたことを両者の相違点として挙げることができるであろう。ハワージャー商人の出身地と活動地域をPalladio（使い方は［篠田 2024］で簡潔に説明されている）で図示すれば、図3の通りである。

　さて、第二に古林は、財産没収が相次いだせいで何代も続くハワージャー商人の名家がほとんどない一方、カーリミー商人の名家は複数存在したと述べる。たしかに、ガーワーン（カーワーン）家、カーリー家のほかに、2代を越えて商人を出したハワージャー商人の名家は見当たらない。だが、それは必ずしも財産没収にあったからではない。ムザッリク家の3代目イブラーヒームとムハンマドのように、商業を離れ、官僚になったりウラマーになったりした者も少なくなかった。ただし、ハワージャーと呼ばれていない商人を3代輩出したジャウシャン家やザーイド・スィンビスィー家の例を考慮すると、政府・国家との

図3 ハワージャー商人の出身地および活動地域

結びつきが強いハワージャー商人はそれだけ浮沈が激しかったとはいえるかもしれない。

なお古林は、カーリミー商人の名家同士が姻戚関係で結びつくなど、ある程度のまとまりがあったのに対して、ハワージャー商人はそれぞれが孤立していたと指摘する。ハワージャー商人間の関係についてその詳しいことは不明だが、ムザッリク家やウライバ家のように、商人たちの間での通婚の例は複数見られる。また、イブン・アッワードは、ウライバ家の下で働き、死後、同家の墓に埋葬されたと伝えられる［*Daw'*: viii, 201-202］。とはいえ、アペジャニスは、ハワージャー商人たちがギルドを形成していたと考えているが［Apellániz 2009: 106］、彼らにギルドと呼べるほどのまとまりがあったかは疑問である。

カーリミー商人とハワージャー商人の違いとして古林が第三に挙げるのは、経済力である。カーリミー商人の財産は、ハワージャー商人の財産の何十倍、何百倍にものぼったという。たしかに、カーリミー商人はハワージャー商人よりも裕福だったようである。だがその差は、14世紀の景気・物価と15世紀の景気・物価との違いによるところが大きかったのではないだろうか。

これらに加えて家島は、カーリミー商人が没落したことによって、彼らが行ってきた宗教・文化面の経済的支援が失われたと述べる［家島 1991: 422］。しかしながら、ムザッリク家のシャムスッディーン・ムハンマドをはじめ、出身

地やメッカなどで宗教・文化的後援に積極的なハワージャー商人は少なくなかった［Lapidus 1967: 204-205］。

このように、カーリミー商人とハワージャー商人とを比較してみると、出身地と活動地域を除いて、両者の間にさほど大きな相違は見られないのである。実はマムルーク朝の文献には、15世紀半ば以降も、カーリミー商人とされるハワージャー商人が散見される。例えば、イブン・カルスーン（1470年没）は「カーリムの商人 al-tājir fī al-kārim」「香辛料のハワージャー商人 al-tājir al-khawājā fī al-bahār」と呼ばれており［*Inbā' al-ḥaṣr*: 211, 313-314; *Ḍaw'*: viii, 65］、ムザッリク家のハワージャー・スィハーブッディーン・アフマドは「ダマスクスのカーリミー商人の有力者のひとり」［*Majma'*: i, 415-416］、カーリー家のハワージャー・イーサーもカーリミー商人のひとりと言われている［*Nayl*: viii, 200］。ラピダスや家島は、彼らを古い意味での「カーリミー商人」ではなく、香料商人や富豪商人だったとし［Lapidus 1967: 284; 家島 2006: *140*, n. 67］、アペジャニスもこの用法を時代錯誤だと述べる［Apellániz 2009: 107］。しかし、ヴァレによれば、「カーリムの商人」「カーリミー商人」とは、季節風を利用してアデンとアイザーブ、後にはトゥールとの間を航海する商人のことである。一方、ハワージャー商人の中には、巡礼の際にメッカで入手した香辛料を陸路、または海路でカイロやアレクサンドリア、ダマスクスに運んだ者もいた［Vallet 2010: 471-539, 647-648］。つまり、「カーリミー商人」とハワージャー商人等その他の商人との違いは、紅海において利用する交易ルートの違いだったのだという。この見解の当否はなお検証される必要があるが、いずれにしても、カーリミー商人と紅海・インド洋で活動したハワージャー商人との間に、実態として大きな違いはなく、両者が同一視されることもあったと考えられるのではないだろうか。

おわりに

以上、15世紀の東地中海・紅海・インド洋で地域間交易に従事した大商人たちについて見てきたが、ここでの議論は主に『輝く光』に基づくものであり、その点で限界がある。ほかの同時代史料、特にメッカとイエメンで著された人名録と年代記が、デジタルテキストを利用しつつ、精査されるべきである。そ

うして彼ら同士や彼らと政府・国家とのつながりをさらに詳しく検討する必要がある。

なお、堀井によれば、エジプトがオスマン朝の支配下に入った1517年以降も、少なくとも数年間、ハワージャー商人たちはアレクサンドリアでヴェネツィア商人との取引を継続したが、もはや御用商人としての立場を失っており、香辛料取引は自由化されたという［堀井 2022: 123, 130-131, 150］。その一方、ハンナや長谷部が明らかにしたように、16世紀末から17世紀初頭にかけて、カイロを拠点に地域間交易に従事したハワージャーと称される大商人たちがいた［Hanna 1998; 長谷部 2020］。彼らと15世紀のハワージャー商人たちとの比較検討も、今後の課題のひとつであろう。

参考文献

Badā'i': Ibn Iyās, *Badā'i' al-zuhūr fī waqā'i' al-duhūr*, ed. Muḥammad Muṣṭafā, 5 vols, al-Qāhira/Wiesbaden, 1960–75.
Dāris: al-Nuʿaymī, *al-Dāris fī taʾrīkh al-madāris*, ed. Jaʿfar al-Ḥasanī, 2 vols, Dimashq, 1948–51.
Ḍawʾ: al-Sakhāwī, *al-Ḍawʾ al-lāmiʿ li-ahl al-qarn al-tāsiʿ*, 12 vols, Bayrūt, n.d.
Dhayl: Ibn Ḥajar-alʿAsqalānī, *Dhayl al-Durar al-kāmina*, ed. ʿAdnān Darwīsh, al-Qāhira, 1992.
Durr: Najm al-Dīn ʿUmar Ibn Fahd, *al-Durr al-kamīn bi-dhayl al-ʿIqd al-thamīn fī taʾrīkh al-balad al-amīn*, ed. ʿAbd al-Malik b. Duhaysh, 3 vols, Bayrūt, 2000.
Ḥawādith: Ibn al-Ḥimṣī, *Ḥawādith al-zamān wa-wafayāt al-shuyūkh wal-aqrān*, ed. ʿAbd al-ʿAzīz Fayyāḍ Ḥarfūsh, Bayrūt, 2000.
Inbāʾ al-ghumr: Ibn Ḥajar al-ʿAsqalānī, *Inbāʾ al-ghumr bi-anbāʾ al-ʿumr*, ed. Ḥasan Ḥabashī, 4 vols, al-Qāhira, 1969–98.
Inbāʾ al-ḥaṣr: al-Ṣayrafī, *Inbāʾ al-ḥaṣr bi-anbāʾ al-ʿaṣr*, ed. Ḥasan Ḥabashī, al-Qāhira, 1970.
ʿIqd: al-Fāsī, *al-ʿIqd al-thamīn fī taʾrīkh al-balad al-amīn*, ed. Fuʾād Sayyid *et al*., 8 vols, al-Qāhira, 1958–69.
Itḥāf: Najm al-Dīn ʿUmar Ibn Fahd, *Itḥāf al-warā bi-akhbār Umm al-qurā*, ed. Fahīm Muḥammad Shaltūt *et al*., 5 vols, al-Qāhira, 1983–90.
Majmaʿ: ʿAbd al-Bāsiṭ al-Malaṭī, *al-Majmaʿ al-mufannan bil-muʿjam al-muʿanwan*, ed. ʿAbd Allāh Muḥammad al-Kandarī, 2 vols, Bayrūt, 2011.
Nayl: ʿAbd al-Bāsiṭ al-Malaṭī, *Nayl al-amal fī dhayl al-Duwal*, ed. ʿUmar ʿAbd al-Salām Tadmurī, 9 vols, Ṣaydā/Bayrūt, 2002.
Nujūm: Ibn Taghrībirdī, *al-Nujūm al-zāhira fī mulūk Miṣr wa-l-Qāhira*, 16 vols, al-Qāhira, 1929–72.
Qahwat al-inshāʾ: Ibn Ḥijja al-Ḥamawī, *Kitāb Qahwat al-inshāʾ*, ed. Rudolf Veselý, Bayrūt/

Berlin, 2005.
Ṣubḥ: al-Qalqashandī, *Ṣubḥ al-a'shā fī ṣinā'at al-inshā'*, 14 vols, al-Qāhira, 1913-19.
Sulūk: al-Maqrīzī, *Kitāb al-Sulūk li-ma'rifat duwal al-mulūk*, ed. Muḥammad Muṣṭafā Ziyāda & Sa'īd 'Abd al-Fattāḥ 'Āshūr, 4 vols, al-Qāhira, 1934-73.
Tathqīf: Ibn Nāẓir al-Jaysh, *Kitāb Tathqīf al-Ta'rīf bil-muṣṭalaḥ al-sharīf*, ed. Rudolf Veselý, al-Qāhira, 1987.
Thaghr: al-Saḥmāwī, *al-Thaghr al-bāsim fī ṣinā'at al-kātib wal-kātim*, ed. Ashraf Muḥammad Anas, 2 vols, al-Qāhira, 2009.
Wajīz: al-Sakhāwī, *Wajīz al-kalām fī al-dhayl 'alā Duwal al-Islām*, ed. Bashshār 'Awwād Ma'rūf et al., 4 vols, Bayrūt, 1995.

伊藤隆郎 1997「サハーウィーの参照した歴史関連文献」『西南アジア研究』47: 22-38
黒木英充 2023「イスラームから考える「つながりづくり」と「信頼」」黒木英充・後藤絵美編『イスラーム信頼学へのいざない』東京大学出版会
古林清一 1968「マムルーク朝の商業政策」『史林』51(6): 36-61
佐藤次高 2008『砂糖のイスラーム生活史』岩波書店
篠田知暁 2024「ネットワークを可視化する」須永恵美子・熊倉和歌子編『イスラーム・デジタル人文学』人文書院
長谷部史彦 2003「マハッラ・クブラー蜂起の諸相」『オリエント』46(2): 161-179
――― 2020「17世紀初頭カイロのハワージャー――『マバーヒジュ』とその続篇に基づく覚書」『慶應義塾大学日吉紀要 人文科学』35: 275-300
堀井優 2022『近世東地中海の形成――マルムーク朝・オスマン帝国とヴェネツィア人』名古屋大学出版会
家島彦一 1991『イスラム世界の成立と国際商業』岩波書店
――― 2002「カーリミー商人」『岩波イスラーム辞典』岩波書店
――― 2006『海域から見た歴史』名古屋大学出版会
ラピダス、アイラ・M. 2021『イスラームの都市社会――中世の社会ネットワーク』(三浦徹・太田啓子訳) 岩波書店

Apellániz Ruiz de Galarreta, Francisco Javier. 2004 "Banquiers, diplomates et pouvoir sultanien," *Annales Islamologiques* 38: 285-304.
――― 2009 *Pouvoir et finance en Méditerranée pré-moderne*, Barcelona: Consejo Superior de Investigaciones Científicas.
Ashtor, Eliyahu. 1974 "The Venetian Supremacy in Levant Trade: Monopoly or Pre-Colonialism?," *Journal of European Economic History* 3: 5-53.
――― 1983 *Levant Trade in the Later Middle Ages*, Princeton: Princeton University Press.
Aubin, Jean. 1988 "Marchands de Mer Rouge et du Golfe Persique au tournant des 15e et 16e siècles," Denys Lombard & Jean Aubin (eds.), *Marchands et hommes d'affaires asiatiques dans l'Océan Indien et la Mer de Chine, 13e-20e siècles*, Paris: Éditions de l'École des Hautes Études en Sciences Sociales.
Bahl, Christopher D. 2017 "Reading *tarājim* with Bourdieu: Prosopographical Traces of Histori-

cal Change in the South Asian Migration to the Late Medieval Hijaz," *Der Islam* 94(1): 234–275.

Bauden, Frédéric. 2019 "Mamluk Diplomatics: Present State of Research," Frédéric Bauden & Malika Dekkiche (eds.), *Mamluk Cairo, a Crossroads for Embassies*, Leiden/Boston: Brill.

———. 2023 "Yemeni-Egyptian Diplomatic Exchanges about the Meccan Sharifate," F. Bauden (ed.), *The Mamluk Sultanate and Its Periphery*, Louvain et al.: Peeters: 185–264.

Christ, Georg. 2012 *Trading Conflicts*, Leiden/Boston: Brill.

Flatt, Emma. 2015 "Maḥmūd Gāvān," *The Encyclopaedia of Islam, Three*, Leiden: Brill.

Hanna, Nelly. 1998 *Making Big Money in 1600: The Life and Times of Ismaʿil Abu Taqiyya, Egyptian Merchant*, New York: Syracuse University Press.

Ito, Takao. 2021 "Careers and Activities of *Mamlūk* Traders," Stephan Conermann & Toru Miura (eds.), *Studies on the History and Culture of the Mamluk Sultanate (1250–1517)*, Göttingen: V & R unipress.

Labib, Subhi Y. 1978 "Kārimī," *The Encyclopaedia of Islam*, new ed., vol. 4, Leiden: E. J. Brill.

Lapidus, Ira M. 1967 *Muslim Cities in the Later Middle Ages*, Cambridge, Massachusetts: Harvard University Press.

Meloy, John L. 2010 *Imperial Power and Maritime Trade: Mecca and Cairo in the Later Middle Ages*, Chicago: Middle East Documentation Center.

——— 2019 "Mecca Entangled," Reuven Amitai & Stephan Conermann (eds.), *The Mamluk Sultanate from the Perspective of Regional and World History*, Göttingen: V & R unipress.

Mortel, Richard T. 1994 "The Mercantile Community of Mecca during the Late Mamlūk Period," *Journal of the Royal Asiatic Society* 4(1): 15–35.

Oulad-Hammou, Khalid. 2004/05 "Sakhāwī et les marchands: Recherche sur les gens de commerce au XVᵉ siècle dans l'empire mamelouk," unpublished Ph. D. dissertation, Université Aix-Marseille 1.

Vallet, Éric. 2010 *L'Arabie marchande: État et commerce sous les sultans Rasūlides du Yémen (626–858/1229–1454)*, Paris: Publications de la Sorbonne.

Wing, Patrick. 2014 "Indian Ocean Trade and Sultanic Authority," *Journal of the Economic and Social History of the Orient* 57: 55–75.

——— 2020 "The Syrian Commercial Elite and Mamluk State-Building in the Fifteenth Century," Jo Van Steenbergen (ed.), *Trajectories of State Formation across Fifteenth-Century Islamic West-Asia*, Leiden/Boston: Brill.

第5章 デジタル人文学的ツールの応用による近世ムスリムネットワークの再構築
―― 近世マルタ島におけるムスリム奴隷コミュニティ

マレト、アレクサンデル

はじめに

　少なくとも半世紀以上にわたって、マルタ史の研究者たちは、その歴史をよりよく理解すべく、島内の数多くの公文書館に保存されている近世初期以降の文書を活用するための方法を模索してきた。これらの文書は、地中海沿岸地域に点在する公文書館に所蔵される同時代の文書と同様、幅広いトピックを扱う広範な研究の基礎として、また、非常に特殊な歴史的状況、場所、人物に焦点を当てたマイクロヒストリー研究の基礎として利用されてきている。しかし、これらの公文書館に残る資料に対してどのようなアプローチを取るにせよ、その範囲が膨大であるという問題は回避できない。要するに、入手可能な資料の規模が大きすぎるため、これに取り組もうとする研究者は、十分な量の資料に目を通し、そこから有益な結論を導き出すのに時間を要するという点で、困難な作業に直面することになる。さらに、古文書という性質上、そこに記述されている証拠を理解しようとする人には、言語学的、古文書学的な知識と技術がかなりの程度要求される。

　マルタのアーカイブズにおいて特に充実しているとされる領域の1つは、マルタ諸島における社会的ネットワークの存在、特に地元のキリスト教徒であるマルタ人が関わるネットワークに関するデータである［Ciappara 2001］。

　とはいえ、このようなネットワークの研究は、現存する大量の文書をふるいにかけ、関連するデータポイントを選択し、整理するのにかなりの労力を要する。そこで、ネットワーク研究とネットワーク理論の分野でのここ数十年の発

展が活かされることになる。この分野は、主に企業内のコミュニケーションや関係性の調査から着想を得たものであるが［Borgatti and Halgin 2011; Scott 1988］、過去の傾向や出来事、人物に関する研究に役立つ可能性を見出した人類学研究者や歴史家によって、すぐに取り上げられるようになった[1]。

　しかし、前近代史、特に前近代イスラーム史の研究者らによってソーシャルネットワークの重要性が認識されるようになったのは、比較的最近のことである［Hirschler 2005］。この分野の研究者は、よくある問題に直面している。すなわち、近代以前のムスリムのネットワークを再構築するということは、イブン・アサーキルの80巻に及ぶダマスクス史のような膨大な資料の中から、関連する情報を選択し、照合しながら、目を通す必要があるということである。ここ10年の「デジタル的転回」は、研究者がコンピュータ・プログラムを訓練することで、この作業の多くを自律的に行えるようにし、こういった負担をかなり軽減してきた。そのため、研究者がすべての関連資料を収集し、そこからネットワークを再構築するのに要する時間は劇的に短縮され、研究結果が、従来の手法では達成できなかったような複雑なレベルに達している[2]。本章の目的は、17世紀初頭に地中海のマルタ島で奴隷として生活していたムスリムに関連する資料にデジタル人文学のツールを適用することで、時空を超えてムスリム社会内のネットワークを再現する際に、このようなデジタルの支援を取り入れることの有効性を実証することである。

1　データセットと方法

（1）　マルタのローマ異端審問文書と現代の研究

　地中海の中央に位置し、小さな島々からなるこのマルタには、近世（1500頃-1750年頃）のマルタ近海の最も完全な文書コレクションの1つが残されている。

---

1) 特に、近代史研究の問題として取り上げられてきた。例えば、［Romein *et al.* 2020; Chao 2017; Lemercier 2015: 281-310］を参照のこと。近代史におけるネットワーク研究に関する視点や資料を提供してくれた友人であり同僚のヴィヴィアン・X・グオ博士に感謝する。

2) 前近代については、例えば、［de Valeriola *et al.* 2022: 1-28］を参照。しかし、このようなデジタルなアプローチにも問題がないわけではない。パットナムは、次の著書において、歴史家にとっての新たなデジタルの転換点について警鐘を鳴らしている［Putnam 2016: 377-402］。

これらは島々の様々な公文書館に保管されているが、その中でも最も重要で完全なものの1つが、1561年以降、1798年のナポレオン・ボナパルトによるマルタ征服およびその後の撤退までの間、マルタに置かれていたカトリック教会の法廷であるマルタのローマ異端審問所のアーカイブズである。本研究の基礎となるのは、このアーカイブズに含まれる資料である[3]。異端審問の目的は、カトリック教徒のマルタ人がローマの教皇庁、特にトレント公会議（1545-1563年）の法令によって定められたキリスト教の信仰と実践を守っているかどうかを確認することだった。島の誰かが、家族、同僚、友人、知人から告発された場合、異端審問にかけられ、尋問を受け、十分な証拠があると審問官が判断すれば、完全な裁判が行われる。報告や告発の1つ1つが丹念に記録され、（少なくとも理論上は）公証人の書記によって発せられたすべての言葉が書き留められた。その結果、マルタで異端審問が行われていた全期間について、ほぼすべての記録が残っている［Ciappara 2001: 321-23］。

　ここ数十年間、ローマ異端審問所[4]に関して主に研究対象とされていたのは、ローマ、ヴェネツィア、モデナ、ピサ、ボローニャ、ウーディネといったイタリア各地の都市において行われた異端審問についてであった［Messana 2007; Pullen 2003: 159-181; Davidson 1988: 16-36］。これと並行して、スペインやポルトガルを中心に活動し、南米や世界各地の植民地にも拠点を構えていたスペイン異端審問所という、関連はあるものの別個の制度についても研究が進められてきた［Vose 2013: 316-329; Greenleaf 1969］。

　ローマ異端審問所に関する研究には、その地理的範囲によらず、制度としての異端審問、地方教会の役割、魔術や呪術をめぐる問題など、あるトピックを広い視野から追究するもの、あるいは、マイクロヒストリーで1つのケースを綿密に調査し、その地域の環境について、広い視点からの研究では不可能なほど詳細な情報を得るようなアプローチの仕方がある[5]。この2つのアプローチ

---

3) マルタの異端審問文書（Archives of the Inquisition on Malta、以下「AIM」）は、現在、マルタのイムディーナにある大聖堂アーカイブズ（Cathedral Archives）に所蔵されている。
4) 他に中世異端審問所とスペイン異端審問所という2つの形態の審問所がある。詳細については、［Moore 2019; Davidson 2013: 91-108］を参照。
5) 異端審問に関連するこれらのテーマについては、例えば、［Bethencourt 2009; Black 2009］がある。マイクロヒストリーに関して、最も有名で影響を及ぼしたものの1つが［Ginzberg 1980; 1983］である。また、［Di Simplicio 2009: 121-148; Siebenhüner 2008: 5-35］も参照されたい。

は数十年前から共存してきたが、研究者らが両者を同時に用いて証拠資料を検証するようになったのは比較的最近のことである。そのような研究においては、主にマイクロヒストリー的な研究を行い、その結果をグローバルヒストリーの観点も含めて、より広いテーマを探求するために用いるようになっている［Parmeggiani 2018; Henningsen 2004］。このことは、近世地中海史とグローバルヒストリーにおけるより広がりをもった傾向に基づくものであり、マイクロヒストリーを通してローカルなものを知る窓として個人の生活に焦点を当てるだけでなく、時間や空間の中での移動を通してグローバルなものを知る窓として個人の生活に焦点を当てる傾向がある[6]。

　この広範な分野では、何十人もの研究者の努力によって多くの研究がなされ、特にイタリア史と地中海史の理解が進められてきたが、マルタにおけるローマ異端審問については比較的、あまり関心が払われてこなかった。これまでに発表された数少ない研究は、そのほとんどがマルタ人研究者によるもので、主に国内の読者を対象としているため、異端審問や地中海史の広範な研究にはほとんど影響を与えていない。そうした中で、特に 2 人のマルタ人研究者が過去 30 年間に極めて貴重な業績を残している。その 1 人がチャッパラで、彼はローマ帝国の異端審問制度がマルタ島でどのような機能を果たしていたかを研究しており、その成果は特に彼の長大な単著『近世マルタの社会と異端審問』に見ることができる［Ciappara 2001］。もう 1 人はカッサーで、彼は異端審問の記録を利用して、性行為、結婚、魔術、民間信仰といったテーマに対する島での社会的態度について、これまで解明されていなかった側面を明らかにする重要な研究を行った［Cassar 1996］。この 2 人の研究者による広い視野に立った研究成果は、著者らが大量の文献に入念に目を通し、研究に有用な情報を抽出したことでなしえたものである[7]。

　最近では、マルタの異端審問文書に関するこの種の概説的研究において、マイクロヒストリー的方法論を採用した研究がいくつか加わっている。このアプ

---

6) このアプローチとその試みに関する様々なコメントについては、［Loomba 2015; Ghobrial 2014; Trivellato 2011; De Vivo 2010; García-Arenal and Wiegers 2007; Zemon Davis 2006］を参照のこと。近世の地中海史は依然としてマイクロヒストリーが主流であるが、最も重要な研究や傾向をよくまとめたものとして、Abulafia［2011］が挙げられる。

7) マルタの異端審問については、Bonnici［1991］を参照のこと。

ローチはマルタに限られたことではなく、1970 年代から 80 年代にかけて、ギンズブルグなどイタリアの異端審問所の研究者たちによって開拓されたものである。マルタの異端審問に関する長編のマイクロヒストリー研究が初めて出版されたのは 2010 年代はじめのことである。これはキリスト教からイスラームに改宗した罪に問われたジョルジョ・スカラというシリア人をめぐる 1598 年の裁判に関する研究である［Agius 2013］。その後、2022 年に出版された編著では、1605 年に奴隷であったムスリムのセッレム・ビン・シェイク・マンスールが魔術を行い、それを地元のキリスト教徒に教えたとして告発された裁判が分析されている。特に後者は、マイクロヒストリー的な結果から出発し、より広い、さらにはグローバルなレベルの結論を導き出そうという、前述した最近の傾向の具体例を示しており、本研究の出発点となっている［Mallett *et al.* 2022］。

(2) 文書へのアプローチ

本章の目的は、近世マルタのムスリム奴隷集団の結びつきとネットワークについて理解すること、および、デジタル人文学的なツールと方法論を用いて研究を強化する様々な可能性を示すことにある。本研究では、1 つの裁判文書だけに焦点を当てるのではなく、デジタル技術を駆使して、関連文書の転写によるマイクロヒストリー的研究を行うことで、ローカルと地中海全域という両方の観点から複数のより幅広いトピックについて書き、17 世紀初頭のマルタの状況をより深く理解する。これにより、膨大な量の文書を読むスピードが格段に早まり、様々なプログラムを使って新たな結論が導き出されることを実証する。

具体的には、3 つのソフトウェアを利用した。まず、手書き文字認識（HTR）アプリケーションである Transkribus[8] を用いて、すべての関連文書を素早く

---

8) Transkribus は、https://www.transkribus.org/ で入手できる。Transkribus の研究への有用性は、このような負荷の大きな作業ができるという点だけでなく、膨大な量の文書化されたテキストを含むデータセットがプログラム内に転写されると、従来のようなビッグデータ型の検索を実行するのに使用できる点である。そのため、名前、場所、出来事、日付などを文書全体にわたって自動的に検索することができ、研究者が探求するあらゆるトピックの場所を素早く特定することができる。Transkribus の使い方は、石田［2022］、Transkribus の実践的解説である須永［2024］。

読み取り、ムスリムの奴隷に関する記述を含む文書を特定した。次に、視覚化ツール Palladio を用いて、ネットワーク図を作成した。その1つが奴隷ネットワークの略図であり、もう1つは、奴隷の出自をマッピングしたものである。本研究を本の1章として扱いやすい長さに収めるため、研究対象を1600年から1609年までのわずか10年間に限定した。とはいえ、ムスリム奴隷に関する情報を含みうる文書の数は、わずかその長さが1葉から300葉を超えるものまで、1000点を超える。

　このようなアプローチをとることで、近世初頭のマルタにおけるムスリム奴隷のつながりについて、従来よりも大きなスケールで理解を広げることができるはずである。これは多くの点で役立つだろう。第一に、ムスリムのネットワークに関する前近代に残された証拠のほとんどは、ムスリムが人口の大半を占めていた社会に関するものである。対照的に、マルタの裁判は、イスラームがマイノリティである状況におけるムスリムのつながりを検証する機会を与えてくれる。これにより、自らが下層に置かれていた社会での生活にムスリムがどう対応していたのかについて研究できる。第二に、前近代のムスリム集団のつながりやネットワークに関する他の研究は、一般的に、年代記や伝記文学といったテキストに基づいたものであり、それらはほとんど社会の上層部のみに関係するものである。したがって、マルタという文脈でムスリム奴隷を研究することにより、ムスリムが社会の最下層で暮らしていたネットワークに関する洞察を得ることができる。その結果、第三に、ムスリムが特定の小さな奴隷共同体の中でどのように組織化され、どのように階層が形成されていったかを見出すことができる。最後に、ムスリムのネットワークに関する前近代からの他のほとんどすべての証拠とは異なり、マルタからのものは、アラビア語、ペルシア語、オスマン語などの「イスラーム的な」言語ではなく、むしろイタリア語やラテン語といったヨーロッパ言語のものである。これらの点を総合すると、これまでの研究で探求されてきたこととは異なる視点が得られるはずだ。このようなアプローチをとることで、マルタのムスリム奴隷集団という特殊な文脈の中で、どのようにつながりが機能していたのかについて理解を深めることができ、異なる時代や場所に関する今後の同様の研究の礎となると思われる。

(3) データ処理

本章は、1600年から1609年までの10年間を取り上げたケーススタディであり、ローマ異端審問所が行った刑事訴訟の裁判記録（processi criminali）に基づくものである。これらの文書は現在、マルタ本島にある町で、かつてアラブが首都を置いたイムディーナの大聖堂アーカイブズに写本という形で保存されている[9]。AIM の蔵書印のあるこのコレクションには、1561年の異端審問所の設置から1798年のナポレオンによるマルタ占領およびその後の撤退まで、マルタ島における異端審問にまつわるほぼすべての記録が収められている[10]。1600年から1609年に記録された裁判は、アーカイブ・ボックス18から29に記載されており、その他の裁判はボックス148から169にばらばらに収められている。これらの年の裁判はすべて、次の審問官の前に持ち込まれた。すなわち、ファブリツィオ・ヴェラッロ（任期1600-1605年）、エットーレ・ディオタルレヴィ（任期1605-1607年）、レオネット・デッラ・コルバラ（任期1607-1608年）、エヴァンジェリスタ・カルボネーゼ（任期1608-1614年）である［Cassar 1996: 106; Vella 1964: 65］。

調査の最初のステップは、17世紀初頭のマルタにおけるムスリムの証言や彼らへの言及を含む裁判文書を特定することであった。これを可能な限り迅速かつ正確に達成するため、まず、大聖堂アーカイブズのスタッフが1600年から1609年までのすべての文書を JPEG ファイルの写真としてデジタル化した[11]。そして、これらのファイルを受け取った後、Transkribus のプログラムにアップロードした。これを終えた後、Transkribus のワークフローを通して、それぞれのドキュメントに対応する個別のファイルを処理した[12]。最初の作業はセグメンテーションであり、既存のモデルを使って、各文書のどの部分がテキストであるかを認識し、各文書の各ページの各行のテキストに番号を割り当てる。セ

---

9) マルタ本島もマルタと呼ばれるが、マルタ諸島を総称してマルタと呼ぶ。他の主な島はゴゾ島とコミノ島である。
10) マルタの公文書に由来する、あるいはマルタの公文書に関連するものは、現在、他の図書館、特にローマのバチカン図書館に所蔵されている［Ciappara 2001: 541-542］。
11) アーキビストであるマリオ・ガウチとイムディーナのスタッフには、大聖堂アーカイブズの資料収集で協力いただいたことに感謝する。
12) 紙面の制約上、このプロセスについては Transkribus のウェブサイト、および注8に挙げた文献等を参照のこと。

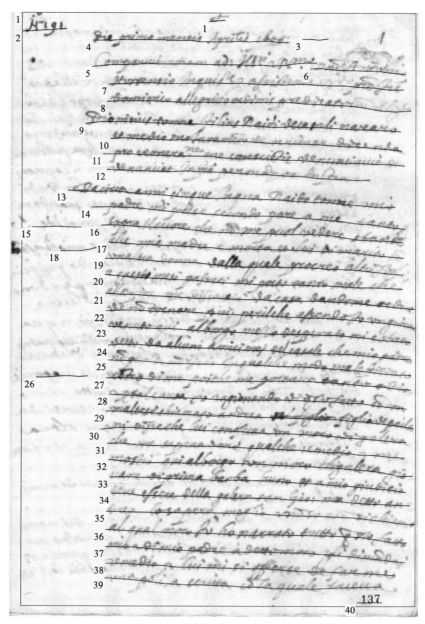

図1　セグメンテーションの結果

グメンテーションの結果については、図1を参照されたい。図1から明らかなように、このプログラムはほとんどのテキストを識別し、ページごとの行数を正しく認識している。

　次の作業は、文書に含まれる文字を自動的に書き起こすプログラムの設定である。しかし、この作業にあたっては、まず Transkribus に特定の文書セットの筆跡を読み取らせる訓練をさせなければならない。なぜなら、それぞれの筆跡は、プログラムがすでに学習したものとは大きく異なりうるためである。そのため、この初期段階では、プログラムに対し、相当なページ数の書き起こしの作業を手作業で行うことで、プログラムに書き起こしを学習させる必要がある（筆跡の鮮明さにもよるが、この作業はおよそ 25-75 ページに及ぶ）[13]。学習が完了したら、残りの文書を1つずつプログラムに読み込ませ、それぞれのテキストを AI によって書き起こさせた[14]。

　書き起こしの次の作業は、その中に散発的にしか登場しないムスリムについて、その言及がないか、すべての文書を検索することだった。ムスリムは、当該文書群においてはほとんど2つの方法のいずれかでしか表現されていない。その1つが民族を指す「ムーア人（イタリア語では Mori とその派生語、ラテン語では Mauri とその派生語）」か、「トルコ人（どちらの言語でも Turci）」である。一般的に、ムーア人とはアラビア語を話す北アフリカの人々を指す言葉であり、トルコ人とはオスマン語を話すオスマン帝国と地中海東部の人々を指す言葉である。もう一つは、ムスリムの宗教的、あるいは非宗教的な（カトリック当局の認識による）地位に対する侮蔑的な表現であり、他の用語も使われているものの、最も一般的なのは「異教徒（infideli）」である[15]。この手法のおかげで、1600年から1609年にかけて行われた50件の異端審問のうち、ムスリムに関する記述

---

13) 17世紀初頭の文書のすべてが同一人物によって書かれていたということから、この作業は大幅に楽になった。その人物というのはルカ・ガウチで、彼は15年以上にわたって異端審問法廷の書記を務め、今回調査対象としたすべての文書を作成したと思われる人物である。したがって、残りの文書がすべて同じ書き手によって書かれているため、プログラムに残りの文書を読ませるのは比較的容易であった［Borg 2013］。

14) このプロセスは比較的容易で、概ね短時間で終えることができた。私は、書類を1つずつ見ていき、自動書き起こしの際に教師データに基づき作成したモデルを使用するよう、プログラムに指示しただけだった。短い判例ではわずか2、3分しかかからなかったが、50ページを超えるような長文の場合には20分ほどを要した。

があるものを数時間という早さで特定することができた。

　ムスリムへの言及を含む文書がすべて特定された後は、そのうちのどれがネットワークの再構築に見合う情報を含んでいるかを確認する必要があった。調査の過程で、各文書の精読を通じた、従来型のアプローチを必要としたのはこの段階であった。これを容易にするため、ムスリムへの言及を含む各文書の書き起こしを、まず Transkribus から Word 文書にエクスポートした。

　異端審問の記録から、データをネットワーク分析に適用できる形に変換する過程で、多くの問題が明らかになった。まず、ムスリム奴隷のネットワークを研究するためには、文書に記録されている名前を用いて個人を特定する必要がある。しかし、キリスト教徒の証人側が、ムスリムの名前を挙げないことがしばしばあり、その代わりに「名前は知らないが、目で見て知っている」というようなことを述べることがほとんどである ［AIM Proc. Crim.: 26A, f. 264r; Mallett et al. 2022: 38-39］。

　さらに複雑なのは、ムハンマドやアリーといった名前が複数の文書に頻繁に見られることである。これらの名前（イスム）はムスリムの間では極めて一般的なもので、この時代にマルタの奴隷の多くが持っていた名前である。しかし、個々の奴隷に関する文書内の他の情報が乏しいため、例えば、ある文書でムハンマドと名付けられた奴隷が、別の文書で言及されたムハンマドと同一人物かどうかは不明である。同じ名前のムスリムが複数の証拠にまたがって登場していることを確認できるのは、年齢や出自などのさらなる情報がある場合だけである。しかし、そのような裁判は比較的少なく、そのため、95％に上るほとんどの文書について、その中で名前が挙げられている、あるいは言及されているムスリム個人を特定することはできなかった。

　これらの異端審問文書に関するもう1つの特別な問題は、そこに記されている2人の人物の間につながりがあったことを確実に知ることができるかどうかという点である。こういった文書は裁判記録であるため、当然のことながら、

15）Transkribus を使用する際の問題の1つは、書き起こしの正確さが100％ではないということである。システムは訓練されればされるほど精度が上がるが、ある程度の誤差は残る。しかしこれは、検索された単語と類似した単語を検出する「ファジー検索」オプションを使うことで、かなり改善される。例えば、イタリア語の Moro という単語をファジー検索すると、ムーア人やムスリムを指す unmoro など、似たような単語もたくさん出てくる。

かなり物議を醸すような活動や違法行為に関する記述が含まれていることが多い。さらに、供述者の告発や不満だけでなく、被告人の弁明も記録されているため、文書には様々な人物による矛盾した証言が含まれていることが多い。例えば、後述するセッレムの裁判では、ムスリムであるセッレムのところに行って自分たちの問題を解決してくれる魔法の薬をもらうよう、ある仲間に言われたと、証人の1人が主張し、それによって、その人物とセッレムとの間につながりがあることが立証された。しかし、その人物本人が異端審問の尋問を受けたときには、彼との面識を否定しているため、先ほどの証人の発言に対して疑念が投じられる。つまり、ある証人は関係があったと言い、別の証人はなかったと言うのである。このような場合、証言が認められるかどうか、つまり本当につながりがあったのかどうかを判断する必要がある。

　この一連の文書で生じる最後の問題は、これらのうち1つの文書のみに含まれる情報に基づいてネットワークを再構築するのは比較的容易だが、すべての証拠をある種のメタ分析にまとめようとすると煩雑になる点である。特に、前述したように、複数の文書にわたって同じ名前の人物が複数言及されている可能性があり、それらが同一人物であるかどうかを知ることができないからである。そのため、確信をもって複数の文献を特定の個人に結びつけることができる理由がない限り、複数の文書に表れる個人のネットワークを再構築することは極めて困難である。しかし、大量の文書を調査することで可能なのは、時代を超えた特定の傾向、例えば、どのような状況でムスリムが互いに、またキリスト教徒と関わっていたのか、また、そのような関わりにどのような理由があったのか、などを明らかにできることである。

　調査を進めるうちに、ネットワークを再構築するのに十分な情報がある裁判はごく少数であることが明らかになった。ほとんどの場合、事件記録はあまりにも短く、ごく限られた情報しか得られないか、あるいはその中で言及されているムスリムの名前がないため、彼らを取り巻くネットワークを再構築することができない。とはいえ、特定可能なムスリム個人のネットワークを再構築するのに十分な情報が含まれている14件の事例が見つかった。ここでは紙面の制約上、これら14件の事例の中から3つの事例をケーススタディとして選び、文書資料を用いた研究におけるデジタル人文学的アプローチの可能性を示すこ

ととする。

2　3つのケーススタディから見えるネットワーク

(1)　ネットワーク1――ハリ Hali

　異端審問文書に含まれる証拠から、島内のムスリム奴隷を中心とするネットワークを特定するのに十分な情報が得られた。1つ目のネットワークは、図2に見られるように、ハリと呼ばれる奴隷を中心に、その接触が6つの方向に枝分かれしていた。図の左上部からわかるように、アンジェロ・ミフサドという男の問題の解決に関するものだった。アンジェロはある女性との結婚を望んでいたが、彼女の母親に反対されていた。そこで、ミアという名の女性とその兄弟ビンセンゾの支援を受けてハリと接触した。もう1人の兄弟、ルーカスはそのことを知り、聴罪師であるコスマーノ神父に証言したが、神父はこれを受け入れず、自分の知っていることを審問官に話すよう命じた。このような流れで、裁判記録に記録されている裁判が始まったのであった。ハリのネットワークの第二の部分は、裁判記録にブラヒムと記されている別のムスリム奴隷を通して仲介されていた。ブラヒムは、アンドレアス・ボルグというキリスト教徒とハリを接触させた。アンドレアスの娘は結婚を考えていたが、紹介された相手から逃げたため、父親のアンドレアスは娘が悪魔に取り憑かれたと考えるようになった。そのため、アンドレアスは彼女に悪魔祓いをしてくれる人を探した。これが、ハリだった。

　このネットワークの第三の、そして最大の部分には、数人のマルタ人女性が関与しており、その中心人物がスペランツァとその母スルピシアであった。この2人はセリマという奴隷をおいていたが、ムスリムである彼女が魔術を知っているにもかかわらず、それを拒んでいると考えたため、ひどい扱いをしたと記録されている。しかし、セリマは、自分には魔術の知識はないと主張し、そのひどい仕打ちのために泣いていたところをヴィチェンツォ・タボーネという男が発見し、異端審問に告発した。その後の裁判の過程で、スペランツァは自分の奴隷セリマの代わりに、ハリに魔術を使わせたとされている。

　ハリのネットワークの他の3つの部分については、この裁判で少しだけ言及

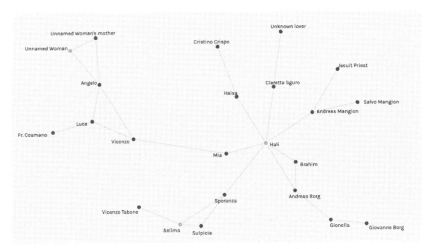

図2　ハリに対する供述録取で説明されているネットワーク

されている。1つ目は、アンドレアス・マンギオンというマルタ人にまつわるもので、彼が父の家から物を盗んで売ったため、父サルヴォから叱責を受けた。その結果、彼は「イスラームに改宗する」と言って（父親を脅すほどに）困難な状況に陥ったのだが、これにはハリが関与していた。アンドレアスは司祭のところへ懺悔に行ったが、その告発はその性質上、審問官の権限に属するため、まず審問官のところへ行って告白する必要があると言われた。2つ目は、別のムスリムの奴隷ハイシャという女性が関わるもので、ハリがマルタ人のクリスティーノ・クリスポに飲ませる魔法の薬を渡したというものだった。3つ目は、クラレッタ・スグロという女性で、彼女は4年前に恋人に振られた後、ハリに恋愛の魔術をかけてもらったと簡単な供述をしている［AIM Proc. Crim.: 27, Case 23, fols. 393r-419v］。

(2)　ネットワーク2──チャセム Chasem

ここで探る2つ目のネットワークは、チャセムというムスリム奴隷を中心としたものである（図3）。これは、1606年5月10日にオリヴェリオ・ザーラという男が証言したものである。オリヴェリオの妹マルガリータが病に伏していたとき、ガブリエレ・リスポロという知人から、ムスリム奴隷の魔術で妻の病

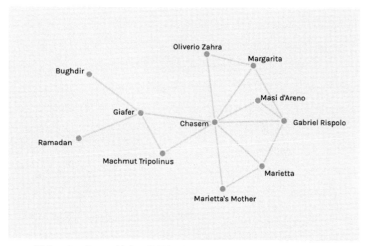

図3　チャセムに対する供述録取で説明されているネットワーク

が治癒したことを聞いたというものである。その直後の1606年5月13日、ガブリエレ自身が異端審問に出廷し、自分自身がかつて病気にかかり、ガレー船サン・ルイージ号のアルゴジーノ（argozino）[16]により奴隷のチャセムと接触したことを話した。チャセムは金と引き換えに、妻のマリエッタが見守る中、魔法の呪文をかけて病魔を取り払った。数日後の1606年5月17日、マリエッタ本人が異端審問に出廷し、夫が証言した一般的な情報を繰り返す一方、同じく病気で苦しんでいた母親の治療を奴隷に依頼し、チャセムがそれを実行したことを付け加えた[17]。

これでこの方面からのチャセムに対する証言は終わりだったが、同じ裁判の中に、終盤になって初めて明らかになる別のネットワークがあった。このことは、騎士団のガレー船でコックとして働いていたマフムート・トリポリヌスと呼ばれるムスリム奴隷の証言に記されている。1606年10月12日の供述録取には、ある騎士の家庭から銀の皿が盗まれたことが記されている。犯人を見つ

---

16) アルゴジーノは、アグシン（agusin）またはコミート（comito）とも呼ばれ、ガレー船で奴隷を漕がせる責任者であった［Wismayer 1997: 216-217］。

17) ［AIM Proc. Crim.: 25B, fol. 497r-501v］。この裁判は、本章で取り上げた他の裁判ほど長くはないが、ムスリムが単なる証人としてではなく、中心的な被告人として登場する数少ないケースの1つであり、最も詳細な情報が残っている裁判である。

けるために、ギアファーという別の奴隷が騎士に、犯人の居場所を突き止める手助けをチャセムにさせるよう進言した。チャセムが呼び出され、騎士の家に着くと、ろうそくとアラビアの書物を使った魔術の儀式を行い、誰が皿を盗んだかを明らかにすると主張した。そして、マフムートに加えブグディルとラマダンという2人の奴隷が犯人であると伝えた[18]。この証拠を用いることで、チャセムを中心とした1606年以降のネットワークを図3のように再構築することができる。

(3) ネットワーク3——セッレム Sellem

ここで取り上げる最後のネットワークは、1605年の夏に裁判にかけられたセッレムという奴隷を中心としたものである（図4）。私は以前、研究プロジェクトの一環としてこの裁判について研究し、2022年には編集版を出版していたため、同裁判については既に一定の知識があった［Mallett *et al.* eds. 2022］。その刊行書では、言語学、魔術、キリスト教とイスラーム教の関係、マルタ島のローマ異端審問など、様々なトピックを取り上げ、セッレムの裁判を詳細に検証しているが、ネットワークの問題については簡単にしか触れていなかった。ムスリム奴隷に関して、同時代で発見できたネットワークの中でセッレムのネットワークが最大規模であったにもかかわらず、である。

裁判の冒頭で、マッテオ・マグロ、ベルト・ブリッファ、マルコ・マンギオン、ジュゼッペ・マルテッリという4人の人物が、パウリーナとジョアンナという2人の女性、フランチェスコという奴隷監獄の看守、そしてマリオというもう1人の男性を含む他の人の勧めで、恋愛魔術や治癒魔術をセッレムに依頼したことを異端審問官に報告した。この後、ヴィットリオ・カサールという騎士団員も名乗りを上げ、異端審問官に対して、セッレムは前述のような魔術に加えて、ジオマンシー（土占い）と呼ばれるより学識のある魔術も行っており、そのために書物を用いていたと語った。異端審問官はこの告発を根拠に、セッレムを裁判にかけ、さらに不利な証拠を探し始めた。

調査が進むにつれ、異端審問官はセッレムの魔術師としての信用に基づく広

---

18) ［AIM Proc. Crim.: 25B, fol. 502r-v］。チャセムがマフムートを告発したことで、マフムートが異端審問に訴えることにした理由が判明した。

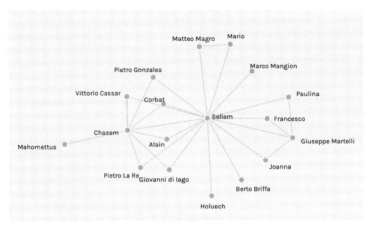

図4 セッレムの裁判で説明されているネットワーク

範なネットワークを暴きだしたが、彼はチャセムという別の奴隷の助けを借りていたようだった。コルバット、ピエトロ・ラ・レ、ピエトロ・ゴンザレス、ジョヴァンニ・ディ・イアゴ、アランなど、マルタの多くの騎士が、前述の2人のムスリム奴隷に魔術を施されたことが、目撃証言によって明らかになっている。他の奴隷も関与したとされているが、特にマホメタスとホルエフの名が挙がった[19]。

(4) 考察

近世マルタにおけるムスリム奴隷のネットワークについて概観を述べることは可能である。まず、一部のネットワークは、騎士団のガレー船で奴隷労働に従事していたときに形成されたようである。セッレムの裁判では、セッレム自身がガレー船サン・プラシド号とパトローナ号で働いていたと報告されている〔AIM Proc. Crim.: 26A, fol. 300v; Mallett *et al*. eds. 2022: 122-125〕。一方、彼の同僚であるチャセムも、セッレムの裁判と、彼が何度も糾弾された別の裁判の両方で、ガレー船サン・ルイージ号で働いていたと言及されている[20]。

---

19) この裁判のより広範な研究については、Mallett *et al*. eds.［2022］を参照のこと。
20)〔AIM Proc. Crim.: 26A, fol. 312r (Mallett *et al*. eds. 2022: 166-67); AIM Proc. Crim.: 25B, fol. 498v〕。ガレー船奴隷については、Agius［2013, 345-384］; Wettinger［2002: 398-474］を参照のこと。

また、これらのネットワークには、あらゆる社会階級の人々、すなわち、上層階級から下層階級までの様々な人が関わっていたことも明らかである。このことは、例えば、マッテオ・マグロのようなマルタの下層階級の人間や、奴隷自身だけでなく、騎士団の支配階級の最も高貴な人々も関与していたことを示すセッレム裁判において、特にはっきりと見て取れる。これらのネットワークの中心にいたムスリムが、様々な魔術に従事していたことも明らかである。これらの魔術は、比較的低俗な治癒魔術や恋愛魔術から、ジオマンシー、あるいは、伝えられるところによれば、悪魔を召喚したり、紛失・盗難物を見つけるために必要な魔術のような、ある程度の技術習得が求められるものまで様々である。

　重要なのは、ムスリムの奴隷が特定のキリスト教徒と協力して、このようなネットワークを構築し、築き上げたということである。というのも、マルタのキリスト教徒は、セッレムの魔術が詐欺であることを知っていたにもかかわらず、セッレムのために人々を勧誘していたという証拠もあるようだからだ。例えば、警備員のフランチェスコは、「セッレムは長い間（この場合は4年間）このような魔術をやっていなかったが、ジュゼッペのためだけにもう一度やるつもりだ」と述べるという、時代遅れの常套手段を使ったとされている［AIM Proc. Crim.: 26A, fol. 268v; Mallett et al. eds. 2022: 61, 252］。また、ガブリエレ・リスポロを説得するためにチャセムの魔術の有効性を主張したサン・ルイージ号のアルゴジーノも同じだったのかもしれない[21]。加えて、奴隷たちは、既存のネットワークに入り込むことで、こうしたネットワークの一員となっていたようである。これは、例えば、チャセムが家族や隣人とのネットワークを利用して顧客基盤を築いたという、チャセムに対する告発からも明らかである［AIM Proc. Crim.: 25D, fols. 498r-501v］。

　最後に強調しておきたいのは、上記の3つのネットワークはすべて互いにリンクしているということである。セッレムのネットワークには、チャセムとい

---

21)　［AIM Proc. Crim.: 25B, fols. 498v］。パウリーナ、ジョアンナ、マリオというマルタ人も、セッレムのために顧客を集めたという報告を併せて参照されたい。ただし、セッレムの魔術が詐欺だと知っていたかどうかは不明である［AIM Proc. Crim.: 26A, fols. 262r, 264r, 268r; Mallett et al. eds. 2022: 28-29, 38-39, 56-57］。

う別の奴隷が登場する。実際、裁判の最初のページを見ると、チャセムがセッレムとともに裁判にかけられることが示唆されているようだが、実際には実現しなかったとみられる。セッレムの裁判文書の証拠はチャセムに関する有用な情報を提供している。例えば、騎士ピエトロ・ラ・レはチャセムについて、「彼はサン・ルイージ号で働いており、バーバリ出身のムーア人である。おそらく 26 歳くらいで、背が低く、浅黒い肌で、小さな黒いひげを生やしている」と述べている。一方、セッレムはチャセムについて、「現在はサン・ルイージ号に乗っており、……背が低く、痩せていて、黒いひげを生やしており、おそらく 35 歳くらいで、フェズ出身である」と述べている［AIM Proc. Crim.: 26A, fol. 312r（Mallett *et al.* eds. 2022: 166-167）; fol. 317r（Mallett *et al.* eds. 2022: 190-191）］。一方、告発されたチャセムが起訴されたもう 1 つの裁判では、彼は 35 歳前後でサン・ルイージ号で働いていたと説明されている［AIM Proc. Crim. 25B, fols. 498v］。これほどまでに類似する 2 人の奴隷がいたとは考えにくいため、これらは同一人物を指していると考えるのが妥当だろう。同様に、セッレムのネットワークにもハリと呼ばれる 1 人の人物が含まれており、「背の低いジェルバ出身のムーア人で、名前はハリ、宮殿に仕えている」と記されている［AIM Proc. Crim.: 26A, fol. 299r; Mallett *et al.* eds. 2022: 116-117］。これは上述の項（1）で説明されているハリと非常に似ており、ハリは自らを「48 歳前後、ジェルバ出身、バレッタ市在住」と説明している[22]。それゆえ、今回のアーカイブズから見出されたネットワークは、これらをつなぎ合わせて、当時存在していたさらに広大なネットワークを構築するのに使うことができる[23]。

---

22)［AIM Proc. Crim.: 27, fol. 401r］。ハリは、のちの別の裁判記録にも登場しており、1605 年 9 月、ドメニカ・カッシアという女性の指輪を使って魔術を使ったと主張されている［AIM Proc. Crim.: 24A, fols. 172-186］。

23) 実際、当時のマルタの人口は非常に少なく、他の公文書館に現存する記録は極めて完全なものであるため、十分な時間と資金があれば、島々でのつながりについてもっと大きな全体像を描くことができるかもしれない。

3 ネットワークからの発見

(1) 奴隷の起源

前述のように、上記の3つのネットワークは、17世紀初頭のマルタのムスリム奴隷に関連する証拠のほんの一例にすぎない。それゆえ、奴隷に関するデータを含む他の文書に調査対象を拡大し、情報を収集することで、さらなる結論を導き出す

表1　奴隷の出身地の内訳

出身地	人数
パッサヴァ	5
ジェルバ	4
チュニス	3
カイロ	2
レバント	1
フェズ	1
トリポリ	1
ズアラ	1
モーリタニア[24]	1

ことができる。このことは特に、表1や図5にまとめているように、イスラーム圏内となっている奴隷の出自を見ると、よくわかる。

図5から明らかなように、奴隷の出身地は主に3つの地域に分類できる。1つ目は、当時はバーバリとして知られていた、大まかにはマグリブ地域の奴隷である。この地域は現在のモロッコ、アルジェリア、チュニジアからなり、マルタ諸島に最も近いイスラームの土地である。これは以前から研究者らが指摘してきたことであり［Wettinger 2002: 36-45］、想定の範囲内である。しかし、このマッピングによって浮き彫りになったのは、奴隷の出身地であるマグリブの特定の地域で、2つの顕著なクラスターが見出されたことである。1つ目のクラスターは、マルタに最も近いアフリカの地域、現在のチュニジアとリビア東部であり、その地域のジェルバ、チュニス、トリポリ、ズアラの町を起源とする奴隷である。一方、マグリブ内の2つ目のクラスターは、かなり西の、現在のモロッコやサヘル地域を起源とする奴隷たちである[25]。

特に興味深いのはもう1つのクラスターが、当時オスマン帝国の一部であったペロポネソス半島（現在のギリシア）周辺で生まれた奴隷で形成されている点である。この時代の奴隷の出自が判明している中で、最も集中していたのはこの地域、特にパッサヴァの町であり、そこから5人のムスリム奴隷が来たと報

---

24) これは現代の国家ではなく、当時の西アフリカ／北西アフリカ地域のいずれかの場所を指す総称だった。モーリタニアの位置が地図上のどこにあるのかが不明確なのはそのためであり、その位置はごく一般的な場所とみなすべきであろう。

25) 文書中の「モーリタニア」を現在のモーリタニアと混同してはならない。近世、ヨーロッパ人が使うこの言葉は北アフリカの広い地域を指し、その意味は「ムーア人の土地」であった。

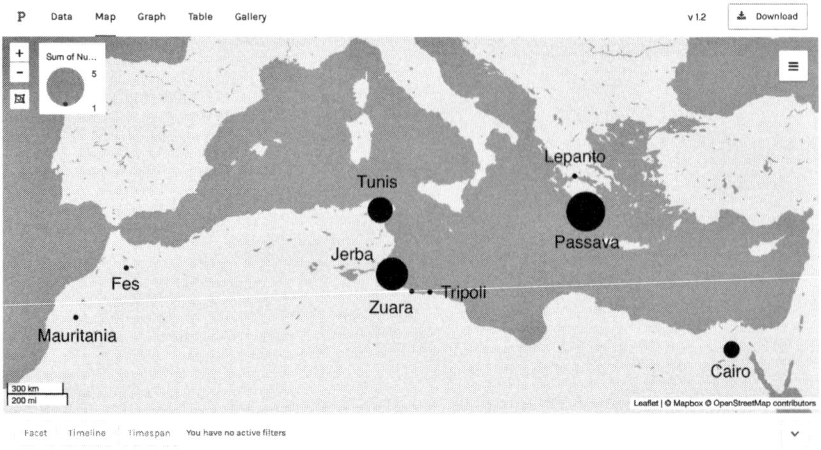

図5　異端審問文書に登場する奴隷の出身地

告されている。さらにもう1つは、半島北岸のレパントからであった。オスマン帝国からの奴隷がマルタにいたことは、以前から研究者らによって指摘されていたが、それらは一般的にレヴァントやエジプトからの奴隷であったと説明されている点に注意しなければならない。このため、近世初期に関する先行研究で広く確認されている地中海東部出身の奴隷とはかなり異なる。最後のクラスターは、東地中海、特にカイロを起源とする比較的少数の奴隷である[26]。奴隷が4つの主要な地域から来たことを示すこの情報に加えて、彼らの出自が海岸近くの土地から来た者と、もっと内陸から来た者とに二分される可能性があることも証拠が示している。これらの証拠では、ほとんどの場合、彼らが沿岸地域出身であることが詳述されている。内陸出身者は4人だけで、カイロ出身が2人、フェズ出身が1人、モーリタニア出身が1人である[27]。

---

26) これらのクラスターは、他の様々な裁判文書、特に背教に関する裁判文書に見られるように、人々が異端審問所に出向き、特定の個人について、その出自であるイスラームの地でどのような評判や信念があったかを述べることができた理由も説明している［Ciappara 2001: 223-260］。
27) これは、この時期の奴隷略奪活動がしばしば沿岸の町への奇襲という形をとっていたためである［Wettinger 2002: 26-32］。

(2) 奴隷のジェンダー

　この情報によって明らかになったもう 1 つの側面は、性別に関するものである。マルタにいた奴隷の大半は男性であったことはよく知られている。ゴッドフリー・ウェッティンガーによるマルタ諸島の奴隷制度に関する広範な概説によれば、どの時点においても 2000 人から 4000 人の奴隷がおり、そのうち女性はわずか 10％程度であった［Wettinger 2002: 493-495］[28]。しかし、手元の証拠からすると、出自が判明している 21 人の奴隷のうち 6 人が女性であり、これは男性 100 人に対して女性 28.5 人という計算になる。これは大きな差異であり、これまで考えられていたよりも多くの女性奴隷がマルタにはいた可能性が示唆される。

おわりに

　以上の節では、マルタの異端審問記録に見られるネットワークのごく一部と、デジタル人文学のツールによって明らかになったその他の情報について概説した。このような形で文書を読み解くことで、17 世紀初頭のマルタと地中海地域の生活の様々な側面についての理解を深めることが可能であることが証明された。しかし、その証拠に問題がないわけではない。例えば、資料の中で明らかにされているネットワークの根拠として想定されている魔術の問題を取り上げてみよう。これを額面通りに受け取れば、ムスリム奴隷と、広い意味でのキリスト教徒が交流する主な手段は、魔術の披露であったように思われる［Rider et al. 2024; Mallett et al. eds. 2022; Cassar 1996］。しかし、異端審問文書は、その性質上、このような活動が必然的に最前線に位置するような極めて偏った内容となっている。異端審問官は違法行為にしか興味がなかったため、違法行為（その中でもムスリムが関係する中心的なものは魔術であった）が文書中に極めて頻繁に登場する。したがって、他の合法的なネットワークはその中に存在しない[29]。この問題は、異端審問の歴史家らがこれまでも認めていることで、多くの場合、その解決策はないものの、記録そのものが本質的に偏っていることについては

---

28) ただし、これらの数字は不明確であり、包括的な数字を出すことが不可能であることについて、彼は認めている。

警告されてきた [Justice 1996]。それゆえ、これらのネットワークの基盤について結論を出そうとする場合は注意が必要である[30]。

　この資料のもう1つの制約は、これら1つ1つのネットワークをどれほど敷衍して解釈できるかという点である。図2から図4に明らかなように、それぞれのネットワークは、その中心にいる奴隷から1つ以上離れて構成されることはほとんどない。マルタのような島、特にヴァレッタのような国際的な港町では、ネットワークは間違いなくこれよりもはるかに広がっていただろう。しかし、それらを再構築する能力は、先ほども述べたように、異端審問文書という性質上、極めて限定的となっている。

　以上のような制約があるにもかかわらず、本章では、出版されていない膨大な量の手書き文書のコーパスに、デジタル人文学のツールを活用する可能性を示そうと試みた。一般的にその主な能力の1つは、手作業では不可能な膨大な資料を検索できることであり、それゆえに研究を効率化できる。Transkribusによる手書き文字認識のおかげで、膨大な量の文書をテキスト化し、極めて短時間で簡単に検索できるようになった。より具体的には、最初のセットアップ作業の後、異端審問の裁判記録の中にあるムスリムに関するすべての言及を、理解しやすく、またその中にあるネットワークを再構築するために分析的に有用な方法で、迅速に特定、抽出、整理することができた。また、本章の分析は、結果を提示するための視覚化ツールの有用性や、過去の疑問に対して新たな結論を導き出すのに役立つ方法も実証しており、近世のマルタに限らず、過去のソーシャルネットワークを研究している人なら誰でも応用できる方法でこれを行っている。将来的には、このような技術を用いて過去の社会についてより広範に研究することで、より大規模な社会ネットワークを再現できるようになる

---

29) 例えば、ウェッティンガーは、ムスリム奴隷がマルタで行うことを許された様々な仕事に言及している。その中には、理髪、靴作り、木彫り、水や食料品の販売などが含まれる。いずれも違法ではなかったため、裁判記録の中には、存在したはずのネットワークは含まれていない。Wettinger [2002: 212-214] も参照。

30) パットナムは、コネクテッド・ヒストリーの調査におけるデジタル・ヒストリーの活用に関する記事の中で、同様のことを警告しており、そこでは、このような新しい技術によって、かつてない規模で証拠を検索することが可能になる一方で、歴史家が新しい技術によってもたらされた機会を受け入れようと急ぐあまり、見失う危険性のある「影」も必然的に投げかけていることを強調している [Putnam 2016]。

とともに、少なくとも近世マルタのような小規模な社会では、社会のほぼ全体を網羅するネットワークの再構築が可能になることさえあることを強調しておきたい。

参考文献
AIM Proc.Crim., boxes 18-29, and 148-169.
Palladio: https://hdlab.stanford.edu/palladio/
Transkribus: https://www.transkribus.org/

石田友梨 2022「10段階で分かる Transkribus」イスラーム信頼学ウェブサイト、最終アクセス日 2024年9月22日。https://connectivity.aa-ken.jp/newsletter/588/
須永恵美子 2024「自動文字認識とテキスト化——Transkribus によるウルドゥー語の自動翻刻」須永恵美子・熊倉和歌子編『イスラーム・デジタル人文学』人文書院
Abulafia, David. 2011 "Mediterranean History," Bentley, Jerry H.(ed.), *The Oxford Handbook of World History*, Oxford: Oxford University Press.
Agius, Dionisius A.(ed.) 2013 *Georgio Scala and the Moorish Slaves: The Inquisition, Malta, 1598*, Sta Venera Malta: Midsea Books.
Agius, Dionisius A. 2013 "Slaves on Land and Sea," Agius, Dionisius A.(ed.), *Georgio Scala and the Moorish Slaves: The Inquisition, Malta, 1598*, Sta Venera Malta: Midsea Books.
Bethencourt, Francisco. 2009 *The Inquisition: A Global History, 1478-1834*, translated by Jean Birrell, Cambridge: Cambridge University Press.
Black, Christopher F. 2009 *The Italian Inquisition*, New Haven, CT: Yale University Press.
Bonnici, Alexander. 1991 *Storja ta' Inquisizzjoni ta' Malta*, vol. 1, Malta: Frangiskani Konventwali.
Borg, Monica. 2013 "The Case of Georgio Scala 1598: The Story of a Slave, a Notary, and a Palimpsest Translation," Agius, Dionisius A.(ed.), *Georgio Scala and the Moorish Slaves: The Inquisition, Malta, 1598*, Sta Venera Malta: Midsea Books.
Borgatti, Stephen P. and Daniel Halgin. 2011 "On Network Theory," *Organization Science* 22: 1168-81.
Cassar, Carmel. 1996 *Witchcraft, Sorcery and the Inquisition: A Study of Cultural Values in Early-Modern Malta*, Msida Malta: Mireva.
Chao, Anne S. 2017 "The Local in the Global: The Strength of Anhui Ties in Chen Duxiu's Early Social Networks, 1901-1925," *Twentieth-Century China* 42: 113-137.
Ciappara, Frans. 2001 *Society and the Inquisition in Early-Modern Malta*, San Gwann Malta: Publishers Enterprises Group.
Davidson, Nicholas S. 1988 "Rome and the Venetian Inquisition in the Sixteenth Century," *Journal of Ecclesiastical History* 39: 16-36.

―――. 2013 "The Inquisition." Bamji Alexandra, Geert H. Janssen, and Mary Laven (eds.), *The Ashgate Research Companion to the Counter-Reformation*, Farnham: Ashgate Publishing, 91-108.

García-Arenal, Mercedes and Gerard Wiegers. 2007 *A Man of Three Worlds: Samuel Pallache, a Moroccan Jew in Catholic and Protestant Europe*, translated by Martin Beagles, Baltimore: John Hopkins University Press.

Ghobrial, John-Paul. 2014 "The Secret Life of Elias of Babylon and the Uses of Global Microhistory," *Past and Present* 222: 51-93.

Ginzburg, Carlo. 1980 *The Cheese and the Worms*, translated by John and Anne C. Tedeschi, Baltimore: John Hopkins University Press.

―――. 1983 *The Night Battles*, translated by John and Anne C. Tedeschi, London: Routledge.

Greenleaf, Richard E. 1969 *The Mexican Inquisition of the Sixteenth Century*, Albuquerque.

Henningsen, G. 2004 *The Salazar Documents: Inquisitor Alonso de Salazar Frías and Others on the Basque Witch Persecution*, Leiden: Brill.

Hirschler, Konrad. 2005 "Social Contexts of Medieval Arabic Historical Writing: Court Scholars versus Ideal/Withdrawn Scholars – Ibn Wāsil and Abū Šāma," U. Vermeulen and J. Van Steenbergen (eds.), *Egypt and Syria in the Fatimid, Ayyubid and Mamluk Eras IV*, Leuven: Peeters Publishers.

Justice, Steven. 1996 "Inquisition, Justice, and Writing: A Case from Late-Medieval Norwich," Rita Copeland (ed.), *Criticism and Dissent in the Middle Ages*, Cambridge: Cambridge University Press.

Lemercier, Claire. 2015 "Formal Network Methods History: Why and How?" Georg Fertig (ed.), *Social Networks, Political Institutions, and Rural Societies*, Turnhout: Brepols.

Loomba, Ania. 2015 "Mediterranean Borderlands and the Global Early Modern," Barbara Fuchs and Emily Weissbourd (eds.), *Representing Imperial Rivalry in the Early Modern Mediterranean*, Toronto: University of Toronto Press.

Mallett, Alexander, Catherine Rider, and Dionisius A. Agius (eds.). 2022 *Magic in Malta: Sellem Bin al-Sheikh Mansur and the Roman Inquisition, 1605*, Leiden: Brill.

Messana, Maria Sofia. 2007 *Inquisitori, negromanti e streghe nella Sicilia moderna (1500-1782)*, Palermo: Sellerio editore.

Moore, Jill. 2019 *Inquisition and Its Organisation in Italy, 1250-1350*, Woodbridge: Boydell and Brewer.

Parmeggiani, Riccardo. 2018 *L'inquisizione a Firenze nell'età dei Dante: Politica, Società economia e cultura*, Bologna: Società editrice Il mulino.

Pullen, Brian. 2003 "The Trial of Giorgio Moreto before the Inquisition in Venice, 1589," Maureen Mulholland, Brian Pullan, and Anne Pullan (eds.), *Judicial Tribunals in England and Europe, 1200-1700*, Manchester: Manchester University Press.

Putnam, Lara. 2016 "The Transnational and the Text-Searchable: Digitized Sources and the Shadows they Cast," *The American Historical Review* 121: 377-402.

Rider, Catherine, Dionisius A. Agius, and Gabriel Farrugia. 2024 "Infirmities and Invisible Ink: Enslaved Muslims and Magic in Malta, c. 1598-c. 1608," *Mediterranean Historical Review* 39: 43-67.

Romein, C. Annemieke, *et al.* 2020. "State of the Field: Digital History," *History* 2020: 291-312.

Scott, J. 1988 "Trend Report: Social Network Analysis," *Sociology* 22: 109-127.

Siebenhüner, Kim. 2008 "Conversion, Mobility, and the Roman Inquisition in Italy around 1600," *Past and Present* 200: 5-35.

Di Simplicio, Oscar. 2009 "Giandomenico Fei, the Only Male Witch: A Tuscan or Italian Anomaly?" Alison Rowlands (ed.), *Witchcraft and Masculinities in Early Modern Europe*, Basingstoke: Palgrave MacMillan.

Trivellato, Francesca. 2011 "Is There a Future for Italian Microhistory in the Age of Global History?" *California Italian Studies* 2: no pages.

De Valeriola, Sébastien, Nicolas Ruffini-Ronzani, and Étienne Cuvelier. 2022 "Dealing with the Heterogeneity of Interpersonal Relationships in the Middle Ages: A Multi-Layer Network Approach," *Digital Medievalist* 15: 1-28.

Vella, Andrew P. 1964 *The Tribunal of the Inquisition on Malta*, Valletta: Royal University of Malta.

De Vivo, Filippo. 2010 "Prospect or Refuge? Microhistory, History on the Large Scale: A Response," *Cultural and Social History* 7: 387-397.

Vose, Robin. 2013 "Beyond Spain: Inquisition History in a Global Context," *History Compass* 11: 316-329.

Wettinger, Godfrey. 2002 *Slavery in the Islands of Malta and Gozo: ca 1000-1812*, Malta: Publishers Enterprises Group.

Wismayer, Joseph M. 1997 *The Fleet of the Order of St John, 1580-1798*, Sta Venera: Midsea Books.

Zemon Davis, Natalie. 2006 *Trickster Travels: A Sixteenth Century Muslim between Worlds*, New York: Hill and Wang.

第 III 部

知識伝達をめぐるコネクティビティ

第 **6** 章 | 15世紀マグリブのウラマーの
イスナードを可視化する
―― デジタル人文学によるファフラサ活用の試み

篠田知暁

はじめに

　ある歴史的空間で人気のあった歴史叙述のジャンルが、現代の歴史研究者にとって使いやすい史料群を構成するとは限らない。その一例として、前近代のマグリブ・アンダルス地域を中心に伝来する、ファフラサと呼ばれる伝記的ジャンルを挙げることができるだろう。本章の目的は、デジタル人文学の手法の応用により、ファフラサ文献を史料として活用する可能性を示すことにある。その題材として、16世紀初頭に現在のモロッコのフェズで没した法学者イブン・ガーズィーのファフラサを取り上げる。この作品に記録された大量のイスナードの可視化分析を行うことで、中世末のマグリブ地域のウラマーにとって探求すべき学知の正統性を保証する知的権威の所在の分布と、その変遷を明らかにする。なお、ファフラサ文献の作成は地域的にある程度限定されているが、大量のイスナードの集合体という性格を持ったジャンルは他にも存在しているので、他地域の研究者にも応用が可能であろう。

　以下の議論では、まずファフラサの一般的な特徴を説明し、次いでイブン・ガーズィーと彼のファフラサを歴史的に位置づける。そしてこのファフラサをもとにデータ作成の手順を示し、実際に可視化分析を行う。

1　史料としてのファフラサの長所と短所

　ファフラサは、ペルシア語を語源とする単語で、フィフリス、フィフリスト

ともいう。一般には「目次」「索引」「カタログ」などを指す。これらは、様々な校訂本の巻末でおなじみの用例であろう。特によく知られた例としては、イブン・ナディームによる10世紀末の有名な図書目録『フィフリスト』がある。

ただし、ここでいうファフラサは、アラブ・イスラームの文化伝統における伝記的作品の一ジャンルを指す。後で述べるように、このジャンルの作品は非常に多数存在するため、個々の作品には相応の多様性がある。しかし、多くの場合あるウラマーが学んだ師匠ごとに章立てがなされ、それぞれの師匠から学んだ事項が列挙される。この際に、これらの事項ごとに「○○は□□から学び、□□は△△から学び……」というイスナードが示されることが多い。アラブ文学史の専門家であるレイノルズによれば、タルジャマやバルナーマジュと呼ばれる作品も同様の構造を持つ。ただし用語の使用される時代・地域が異なっており、ファフラサは特にマグリブで用いられる [Reynolds ed. 2001: 38]。

このジャンルのウラマーにとっての重要性を示すのが、20世紀モロッコのウラマー、アブドゥルハイイ・カッターニー（1962年没）によって書かれた『大フィフリス』である [al-Kattānī 1982]。現在本文2巻、索引1巻という形で出版されているこの大部の作品において、カッターニーはファフラサに類する作品を563点、著した人物を662名挙げ、その概略を記している。『大フィフリス』はサバト、ムウジャム、マシュヤハ、ムサルサラと呼ばれる伝記作品も扱っているため、厳密にはファフラサと呼ばれる文献だけで以上の数字になるわけではない。とはいえ、アラビア語の歴史叙述の伝統において、このジャンルは非常に一般的なものだったといえるだろう。

いうまでもなく、ウラマーは西アジア地域の歴史研究に限らず、イスラームに関連する非常に広範な分野において注目される存在である。そのウラマーたちが重視してきた伝記史料なら、大いに活用されていてもよさそうなものだが、実際には必ずしもそうではない[1]。その理由はおそらく、史料自体の性質にある。ファフラサの中には、一般的な伝記集として扱えるものや、言及する師匠について詳細な紹介を加えているもの、我々が「伝記」といったときに想起するような出来事について詳しく述べているものも存在する。しかし多くの場合、

---

1) デ・ラ・プエンテは、アンダルスのクルアーン読誦学発展の歴史におけるファフラサ文献の有用性を指摘している [De la Puente 2011]。

これらの作品はイスナードの列挙によってあるウラマーの学知がどのように伝承されてきたのかを示し、その正統性の根拠とすることを目的としている。その情報の大半は、「誰が誰から何を学んだか」を示す名前の羅列である。ファフラサ単体では、言及されている人々がいつ頃どこで活動したかさえわからないことが多く、特定の人物間の師弟関係や、ある人物が特定の書物や分野の伝承に関わっていたことを示すくらいしかできない。もちろん、特定の人物に強い関心があり、あらゆる情報を集めたいのであれば、師匠や弟子のリストアップには使えるかもしれないが、記述に厚みを持たせるためには他史料の利用が必要となるだろう。

ただし、大量の定型的で簡潔な情報の集合体という特徴は、この種の文献に計量のしやすさも与えている。特に、史料に記録された情報を、ウラマーという「点」が学知の伝承という「線」で結びついたある種のネットワークとして再構成することで、ネットワーク分析の手法を適用することが可能になる。

2　イブン・ガーズィーのファフラサ

では、次に本章での題材となるファフラサについて、その著者と文献の特徴を簡潔に示そう。著者のムハンマド・ブン・アフマド・イブン・ガーズィーは1437/8年にメクネスに生まれた、ワッタース朝期を代表するウラマーの一人である。最初故郷の師匠たちから学んだ後、マグリブ地域における学問の中心であったフェズで諸学を修めた。その後メクネスに戻っていたが、ワッタース朝の統治者との対立からフェズに移住し、新フェズの大モスクやカラウィーイーン・モスクの説教師の職を歴任した。法学を中心にイスラーム諸学において多数の著作があるほか、故郷メクネスに関する歴史書を残した。また、タサウウフにも関心を持った。1513年フェズで没した。彼について一言で評するなら、当時のマグリブ地域における学知の正統性を体現する人物ということになろう。そのため、彼のファフラサを分析することで、15世紀後半のこの地域において正統的な学知とはなんであったか、少なくとも近似的に把握することが可能になると期待される。

彼の残したファフラサは『宿泊地と地下水の豊かな土地の人々が立ち去った

後、イスナードを記録することによる気晴らし』と名付けられている。ただし多くの場合、単に『イブン・ガーズィーのフィフリス』などと呼ばれており、本章もこれに倣って『フィフリス』と呼ぶ。校訂は2種類存在するが、いずれも校訂者はムハンマド・ザーヒーで、1979年カサブランカで、1984年チュニスで出版されている。本章では後者を利用してデータを作成した。

　執筆の経緯については、イブン・ガーズィーによる序文での記述に準拠して説明しておこう。発端は、1489年11月8日付で、トレムセンのアブー・ジャアファル・ブン・アリー・ブン・アフマド・ブン・ダーウード・バラウィーというウラマーが、イブン・ガーズィーにイジャーザを求める手紙を送ったことにある。これは特定の個人に対する特定の事項についてではなく、イブン・ガーズィーが教授を許可されたすべての事項について、当時のトレムセンの主要な法学者やバラウィーの親族に対してイジャーザを与えることを願う内容である。さらにその後バラウィー自身がイジャーザを特定のハディースで始めるように指定する第二の書簡を送り（1491年1月24日）、さらにバラウィーの父アブー・ハサン・アリーが第三の書簡を送った（同年4月18日）。また、トレムセンの名門ウラマー家系に属するアブー・アッバース・アフマド・ブン・ムハンマド・ブン・ムハンマド・イブン・マルズークが、日付は不明ながら同様の内容で第四の書簡を送った［Ibn Ghāzī 1984: 24-28］。つまり、トレムセンのウラマーがイジャーザ請求を行い[2]、これに応えるためイブン・ガーズィーが教授を許可されている事項をまとめたものが、『フィフリス』だということになる。実際1491年5月27日、『フィフリス』に記載されたすべての事項についてイジャーザを与えた旨が、その末尾に明記されている［Ibn Ghāzī 1984: 167］。

　ところで、ファフラサの中身は、著者が師匠たちから得たイスナードの羅列なのだから、他地域のウラマーたちが期待したのは、具体的な知識の教授ではなく、権威ある学統に連なることで、自らの学知の正統性を強化するためであると考えてよいだろう。では、トレムセンのウラマーたちが関心を持ったイス

---

[2] これは、近年太田（塚田）絵里奈が論じている、イスティドゥアー（祈願文によるイジャーザ請求）による名目的な師弟関係の構築と共通している［太田（塚田）2023］。ただしイブン・ガーズィーは、自身へのイジャーザ請求においても、後述する自身がサハーウィーに行ったイジャーザ請求においても、イスティドゥアーという用語は用いていない。

ナードは、どのような特徴を持っているのだろうか。ネットワークの可視化分析によって、この点を明らかにしたい。

3 『フィフリス』からデータを作成する

ここでは、『フィフリス』から可視化分析可能なデータを作成した手順を、紙幅の許す限りにおいて説明する。最初にこの作品の構造を確認しておこう。イブン・ガーズィーは、自身の直接の師匠として、16人の名前を挙げている[3]。そして彼らごとに項目を立て、学んだ事項を列挙している。ここでいう事項は、主に具体的な本や個別のハディースを指すが、中には詩の一節なども含まれている。ただしその記録は均一ではなく、個別の事項について詳しいイスナードを付しているのは5人だけである。それ以外については、学んだ本の名前を述べるにとどめていたり、「ハディースを学んだ」というように大雑把であったり、そもそも学んだ事項を特定していないこともある。

本章では、アラビア語の伝記史料に対して社会ネットワーク分析を行う。これは、分析の対象となる現象を、特定の種類のエンティティ（ノード）とそれらの結びつき（エッジ）からなるネットワーク型の構造として捉え、その性質を分析するものである。ここでは、ノードを『フィフリス』で言及されているウラマー、エッジをウラマーの師弟関係とする。作業の手順は、以下のようになる。

A）エッジの作成
　イスナードを分解し、表計算ソフトを利用して、誰が誰から何を学んだのか1行ごとに記入。

B）ノードの作成

---

[3]　ただし、時期は不明ながら、イブン・ガーズィーは『フィフリス』の執筆後、トレムセンのウラマー、ムハンマド・イブン・マルズーク・カフィーフ（1496年没）による、自身と息子ムハンマドへのイジャーザをもとに、補遺を作成している［Ibn Ghāzī 1984: 169-188］。これは上述のアフマド・ブン・ムハンマド・ブン・ムハンマド・イブン・マルズークの父親であると考えられ、お互いに相手の息子に対してイジャーザを送っていることになる。この補遺については、今回は分析の対象外とした。

エッジを構成するウラマーを特定し、ノード番号と属性を割り当て
　C）ソフトウェアによる分析
　　　使用するソフトウェアによって、データの形式は適宜調整

　すでに述べたように、師弟関係に関する記録の詳しさは師匠によって差があり、師弟関係の実態も、直接何年も講座に出席した場合もあれば、手紙によるイジャーザの授与の場合もあるが、ここではすべて同様のエッジとして扱う。エッジの総数は、2792件である。

　ノードと対応するウラマーの特定は、ファフラサからデータを作成するうえで、特に作業コストが大きい[4]。今回は、オンラインのデータベースサイトで全文検索を活用しながら特定を行った[5]。個別の文献も必要に応じて参照した。その結果760件のノードが得られ、そのうち646件について対応するウラマーを特定することができた。

　これらのノードに対して、没年を基準に時間を割り当てた。データが得られたのは588件である。生年が得られたのは439件（そのうち没年不詳5件）あったが、今回は使用しなかった。よって不明は167件である。これをもとに、ネットワークの通時的変化を可視化する。なお、時間はヒジュラ暦上の年を採用する。

　また、ある学知の空間内での伝達を可視化するため、ノードに場所を割り当てた。今回はウラマーの没した場所、生誕地、主要な活動地域の順で選定し、604件についてデータを得た。不明は156件である。これらの場所は広範な地域にわたって分布しているため、マグリブ、アンダルス、エジプト、シリア、イラク、イラン、アラビア半島、ホラーサーン、マー・ワラー・アン＝ナフルの9地域に分類し、地域間の結びつきを分析した。

4）　近年、機械学習によるイスナードの構成要素特定作業の自動化も試みられている［Muther *et al.* 2023］。しかし、本章の筆者には適用できなかった。
5）　利用した主要なデータベースサイトは以下の通り（2024年9月11日参照）。
　　https://tarajm.com/
　　https://shamela.ws/
　　https://www.islamweb.net/
　　https://www.eea.csic.es/pua/
　　サイトの選別では、アラビア語の原文が参照できるものを優先した。

このほか、マズハブについてもデータを採取したが、データなしが 61.24%となったため、本格的な分析での使用は断念した。

今回の作業では時間の制約があったため、データには改善の余地がある。また、ノードごとに 1 つの場所を割り当てる手法では、生涯にわたって多くの地域を移動したウラマーの活動を捉えきれず、方法論上も検討の余地はある。ただし、特定作業の時間的コストと期待できるデータの質の向上が見合うのか、そもそもどの程度特定できていれば十分なのか、という問題についても考える必要があるだろう。

4 ツールで地域間の結びつきを可視化する

(1) Palladio による予備的な調査

伝記史料を用いて地域間の結びつきの通時的変化を可視化した例としては、すでにロマノフの研究がある。ただしロマノフは、20 世紀初頭の大部の伝記史料から、採録されたウラマーごとに移動情報を収集し、計量処理をしている [Romanov 2017]。これに対して本章では、『フィフリス』におさめられたイスナードをもとに、地域間の結びつきを計量する。史料や研究手法の相違が結果にどのような影響を与えるか確認するため、歴史ネットワークの可視化分析用の簡便なクラウドツールである Palladio を用いて、予備的な調査を行った（図 1・図 2）[6]。

その結果から、次の指摘ができる。まず、ヒジュラ暦 6 世紀のグラフに関しては、『フィフリス』とロマノフのネットワークはおおむね同じ形をしており、マグリブ・アンダルスから中央アジアまで広く延びている。7 世紀以降も、ロマノフのグラフでは中央アジアで活動したウラマーが記録されており、さらにアナトリアやインドの重要性が高まっている。ところが、『フィフリス』のグラフでは、マー・ワラー・アン＝ナフルに割り当てられたウラマーは 7 世紀中にいなくなり、9 世紀から 10 世紀にはイラン・イラクの両地域からもいなくなる。また新しい地域の追加も見られない。このようにイラク以東でのネット

---

6) なお、ロマノフの研究では 8 世紀のグラフは示されていない。

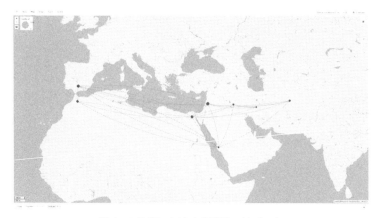

図 1 7 世紀における地域間の結びつき

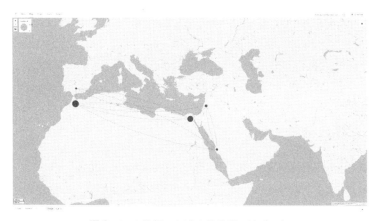

図 2 9-10 世紀における地域間の結びつき

ワークの縮小が顕著にみられ、マグリブ・アンダルスと結びつきのある地域は、エジプト、シリア、アラビア半島に限定される。

　もうひとつ観察されるのは、地中海地域西部ではアンダルスの重要性が減少する一方で、マグリブの重要性が増加し、東部では、エジプトとシリアの重要性が増加していることだ。上述の通りこの時期、イラクより東の地域のプレゼンスは低下しているので、マグリブとエジプト・シリアの結びつきが強まったと推測される。ロマノフの研究からは、これらの地域間での直接的な人の移動

が活発化したことは窺えないので、それ以外の形による結びつきが生じていることになる。ただし、Palladio ではノードの大きさ以外にグラフの形状を変化させられないため、どの地域間で結びつきが強まっていたのか可視化することは難しい。そこで、高性能なツールである Gephi を使用して、地域間の結びつきの変化を分析する。

(2) Gephi による地域間の結びつきの可視化

　Gephi はネットワーク分析と可視化用に開発された、フリーでオープンソースのソフトウェアである。Palladio に比べて、地図上に美しくネットワークを描写することは難しいが、ノードの属性によってアイコンの形状や色を変えたり、ノード間の結びつきの強度によってエッジの幅を変えたりということは容易にできる。

　今回は、様々な地域で活動するウラマーの結びつきの通時的な変化を見るため、ノードのアイコンの形状を地域によって変化させる[7]。そしてソフトウェアに実装されているレイアウト・アルゴリズムのひとつ Force Atlas2 を使い、ノード間のネットワーク上の距離（2 つのノードを結ぶ最短経路の長さ）が、画面上の距離に反映されるようにグラフを描画させる [Jacomy *et al.* 2014]。ここで、ノード間の距離は、対応するウラマー同士の時間や地理的な隔たりなどを反映していると仮定しよう。実際、2 人のウラマーの活動した地域が隔たっていればいるほど、両者が直接的な師弟関係を持つことは難しくなり、両者を介在するウラマーの数、つまり対応するノード間の距離は増加する傾向にあるはずである。そこで、もしある地域のノード群と別の地域のノード群の画面上で距離に変化が生じていれば、対応する 2 つの地域の結びつきに変化が生じている可能性があることになる。

　データを読み込む際の注意点としては、ノードのデータを読み込ませた後で、Timestamp の列に没年のデータを複写することで、Timeline 機能を使用できる

---

[7] グラフの可読性という点では、アイコンの色を変化させた方がよいのだが、今回は印刷の関係で図形と濃淡による区別という方法をとらざるを得なかった。以下のリンクから、色によって地域を区別したグラフのファイルをダウンロード可能である。https://doi.org/10.5281/zenodo.13823424

ようにした。また、ノードのサイズには、ネットワーク全体での学知の伝達における重要性を反映させるため、媒介中心性を選択した。

まず、すべてのノードを表示させたグラフを検討してみよう（図3）。なお、時間に関するデータの得られなかったノードは薄い丸の記号で示されている。このグラフでは、左側に位置するアラビア半島のノードから多数のエッジが、他のエッジとあまり接続することなく、右手に伸びていることに気が付く。これはムハンマドのノードであり、エッジはハディースの伝承経路を示している。そして右手に、『フィフリス』の著者であるイブン・ガーズィーのノードが位置している。全体としてはこの2つのノードを焦点とする、ややいびつな楕円形にノードが分布している。イブン・ガーズィーを中心とする円形にならないのは、おそらく、ハディースとハディース学のエッジによって、ネットワーク全体がムハンマドのノードにひきつけられているからだろう。

また、このグラフ内で最大の大きさを持つノードは、西暦11世紀後半のイスファハーンに生まれ、長くアレクサンドリアで活躍した伝承学者アブー・ターヒル・スィラフィー（1180年没）のものである［Zaman 1986a; 1986b］。このノードの周辺をよく見ると、イラクやイランのノードを、エジプトやシリアのノードに接続する役割を果たしていることがわかる。つまり、セルジューク朝期のイラン・イラク地域の学統をアイユーブ朝期以降のエジプト・シリアの学統と接続したことが、イブン・ガーズィーのネットワークにおいてスィラフィーに中心的な位置を与えていると解釈できよう。

では次に、Timeline機能を使用して通時的な変化を検討してみよう。ヒジュラ暦最初の400年間についてはグラフに描画されるノードはアラビア半島から中央アジアにかけての地域のものが中心である（図4）。マグリブ、エジプトやシリアのノードも散見されるが、比較的少数で周辺的な位置といえよう。またこの時期から、アラビア半島のマーリク・ブン・アナスのノードを介して、アンダルスのノード群がグラフの中央上部に出現する。

次いで、600年の状況を観察してみよう（図5）。グラフ上部のアンダルスのノード群は拡大を続け、ひとつのブロックを形成している。そして、それ以前から存在していたものも含めて、マグリブのノードと結びついている。ムラービト朝期におけるマグリブとアンダルスの政治的統合は、両地域の知的交流の

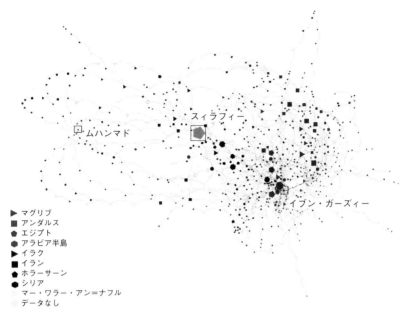

図3　イブン・ガーズィーのネットワーク全体

図4　ヒジュラ暦400年まで

第6章　15世紀マグリブのウラマーのイスナードを可視化する —— 143

活発化をもたらしたが、この傾向はムワッヒド朝下でも継続していたということになるだろう。またこの時期になると、エジプトやシリアのノードも増加を開始する。これは、筆者の専門とは外れるためはっきりしたことはわからないが、シーア派ファーティマ朝の消滅とその後のスンナ派アイユーブ朝の成立が影響しているのではないか。

　700年になると（図6）、アンダルス以上にマグリブのノード群の増加が顕著になり、イブン・ガーズィーのノードの位置に向かって広がっていく。エジプトやシリアのノードの増加も、同様に続いている。ただしこの時期には、マグリブのノードとの結びつきは多くない。そして、アラビア半島を除き他の地域のノードの増加は目立たなくなる。これは Palladio での調査の結果と一致しており、ネットワークの中央アジア方面での縮小が進んでいるのである。アラビア半島に関しては、どの時代にもノードの増加がみられるものの、その規模は小さい。これは、ヒジャーズ地方が時代を通じてムスリムの知的交流のハブという役割を担っていた一方で、巡礼を機にこの地方を訪れたウラマーの多くは、ある程度の滞在期間を経て帰国してしまうからではないか。ノードの地理情報は、ウラマーの出身地や没した土地を中心に決められていることを、再度確認しておく。

　800年になると（図7）、グラフの中央部でシリアとエジプトのノードの増加が顕著にみられ、マムルーク朝下での学術活動の活発化が明瞭に読み取れる。また、この時期にはまだマグリブ・アンダルスのノード群はひとつのブロックを形成しており、その中にエジプトのノードが点在する形になっている。8世紀には地中海地域の東部と西部の結びつきは強化されたが、基本的には先行する時期の傾向を引き継いでいるといえる。ここで再びすべてのノードが表示された最初のグラフに戻ると、マグリブのノード群とエジプト・シリアのノード群はほぼ一体化している。その一方で、アンダルスのノードの増加は比較的少なく、重要性も低くなっている。つまり、9世紀以降にマグリブのノード群のアンダルスのノード群からの分離と、マシュリク地域のノード群との一体化が生じたということだ。

　では、この変化はなぜ起きたのだろうか？　その原因として考えられるのは、イブン・ガーズィーがそもそもマシュリクのウラマーを経由するイスナードを

図5　600年まで

図6　700年まで

第6章　15世紀マグリブのウラマーのイスナードを可視化する —— 145

図7 800年まで

重点的に記録していることである。上述の通り彼は自身の師匠として16人の名前を挙げており、そのうちマグリブの師匠は13人、マシュリクの師匠は3人である。ところが、マグリブの師匠のうちイスナードを完全な形で記録しているのは、ニージー・スガイイル、ムハンマド・サッラージュの2人だけである。またワルヤーギリーとバーディスィーについても、イスナードの一部を紹介しているが、他の師匠たちについては、記録は極めて簡潔である。これに対してマシュリクの師匠では、西暦1475/6年にメクネスを訪れたアブドゥルカーディル・バクリー、そしてウスマーン・ディヤミーとサハーウィーのいずれも、完全なイスナードを記録している。特に後者の2人は、西暦1481/2年、有名なスーフィーであるアフマド・ザッルークを介したイジャーザ請求に応えて、大量の本やハディースに関するイジャーザを与えている。

では、不完全なイスナードしか記述されていないマグリブの師匠たちは、イブン・ガーズィーの学知の習得において重要ではなかったのだろうか？ おそらくそうではなかろう。その重要性は各人異なるにしても、ウラマーとしての

修業時代に彼がマドラサなどで学んだのは彼らである。これに対して、彼がマシュリクの師匠たちからイジャーザを得たのは、40歳近くになってからである。よって、実際の学知の習得とイジャーザによる権威あるイスナードの確保は乖離しており、ファフラサにおいて重視されたのは後者による権威の獲得であったと考えられる。

　中世末の地中海地域では、それまでマグリブにとって文化的先進地域であったアンダルスが衰退する一方で、マムルーク朝下のエジプト・シリア地域で学問が興隆していた。この状況を受けたマグリブのウラマーたちは、直接・間接を問わず、後者の地域のウラマーのイスナードに連なることで、自らの学知の正統性に対する裏付けを求めたのではないか。よってロマノフの結果との相違は、史料の地域性に起因しているといえるが、さらにいえば、『フィフリス』のネットワークは、15世紀マグリブ地域のウラマーにとって権威はどこにあったかをより端的に示しているから、ということになる。このネットワークを支えるコネクティビティは、外部に学知の正統性を保証する権威を求める当時のウラマーの心性を反映しているといえよう。

(3)　『治癒の書』のイスナードの可視化

　ここまでは、イブン・ガーズィーが『フィフリス』に記録した多数のイスナードから、著者の学知の正統性を保証する権威のネットワーク全体を再構成し、その変化を論じてきた。しかしこのアプローチは、ファフラサのポテンシャルを十分に生かしているとはいいがたい。なぜなら、「何を」学んだかに関する情報を生かせていないからだ。これをうまく活用すれば、特定の文献やジャンルに関する関心の所在やその偏りを可視化できるはずである。本章では、この可能性を十分に追究することはできなかったが、その試みの一例として、西暦1149年にマラケシュで没したセウタ出身のウラマー、カーディー・イヤードの『選ばれたお方の権利の認識による治癒の書』(以下『治癒の書』)を取り上げる。このムハンマドの伝記は、マグリブ地域のウラマーによる作品ながら、他地域のスンナ派ウラマーにもよく知られており、多数の注釈がある[8]。ここで

---

8)　『治癒の書』校訂者アブドゥは注釈書40点、要約9点、ハディースの抜粋4点と精選2点、翻訳2点を挙げている［ʿIyāḍ 2013: 15-24］。

は、『フィフリス』を利用して、『治癒の書』とその注釈書がどのような経路で伝達されてきたかを示す。

最初に『フィフリス』から、以下の3点の作品に関する64件のエッジを抽出した。

・イヤードの『治癒の書』50件
・ヒッリー（841年没）の『治癒の書注釈』8件[9]
・サハーウィー（902年没）の『治癒の書読了に関する覚醒の書』6件

これらの結びつきを可視化する際に、ノードの形状で地域を示すとともに、ラベルにウラマーの没年を設定した。その結果が図8である。

右手の544年没のノードがイヤード、中央左手の919年没のノードがイブン・ガーズィーである。注釈書も含めると、イブン・ガーズィーは7件のイスナードに連なっている。さらに591年没のノードから始まるイスナードを除くすべてがアラビア半島やマシュリク地域を経由しており[10]、この著作に対する他地域での関心の高さが示されている。

ところで、マグリブで活躍したイヤードの作品にもかかわらず、なぜマシュリクのウラマーによるイスナードが多いのだろうか。マグリブには、十分な知識のあるウラマーが少なかったのだろうか。おそらくそうではないだろう。むしろ、マグリブのウラマーの作品であっても、それに関する学知の正統性を保証するためには、マシュリクの高名なウラマーがイスナードに含まれている必要があったのではないか。

おわりに

ファフラサは、ある知識がいつ頃、どのような人や地域を介して伝えられてきたかということに関する、膨大な情報の集合体である。しかし、マグリブ・

---

9) おそらくヒッリーの *al-Muntaqā fī ḍabṭ alfāẓ al-Shifā* のこと。
10) このイスナードのうち、805年没のノードから続く2つのノードは、それぞれフェズの法学者ヤフヤー・サッラージュの息子と孫であり、マグリブのノードと考えてよい。

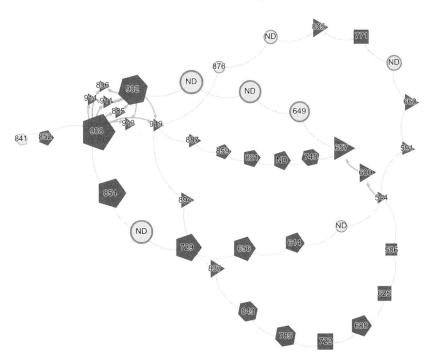

図8 『治癒の書』のネットワーク

アンダルス地域を中心に多数伝来しているにもかかわらず、従来の研究手法では活用が難しく、積極的に用いられてきたとはいいがたい。ネットワーク分析とその可視化分析により、ファフラサに含まれた情報を、比較的わかりやすい形で提示することができる。

ただし、現状ではデータ作成には、簡略化された名前から参照されているウラマーを特定し、属性を割り当てるため、ある程度の予備知識が必要である。さらにその精度を高めるためには、かなりの作業コストが伴う。また、長時間の作業を終えて分析してみるまで、なにか新しい事実を示すようなエビデンスが得られるかはわからない面がある。以上のことを踏まえて、ファフラサに限らず、ネットワーク分析の導入の是非を判断すべきだろう。

参考文献

Ibn Ghāzī, Muḥammad b. Aḥmad. 1984 *Fihris Ibn Ghāzī: al-Taʻallul bi-rusūm al-isnād baʻda intiqāl ahl al-Manzil wa-l-nād*, ed. Muḥammad Zāhī, Tūnus: Dār Būsalāma.

ʻIyāḍ, Abū al-Faḍl b. Mūsā al-Yaḥsubī. 2013 *Al-Shifā bi-taʻrīf ḥuqūq al-Muṣṭafā*, ed. ʻAbduh ʻAlī Kūshak, Dubay: Jāʼizat Dubay al-Dawliyya li-l-Qurʼān al-Karīm, Waḥdat al-Buḥūth wa-l-Dirāsāt.

Al-Kattānī, ʻAbd al-Ḥayy. 1982 *Fihris al-Fahāris wa-l-Athbāt wa-Muʻjam al-Maʻājim wa-l-Mashyakhāt wa-l-Musalsalāt*, Ed. Iḥsān ʻAbbās, 3 vols. Bayrūt: Dār al-Gharb al-Islāmī.

太田（塚田）絵里奈 2023「『イスティドゥアーによるイジャーザ』に基づく 15 世紀ウラマーの名目的関係構築」『西南アジア研究』97: 2-22

De la Puente, Cristina. 2011 "Studies on the Transmission of Qurʼanic Readings（*Qirāʼāt*）in Al-Andalus," *Asian Research Trends, New Series* 6: 51-63.

Jacomy, Mathieu, Tommaso Venturini, Sebastien Heymann, and Mathieu Bastian. 2014 "ForceAtlas2, a Continuous Graph Layout Algorithm for Handy Network Visualization Designed for the Gephi Software," *PloS One* 9（6）: e98679.

Muther, Ryan, David Smith, and Sarah Bowen Savant. 2023 "From Networks to Named Entities and Back Again: Exploring Classical Arabic Isnad Networks," *Journal of Historical Network Research* 8: 1-20.

Reynolds, Dwight F.（ed.）2001 *Interpreting the Self: Autobiography in the Arabic Literary Tradition*, Berkeley; Los Angeles; London: University of California Press.

Romanov, Maxim. 2017 "Algorithmic Analysis of Medieval Arabic Biographical Collections," *Speculum* 92（1）: 226-46.

Zaman, S. M. 1986a "Silafī's Biography: His Birth and Family Background," *Islamic Studies* 25（1）: 1-10.

―――. 1986b "Ḥāfiẓ Abū Ṭāhir al-Silafī（d. 576/1180）: Acquisition of Ḥadīth and Qirāʼāt in Isfahan," *Islamic Studies* 25（2）: 151-59.

第7章 中東、インド、東南アジアのウラマーによる法学の継承と現地化
——法学書『御助けくださる方の勝利』の系譜上にある間テキスト性をどうやって実証するか

塩崎悠輝

はじめに

イスラームの法学[1]は、1400年にわたりテキストの継承と発展を繰り返しながら現在に至っている。その過程は、師弟の間の学びによってつながってきた。学びの関係は、広い地域にまたがるネットワークを通して拡大してきた。ネットワークを拡大してきたのは、学びへの意欲であり、経済であり、様々の目的を持った人の移動であった。

本章の関心は、イスラーム法学の継承と変化である。イスラーム法学は、礼拝などの宗教的実践を含むムスリムの行為規範として、ムスリム社会に必要とされる。そのため、中東で8世紀には体系化が進められていた法学派[2]の知識体系は、アフリカ西部から中国やフィリピンに至るまでの地域で徐々に継承されていった。この継承を担ったのが、学びのネットワークである。

---

[1] 「イスラーム法学」（アラビア語で「フィクフ」）は、現代の日本の大学などで教育・研究される法学とは異なり、国家の強制力を伴う公法のことではない。イスラームの教えに基づく広範な行為規範の体系であり、礼拝などの宗教的実践に関する内容が多い。家族法や商法、刑法などに関する内容もあるが、国家の立法に取り入れられない限りは強制力を持たず、倫理・道徳的規範としてとらえた方が理解しやすい。

[2] 「法学派」（アラビア語で「マズハブ」）は、ムハンマドが没した7世紀を経て、イスラーム法学を理解しやすく参照しやすくするために形成されていった。7世紀にムハンマドによって、クルアーンとハディースというかたちでイスラームの教義が示されたが、それらは秩序だっていない膨大なテキスト群であり、そこから体系だった神学や法学のテキストを構築していく作業が後の時代まで続いている。とりわけ、スンナ派の四大法学派と呼ばれるシャーフィイー派、ハナフィー派、ハンバル派、マーリク派は、それぞれが師弟関係や教育機関、テキストの共有を通して地域を越えたネットワークを現在に至るまで構築し続けている。

印刷技術と通信技術が未発達であった近代以前は、知識体系の継承には、師弟が移動することが必須であった。すなわち、中東、アフリカや南アジア、中央アジア、東南アジア、中国などの各地で、学びを求めた移動が繰り返されてきた。移動は、地域内での移動もあり、また、地域を越えた移動、特に学びの中心地があった中東やインドへの他地域からの往来も見られた。

　移動と師弟関係は、地理的条件や人脈、その他の社会的諸要因に制約される。8世紀以来各地で徐々に形成された、イスラーム法学を学ぶためのネットワークは、各地域それぞれの傾向と特色を持つようになっていった。ネットワークの形成が、各地域にあった地理的・人的・社会的な諸要因に制約されたためである。

　中東で形成された四大法学派は、このネットワークを通して各地のムスリム社会に定着し、各地ごとに主流となる法学派が根づいていった。シャーフィイー派であれば、インドネシア、マレーシアなどの東南アジアやインド南西部、ダゲスタン、クルド人居住地域、イエメンなどで主流となった。

　法学派は、多岐にわたる行為規範を体系化して、各法学派で通説となっている学説（たとえば礼拝のやり方など）をまとめた法学書を普及させた。しかし、8世紀以来数世紀をかけて、各地に主流となる法学派と法学書が定着したとはいえ、それ以後まったく同じ内容の学説が継承されるだけになったというわけではない。法学派の内部でも時に同時代の法学者の間で議論が起き、とりわけそれまではなかった新しい事態や技術[3]については、既存の法学書に行為規範が記されていないため、活発な議論が起きた。そのため、イスラーム法学のネットワークで行われたのは、圧倒的大部分は知識体系の継承であったが、その過程で学説の追加や変化も起きた。

　本章の関心の対象は、その例として、17世紀と18世紀におけるシャーフィイー派のネットワーク拡大の中で起きた学説の追加や変化を検証することである。より具体的には、インド出身のザイヌッディーン・マフドゥーム2世

3）　たとえば、コーヒーやカンガルーといったそれまで知られていなかった食材、ラジオやインターネットといった新しい技術、議会制民主主義のような新しく考案された制度、ヒンドゥー教や仏教のようなそれまで知られていなかった宗教に遭遇した時など、必要に迫られてイスラーム法学の新しい学説が提示されてきた。

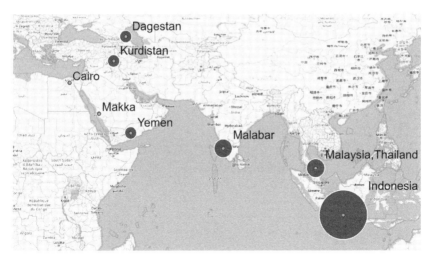

図1 シャーフィイー派の分布（QGIS3.34.10 で作成）

(Zayn al-Din al-Malibari、以下、ザイヌッディーン、1531-1583年）によるイスラーム法学書、『御助けくださる方の勝利』（*Fatḥ al-Muʿīn*）が東南アジアで広く読まれるようになっていった過程で起きた学説の追加や変化である。

ザイヌッディーンは現在のインドでは南西部のケーララ州にあたる地域、マラバール海岸地方の出身である。インドのムスリム社会では、主流の法学派はハナフィー派であるが、マラバール海岸地域ではシャーフィイー派が主流である。この地域は、メッカ、イエメンと東南アジアをつなぐインド洋を利用したシャーフィイー派のネットワークの中間地点でもある。インド洋を横断するネットワークはまた世界史上の重要な海洋交易路とも重なっており、この交易路を通ってシャーフィイー派のネットワークは東南アジアへと広がっていった。

ザイヌッディーンは、祖父であるザイヌッディーン・マフドゥーム 1 世（1467-1521 年）をはじめ、多くのイスラーム学者を輩出した一族の一員であった。彼らはマラバール海岸地域の交易都市を拠点とし、モスクやマドラサの管理者、教師として影響力を持った。同時に、彼らの一族はメッカやイエメンといった中東とのつながりを持ち、ザイヌッディーンも青年期の 10 年間、メッカで学んだ。その後は、インドにもどり、ポンナニの大モスクを拠点として活動した。

本章の主な関心であるザイヌッディーンの著書、『御助けくださる方の勝利』は、彼のマラバール海岸地域やメッカでの学びの蓄積をもとに、1574年に著された。イスラーム法学の著作、とりわけ諸々の行為規範の学説を集成した法学大全的な著作は、同じ法学派の先達たちによる学説がもとになっており、それらの学説に注釈や解説を加えたものが多い。『御助けくださる方の勝利』もまた、そのような法学大全的な著作の1つである[4]。なお、「御助けくださる方」とはこの場合、アッラーのことを意味している。シャーフィイー派の法学大全の伝統として、『〜の勝利』という、「〜」にアッラーを意味する別称（「唯一である方」「近くにおられる方」等）が入っているタイトルが多い。

1　問題の整理とこれまでの研究の限界

　ザイヌッディーンの『御助けくださる方の勝利』は、数あるシャーフィイー派の法学大全の1つであるが、インドネシアとマレーシアのような東南アジアのシャーフィイー派ネットワークにおいては、最も学ばれ、注釈がつけられた法学書の1つとなった。『御助けくださる方の勝利』のこれほどの普及と人気は、マラバール海岸地域以外だと、インドネシア、マレーシア、タイ南部などでしか見られない。シャーフィイー派が主流の地域でも、イエメンやダゲスタンなどでは見られないことである。このことは、シャーフィイー派のネットワークといっても、その中で多様性があり、地域ごとの傾向があることを示す一例である。

　本章の関心の1つは、第一に、なぜ『御助けくださる方の勝利』が、これほどまで東南アジアで受け入れられ、注釈や翻訳が重ねられてきたのか、ということである。東南アジアとマラバール海岸地域を結ぶネットワーク、そしてより重要なのは東南アジアとメッカのシャーフィイー派コミュニティを結ぶネットワークが背景にあると考えられる。それらのネットワークが、師弟関係などにおいて多人数が関わり、4世紀ほどの長期間にわたって持続するものであっ

---

[4]　『御助けくださる方の勝利』の章構成は以下のようになっている。1. 序言、2. 礼拝の章、3. 喜捨の章、4. 斎戒の章、5. 巡礼の章、6. 売買の章、7. 相続の章、8. 婚姻の章、9. 犯罪の章、10. 奴隷の章、11. 結言

たことが、『御助けくださる方の勝利』の東南アジアでの普及の主な理由であったと考えられる。そのようなネットワークがいかにして形成されたのかということが、本章の第一の関心である。

シャーフィイー派には、法学大全的な古典は、16世紀の『御助けくださる方の勝利』以前から数多く存在している。たとえば、ヤフヤー・アン＝ナワウィー（Yaḥyā al-Nawawī、1230-1277年）による『学徒たちの道』（*Minhāj al-Tālibīn*）は、13世紀の著作であるが、現在に至るまで、シャーフィイー派を含めたイスラーム法学を学ぶ者の間で非常に広く読まれている。数々の、いわばはるかに権威の高いシャーフィイー派イスラーム法学の先達たちの法学大全が存在しているにもかかわらず、なぜ東南アジアでは、『御助けくださる方の勝利』がこれほどまでに広く普及したのか。この一見、不可解な状況の原因を解明することも本章の第一の関心に含まれる。

本章の第二の関心として、『御助けくださる方の勝利』の東南アジアでの普及に際して、イスラーム法学上のどのような学説に変化が見られたか、あるいは追加があったのか、ということである。第一の関心が継承についての問いだとすれば、第二の関心は変化についての問いである。具体的には、東南アジア出身者が著した『御助けくださる方の勝利』への注釈書、もしくは『御助けくださる方の勝利』に影響を受けた注釈書で、16世紀までには見られなかった新しい学説が見られたか、ということである。

変化は、まず継承があった後に起こる。たとえば、中東やインドで『御助けくださる方の勝利』を教授された東南アジア出身者は、東南アジアにもどり、インドネシアやマレーシアのイスラーム学校において『御助けくださる方の勝利』を教授する。その際、生徒たちの理解を助けるために、注釈書を執筆する。注釈書は、マレー語などの現地語で著されることもあるが、アラビア語で著されることもある。そのような注釈書で、それまでは東南アジアでは見られなかった学説が紹介されるということがありうる。

法学書、とりわけ特定の法学派の枠組みの中で書かれた法学書であれば、先達の学説を継承していくのが基本である。あえて新しい学説を提示しようという試みは稀にしか見られない。特に宗教行為の基本的なやり方、たとえば礼拝のやり方などで、新しいやり方を提唱する学説が現れるということは、まず見

られない。『御助けくださる方の勝利』もその点は同様である。新しい学説が提示される場合、それは、先達が著した法学書では論じられていなかった新たな問題が出現したため、それについての回答や解決策として、新たな学説を提示する、という場合が多い。

　ザイヌッディーンが『御助けくださる方の勝利』で提示した新たな議論として、ヨーロッパ諸国による植民地化についての見解がある。ザイヌッディーンは、もう一つの法学書、『ジハードを戦う者たちへの贈り物』(Tuḥfa al-Mujāhidīn) の著者としても知られる。マラバール海岸地域では、1498 年のヴァスコ・ダ・ガマ来航以来、ポルトガル王国が派遣した軍隊による占領とそれに対する交戦が続いた。ザイヌッディーンが生きた 16 世紀を通して、マラバール海岸地域では戦闘が繰り返された。この長期の戦いでは、インドのカリカット王国およびグジャラート王国やエジプトのマムルーク朝といったムスリム勢力の連合が、ポルトガルやオランダといったキリスト教徒勢力およびコーチン王国のようなヒンドゥー教徒勢力の連合と戦う等、複雑な対立構図があった。17 世紀には、オランダなどのキリスト教徒勢力も加わって、マラバール海岸地方をめぐる攻防戦は続き、結局 18 世紀の英国による領有化で決着がつくことになった。

　ムスリム、キリスト教徒、ヒンドゥー教徒が入り混じっていたマラバール海岸地域をめぐる戦いにおいて、現地のイスラーム学者の間では、この戦いのジハードとしての正当性、同盟勢力、敵対勢力の位置づけが重要な法学上の議論の対象となっていた。

　マラバール海岸地域を支配するカリカット王国の君主はヒンドゥー教徒であったが、『ジハードを戦う者たちへの贈り物』は、それまでのシャーフィイー派の法学書の見解と異なり、このヒンドゥー教徒の君主が正当な統治者であり、ジハードの統率者であるという見解を示している［Kooria 2022: 249-250］。この見解は、『御助けくださる方の勝利』でも示されている。

　インドネシアではすでに 17 世紀前半から、各地でオランダ、英国、ポルトガルなどのヨーロッパ人キリスト教勢力が抗争しつつ版図を広げ、植民地化が進行しつつあった。インドネシアのシャーフィイー派法学者たちにとって、ヨーロッパから来たキリスト教勢力に対するジハードを提唱するのか否か、提唱しないのならばジハードを行わないことをいかにして正当化するのか、という

問題への回答が求められるようになっていった。その際、『御助けくださる方の勝利』のジハードに関する学説が参照されることが増えていった。このことは、19世紀には英国による植民地化が進行したマレーシアや、タイ王国の支配下に置かれていったタイ南部のムスリム社会でも同様であった。また、ヒンドゥー教徒や仏教徒、キリスト教徒といった他宗教の勢力との政治的関係についての議論でも『御助けくださる方の勝利』は参照された。

2　問いに答えるためには何が必要か？——デジタル的研究方法の可能性

　本章は、東南アジアのイスラーム学者たちによる16世紀から20世紀にかけての『御助けくださる方の勝利』の継承、そして、彼らが『御助けくださる方の勝利』に対して著した注釈書を研究対象としている。本章の1つ目の関心であるネットワークを通した継承、2つ目の関心である継承の過程で起きた変化、いずれにおいても、ザイヌッディーンのジハードに関する学説や異教徒による統治についての学説が反映されている。しかし、これらの継承と変化が起きた過程を明らかにするためには、非常に多くの要因の検証が必要であり、そのためにデジタル的研究方法が有用であると考えられる。その作業のためには本章の紙幅では足りず、検証もまだ過程にあるため、本章では、この検証に何が必要となるのかについて論じるにとどめたい。

　第一の問い、第二の問いに答えるために何が必要なのか。本節では必要なデータと、そのデータをいかにして分析しうるのかについて考察したい。

　本章の第一の関心である、『御助けくださる方の勝利』の継承の経路、特に東南アジアで際立って読まれ、教材として使われ、多くの注釈書が書かれた理由については、すでに先行研究が論じている。1つの理由として、『学徒たちの道』のような13世紀以前に著されたシャーフィイー派の法学大全では論じられていなかったような時代ごとの新しい問題や、中東以外の地域の置かれた状況を踏まえた学説が論じられたからではないか、ということが考えられる。他に考えられる理由として、先行研究では、『御助けくださる方の勝利』はシャーフィイー派の代表的古典『学徒たちの道』と同じくアラビア語の法学大全であるが、より短くまとめてあり、比較的読解が簡易であることから、非アラビ

ア語圏でイスラーム法学の教科書として用いられたということが指摘されている［Kooria 2022: 264］。また、ザイヌッディーンの師であったイブン・ハジャル・アル＝ハイタミー（Ibn Ḥajar al-Haytamī、1503-1566 年、カイロ出身）とその一族がアチェなどの東南アジア諸地域で先に広く受け入れられていた、ということも理由の1つであろう。とりわけ、イブン・ハジャルの著書、『必要とする者への贈り物──「学徒たちの道」への注釈』（*Tuhfā al-Muhtāj li Sharh al-Minhāj*）は、『御助けくださる方の勝利』と並んで、東南アジアのシャーフィイー派の間で最も多く読まれ、参照されてきた法学大全である。

　これら、第一の問いに答えようとした説明は、いずれも仮説の域を出るものではなく、立証されたというに足るほどの実証的根拠は示すことができていない。第二の問いについても、『御助けくださる方の勝利』への数々の注釈書（表1）のように、各地で『御助けくださる方の勝利』の影響を受けたテキストの存在は確認できるが、それだけでは4世紀もの期間を通して、『御助けくださる方の勝利』がインドネシアなどの東南アジア各地へ影響を及ぼしていった過程はわからない。

　ネットワークを通した知の継承についての実証的研究は、より多くのデータが収集できればできるほど、強い根拠を示すことができる。図2は、1904 年から 2023 年までのノーベル賞受賞者 736 人（物理学、化学、生理学・医学、経済学の4部門）の関係を分析した研究の一部である。点（ノード）は 736 人の4部門受賞者たちと、彼らと同じ指導教員に指導を受けた研究者たちである。彼らをつなぐ線（エッジ）は、指導教員とその学生の関係にあったことを示している。

　736 人の受賞者中、702 人は図2右側の円状のネットワークに属している。それ以外の受賞者 34 人は左側で孤立した位置にいる。このことは、702 人の受賞者が指導教員とその学生という関係のつながりによって、ネットワークを形成していることを示している。いいかえれば、ノーベル賞受賞者の指導を受けた学生は後にノーベル賞を受賞している可能性が非常に高い、ということを示している［Smith and Ryan 2024］。このネットワーク図は、ノーベル賞受賞者の間で、研究の近似性（研究方法、研究課題、用いられている理論やモデル、等々）が高いことをも、示唆している。

　『御助けくださる方の勝利』の注釈者たちや彼らと同じ師に指導を受けたシ

表1　現在入手可能な『御助けくださる方の勝利』への注釈書（出版された書籍）

著者名	出身地	書名
Ali al-Bashabrin（1887年没）	イエメン	Hashiya Fath al-Mu'in
Zainuddin al-Fannani（1888年没）	インドネシア	Syarah 'ala Fath al-Mu'in
Sayyid Abu Bakr Shata al-Dimyati（1890年没）	インドネシア	Hasiya I'ana al-Talibin 'ala Halli Alfaz Fath al-Muin
Nawawi al-Bantani（1897年没）	インドネシア	Nihaya al-Zain fi Irshad al-Mubtadin
Sayyid Alawi al-Saqqaf（1916年没）	マッカ	Tarsih al-Mustafidin Hashiya Fath al-Muin
Ali Masliyar al-Malibari（1922年没）	インド	Nazam Qurra al-'Ain li Matn Fath al-Muin
Ali al-Tanuri（1928年没）	インド	Tansyit al-Musali'in 'ala Hashiya Fath al-Muin

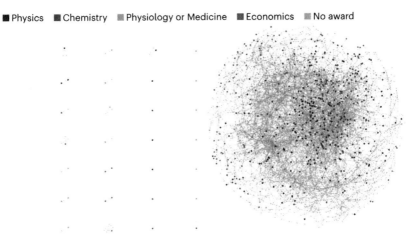

図2　ノーベル賞受賞者のネットワーク［Smith and Ryan 2024］

ャーフィイー派法学者たちについて、図2のようなネットワーク図を描くためには、どのようなデータが必要であろうか。400年にわたる『御助けくださる方の勝利』の継承と解釈、特に東南アジアへの影響について検証するためには、それに携わったイスラーム学者たちの間の関係を明らかにすることが有用であると考えられる。とりわけ、師弟関係のような法学の学説上の影響を受けやすい関係が連綿とつながっていることを明らかにするのは、学説の継承の経路、そしてその経路のどこで新たな解釈が現れたのかを知るために、前提となる情報を準備することにもなる。

図2のノーベル賞受賞者たちのネットワーク図は、ノードとなる研究者たちの指導教員が誰であったのか、というデータが全てそろっているがゆえに、作成可能である。ひるがえって、16世紀以降の『御助けくださる方の勝利』に関わったイスラーム法学者たちについては、あまりにもデータが不足している。

　前掲表1は、現在入手可能な『御助けくださる方の勝利』への注釈書である。これらに共通しているのは、19世紀後半から20世紀後半にかけてインドやインドネシア、エジプト、レバノンで出版された、ということである。近代印刷がムスリム社会に導入されてからは、それまでとは比較にならないほど、法学書の流通が増加した。それ以前、『御助けくださる方の勝利』が1574年に著されて以降、19世紀までに他にも多数の注釈書が執筆され、中にはその写本が流通したものもあったはずである。しかし、管見の限り、諸外国に保存されている古文書の中には、『御助けくださる方の勝利』自体の写本は存在するが、注釈書についてはその存在を確認できないでいる。

　つまり、16世紀以来、インドや中東、東南アジアのイスラーム法学者の間で、『御助けくださる方の勝利』が連綿と継承され、その学説が影響を及ぼしたことも確かであるが、17世紀と18世紀にミッシング・リンクがあり、担い手となった法学者たちの名前も判然としない、ということである。また、イスラーム法学の継承は、口頭による講義と暗記によってなされる部分が大きく、受講者たちによる講義録のノート、といった記録も稀である。

　ネットワーク図に加えるべき法学者の名前がわかったとしても、彼らの間の師弟関係を特定するためのデータが不足している。図2のノーベル賞受賞者たちのようなかたちで、イスラーム学者たちが大学に所属して特定の指導教員を持つという制度に組み込まれたのは、19世紀以降のことである。近代的大学制度がムスリム社会に導入される以前、東南アジアのイスラーム学者は、メッカ、カイロなどの学術的中心地へ移動して師について学んできた。図3のように、『御助けくださる方の勝利』への注釈者たちも、出身地は様々であるが、メッカやカイロ、あるいはイエメンのハドラマウト地方やマラバール海岸地域といったシャーフィイー派法学の中心地を遍歴しながら学んできた。彼らは大学のような機関に所属登録をしたわけではなく、そういった記録が残っているわけでもない。師が講義を行っていたモスクや自宅などで法学書をテキストと

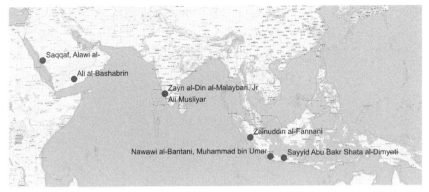

図3 『御助けくださる方の勝利』への注釈者たちの出身地（QGIS3.34.10で作成）

した講義を受けるのが典型的な学び方であった。

師弟関係のデータたりうる史資料として、修了免状（アラビア語で「イジャーザ」）がある。イジャーザは、イスラーム諸学の様々な分野について出されるが、特定の法学書をテキストとした講義を修了した際にも出されることがある。『御助けくださる方の勝利』の講義を修了したというイジャーザがあれば、『御助けくださる方の勝利』に関する継承と師弟関係のデータでありうる。しかしながら、近代以前のイジャーザはほとんどが個人に所有されるものであり、教育機関で保管や記録がされているという例は限られる。そのため、現在参照できる東南アジア出身者のイジャーザは、ほとんどが19世紀後半以降のものである。イジャーザをデータとして、図2のようなネットワーク図を『御助けくださる方の勝利』の注釈者、継承者について描くこともやはりデータの不足により困難である。

師弟関係の検証が困難である以上、『御助けくださる方の勝利』の継承と影響について検証する主要な研究方法としては、テキスト間の比較が考えられる。すなわち、『御助けくださる方の勝利』と、17世紀から20世紀にかけて著された注釈書、およびその他の法学書を比較することである。比較によって、『御助けくださる方の勝利』が、東南アジアなどのイスラーム法学者に与えた影響を推察することが可能である。もちろん、本章の関心を追究するうえで、テキスト間の関係の検証は不可欠である。そして、比較は人文学の主要な方法

の1つではあるが、しかし、テキスト間の比較に際しても、イスラーム法学のテキストについては、いくつかの課題がある。

　1つは、上記のように入手可能なテキストが限られており、近代出版より以前のテキストは写本であり、そのほとんどが古典的な法学書で、マイナーな注釈書などは入手できないか、存在自体が知られていないことが多い。

　もう1つは、前近代のイスラーム法学書では、引用の出典や参照を表記する習慣が十分には無かったことである。近代の欧米で定着した出典や参照した文献を明記するという学術上のルールは、20世紀になって近代大学制度とともにムスリム社会に導入された。デジタル人文学において、テキスト間の関係度を計測する主な指標の1つに、引用や参照表記の回数がある。ある論文が他の論文に引用、参照される回数が多いほど、それらの論文の間の関係度が大きい、という数値化が可能となる。しかしながら、前近代の法学書では、引用や参照の頻度によってテキスト間の関係性を測ることは困難である。テキストに引用や参照の明記が無いということではなく、ザイヌッディーンも『御助けくださる方の勝利』において、学説の典拠や自分が教えを受けた師として、多数の先達の名をあげている。しかし、参照元が逐一明記されているわけではない。

　さらにもう1つ付け加えるならば、『御助けくださる方の勝利』の学説が他に影響を与えるとしても、それが現れるのは『御助けくださる方の勝利』への注釈書のテキスト上だけではない。他の法学書、あるいは言説、特に教義に関する質問への回答（ファトワー）などにも現れる。その際に、『御助けくださる方の勝利』が参照元として明記されるとは限らない[5]。

　1890年、オランダ植民地当局に任命されたバタヴィア（現在のジャカルタ）のムフティー、サイイド・ウスマーン（Sayyid Usman、1822-1913年）は、1894年に出版された彼の著書『評議会と教義回答に携わる者のためのシャリーアの諸法』（*al-Qawānīn al-Syarīa li ahl al-Majālis wa Iftā*）において、『御助けくださる方の勝利』を典拠としながら、異教徒の統治者がムスリム社会の裁判官を任命することの正当性を主張している［Amiq 1998: 102-103］。

　サイイド・ウスマーンは、この議論の典拠として、『御助けくださる方の勝

5）　東南アジアのイスラーム法学者たちが中東や南アジアの学説から影響を受けてファトワーを出してきた歴史的変遷については、［塩崎 2016］を参照。

利』以外の多数の法学書を示しており、その中には、『御助けくださる方の勝利』への注釈書の1つ、ナワウィー・アル＝バンターニー（Nawawi al-Bantani、1813-1897年）の著作（Nihāya al-Zain）もあげられている。サイイド・ウスマーンの事例のように、ある法学書における主張が『御助けくださる方の勝利』に影響を受けたことは特定できても、その影響がどういう経路の継承によって及んだのか、容易には特定できない。そして、サイイド・ウスマーンは、『御助けくださる方の勝利』を含む多数の法学書からの影響の総合に基づいて、彼の主張を組み立てている。一般に、法学書というのは、先行して存在していた複数の法学書から影響を受けている。『御助けくださる方の勝利』からのみ影響を受けている法学書というものは無いといえる。

　以上のように、法学書の継承と影響を実証的に研究するためには、現状では方法上、多くの困難がある。知のネットワークの広がりとテキスト間の影響という、複雑かつ膨大な現象を検証するうえで、利用可能なデータと研究方法はあまりにも限られている。これは、イスラーム諸学についての歴史的研究にもいえることである。現状では、現代まで残存している入手可能なごく限られた数のテキストを読解し、個々のテキスト間で比較を行うしかないが、その際に恣意的な判断が入ることも多く、テキスト間の関係を立証するための十分に実証的な方法とはいえない。

　それゆえに、デジタル人文学の研究方法が発展を続け、実証的な研究方法が確立されていくことが期待される。イスラーム諸学であれ、その他の人文諸学であれ、知のネットワークは複雑かつ膨大であり、その検証には大きな制約がある。すなわち、テキスト間の関係を検証する際のデータの不足、何をデータとするか（データとしうるか）という問題、データ間の相関関係を立証する方法の不足である。デジタル人文学の歴史も緒についたばかりであるが、膨大なテキスト・データを対象としうるテキスト・マイニングの方法が発展するなどの成果により、人文諸学が実証的研究方法を持つことが望まれる。

おわりに

　本章では、ザイヌッディーンの『御助けくださる方の勝利』とその影響を受

けたテキストの事例を材料として、イスラーム法学の地域を越えたネットワークについて、どのようにして実証的な研究ができるのかを考察した。イスラーム法学のネットワークは、多岐にわたる学説を継承していく担い手であり、同時に、新たな学説が現れてその影響が広がっていく経路でもある。

　イスラーム法学のネットワークについて解明していくためには、法学者たち自身についてのデータ（師弟関係およびその記録であるイジャーザなど）およびデータとしてのテキストへのアクセスを可能な限り多く確保していくことが必要である。

　史資料の入手が比較的容易な近現代の欧米地域における知のネットワークについての研究と比べると、前近代のイスラーム諸学のネットワークについて研究することは、入手できるデータの数量が限られているという制約がある。人文諸学にありがちな問題であるが、イスラーム諸学を近代的な人文諸学の方法で研究する際にも、後世まで残っていた著名な学者、著名なテキストのみの研究に終始せざるをえないことが多い。しかし、現代ではアクセスできなくなってしまったイスラーム学者やテキストも存在していたのであり、むしろ失われてしまったデータが圧倒的に多い。したがって、全体から見れば圧倒的にごく少数の、歴史の表層に浮き出たような位置にある学者やテキストのみを断片的に解明する研究しかできないでいる。

　知のネットワークの全体像の中では、データが失われてしまっている学者やテキストもまた、知の継承や影響の拡散において様々な役割を果たしてきたのであり、彼らについてのデータを推定復元することなくしては、知のネットワークの歴史的な形成や地域を越えた展開の実態を把握することはできない。デジタル人文学の研究方法が発展することで、そのようなデータ上の制約が一定程度克服されていくことが期待される。

　イスラーム法学のネットワークについての研究は、イスラーム法学という常に動態的で、学者たちと多数のテキストが相互影響し続けることで現実社会への対応を続ける知の営みを、歴史的に把握することに貢献する。限られた学者たち、限られたテキストについての断片的な研究のみでは、イスラーム法学が静態的であるか、極めて固着したものであると誤認識しかねない。地域を横断して展開してきた法学のネットワークで起きてきた継承と知的変化を把握する

ことは、イスラームが各地の社会においていかにして機能するのかを深層から理解するうえでも、必須である。

参考文献

塩崎悠輝 2016『国家と対峙するイスラーム——マレーシアにおけるイスラーム法学の展開』作品社

Amiq. 1998 "Two Fatwās on Jihād against the Dutch Colonization in Indonesia: A Prosopographical Approach to the Study of Fatwā," *Studia Islamika* 5(3): 77-124.

Kooria, Mahmood. 2022 *Islamic Law in Circulation: Shafi'i Texts across the Indian Ocean and the Mediterranean*, Cambridge: Cambridge University Press.

Smith, Kerri., and Ryan, Chris. 2024 "How to Win a Nobel Prize: What Kind of Scientist Scoops Medals?" *Nature*, 2024 Oct 3. (doi: 10.1038/d41586-024-02897-2) Online ahead of print.

第8章 アラビア半島と東南アジアにおける知識伝達のコネクティビティ
―― ハドラマウト起源の学識者と血縁・地縁ネットワーク

新井和広

はじめに

　本章の目的は南アラビア・ハドラマウト地方の人びとの知識伝達関係のパターンを明らかにすることである。ムスリム社会におけるウラマー（学識者）の重要性は改めて説明する必要はないだろう。特に前近代において彼らは社会の秩序の維持、公正の実現、一般信徒への教育や信仰に関する疑問への回答、護教、さらには国家運営などの分野で大きな役割を果たしてきた。またハドラマウトをはじめ強力な王朝の影響力が届かなかった地域では法的な裁定に加えて有力者や部族間の争いの仲裁も行っていた。そのような学識者の権威の源は公正な人格、カリスマ性、地域の慣習に通じていること、さらには預言者や偉人につながる高貴な血統などさまざまであるが、最も重要なのは宗教諸学、特にイスラーム法に通じていることだろう。彼らが神の啓示から「発見」し、解釈により発展させてきたイスラーム法の諸規定、信徒からの質問に対して発せられた法的見解は、行政法をはじめとする世俗法や各地の慣習法など宗教法と直接関係しない規定の運用にも影響を与えてきた。イスラームの理念に合致した諸規定に従うことが地域、時代、民族、社会階層、生活様式を超えて人びとの間に信頼を生み出していたとも言える。
　さて、法学をはじめとする種々の学問を普及させ、さらに理論の精緻化や地域間の格差を埋めるためには教育が重要である。ムスリム社会では教育は師から弟子への知の伝達であるという意識が強い。そして学問を修めるためには正しい師につくことが重要である。学識者の移動についてよく言われるのは、知

を求めて各地を回り、さまざまな師に学ぶことでイスラーム世界全体の知の普及や学問の発展に寄与したという点である。イスラーム生誕の地である中東は社会の流動性が高く、これが学識者だけでなくさまざまな人びとが盛んに移動した理由であることも指摘されている。それは本章で注目するハドラマウト地方の人びと（以下、ハドラミー）も例外ではない。本章ではハドラミーの学識者の知の伝達パターンを伝記集から分析してみたい。まずはハドラミーの特徴である広域な移民と知の伝達の概要を振り返ったあと、1970年代末にインドネシアで出版されたアラビア語のマナーキブ（聖者伝／徳行録）である『結婚の冠』の中で記述されているデータをもとに彼らの師弟関係のパターンを分析する。そして血縁・地縁関係がハドラマウト内外での知の伝達、つまり師弟関係にどの程度影響を与えていたのかを明らかにしたい。

1　ハドラミーの移民と知識の伝達

アラビア半島南部に位置するハドラマウト地方は歴史的にはイエメンの一部と考えられてきたし、現在もイエメン共和国東部のハドラマウト県として知られている。しかしこの地域は文化的にも歴史的にもイエメンの中心、つまりシーア派の一派であるザイド派が政治権力を握ることが多かった西部の山岳地帯よりも、インド洋沿岸地域と深いつながりを持ってきた。それを示すのがインド洋沿岸各地に点在するハドラミー・コミュニティの存在である。山岳部イエメンやティハーマ（紅海沿岸の低地）出身者がインド洋沿岸地域、特にインド亜大陸以東でほとんど見られないのと対照的に、ハドラミーは東アフリカ、インド、東南アジア島嶼部の各地に移民し、現在でもそれらの地域では移民の子孫が暮らしている。ハドラマウトは住民のほぼ全員がスンナ派のムスリムで法学派はシャーフィイー派である。これはインド洋沿岸に居住するムスリムの大多数と同じである[1]。ハドラミー移民の最盛期は19世紀から20世紀前半にかけて、言い換えればヨーロッパ諸国によるインド洋沿岸地域の植民地化から第二

---

[1] インドの場合沿岸部はシャーフィイー派ムスリムが存在し、内陸部はハナフィー派が多い。また19世紀にオマーンのブーサイード朝の一部であった東アフリカにはイバード派のムスリムも存在する。

次世界大戦までの限られた期間であった。この時代のハドラミーはハドラマウトにおいても、域外の移民コミュニティにおいても大きな変化を経験していた［Boxberger 2002］。またハドラマウトにおける定期的な墓参でもジャワなどハドラマウトの外に住む多くの人物に対して神の恵みを求めるなど、人びとが想像する家系の地理的スケールが大きく拡大していた［新井 2024］。しかし18世紀以前にもハドラマウト起源の宗教者が各地で活動したことが知られているし、現在でも東南アジア島嶼部に住んでいるアラブ系住民のほとんどはハドラミー移民の子孫である。そしてその中の一定数は現在でも親類同士の交流、ハドラマウトへの留学などを通して祖先の祖国と何らかの関係を保っている。

　ハドラミー移民は基本的に経済移民であったが、それは彼らが宗教活動を軽視していたことを意味しない。ハドラミーが移住先で行っていたのは商業活動や不動産運用などだが、そういった人びとの中にもハドラマウトやメッカなどで宗教諸学を修めていた者がいた。宗教諸学の素養を身につけていた人びとは、移住後もホスト社会の宗教者（ハドラミーも含む）のもとで学んだり、一般信徒に教育を施したりした。つまりハドラミー以外の人びととも知の伝達を通じた関係が結ばれていた。ハドラミー同士は血縁・地縁と同時にイスラーム諸学の師弟関係で結ばれていた者も多かった。ハドラミーの中には学識者ではないにせよ宗教活動には熱心な者も多く、事業により財産を築いた人物がモスクや学校の建設、学識者への経済的援助を行うことでイスラーム的な知のインフラを整備することは珍しくなかった。

　このようにハドラマウトにおいても、移住先においても師弟関係や友人関係を通じて知の伝達が行われていたが、それはどのような形で記録されているのだろうか。ムスリムの師弟関係を最も明確に示すのはイジャーザ（免許／修了証書）である。これは師から弟子へ個人的に授与されるもので文書でも口頭でも授与は可能だが、歴史研究の場合はたとえ口頭によるイジャーザでもその旨が何らかの形で記録されているものを扱うことになる。またイジャーザはウラマーによる講義を聞いた一般信徒に与えられることもある。イジャーザについては太田（塚田）絵里奈が、実際に会ったことのない人物に対しても依頼によってイジャーザが授与され、名目的な関係が構築されたことを示している［太田（塚田）2024］。『結婚の冠』においても発行されたイジャーザがそのまま引

用されることもあるが、それは授与する側、受け取る側双方が有名な学識者の場合だけである。イジャーザの文面も詳細に分析すると興味深い事実が浮かび上がってくることは確かだが、それは今後の課題としたい。またイジャーザは国家が管理する正式な証書ではなく個人的な関係の中で授与されるものであるため全体を把握するのが極めて困難である。現在のところ、師弟関係に関してある程度系統的に記録されている情報源は学識者の伝記集である。

2　ハドラマウトにおける伝記集

　ハドラマウトにおける歴史記録は多くない。年代記にしても地誌にしても数は限られている。そのような中で一際存在感を持っているのが伝記集であり、その多くがマナーキブという形をとっている。これはスーフィーや聖者の人生を、人徳の高さや奇蹟に関する逸話も含める形で述べる伝記である。この形式の伝記は我々が考えるところの伝記や人名録、さらに歴史記録とは言い難い。しかし聖者をはじめとする宗教者に関する大量の伝記が残されていることは、ハドラマウトの人びと、少なくとも過去について書き残している人びとにとっての歴史は宗教者（その多くが学者、聖者、詩人でもある）の営為の積み重ねであると考えられていることを示唆している。

　ハドラミー関連の伝記集の概要は他稿にまとめてあるが［新井 2021］、宗教者や聖者、特にサイイド（預言者一族）を取り上げたものが多いことが特徴である。こういったハドラミーの宗教者を扱った伝記集ではイスラーム関連のインフラ整備や宗教活動に資金的に貢献した実業家・慈善家などは取り上げられることはあまりない。彼らが全く無視されているわけではないが、多くの場合はモスクの建設などに資金を提供した人物として名前が挙げられるだけである。だからと言ってハドラミーの実業家が実社会で軽んじられていたわけではない。あくまで伝記集の編集方針によって書籍中での記述が制限されているだけである。またそういった実業家に関しては家族や子孫が別の形で伝記を出版することもある。いずれにしてもここで出てくる問題は、宗教者を取り上げた伝記集がハドラミーを代表しているかどうかである。その答えは否定的にならざるを得ない。そもそもハドラマウトの歴史も伝記集も学問に通じ、文字の読み書き

ができる一部の人びとによって書き継がれてきた。そしてそういった人びとは血統においても偏りがある。多くの宗教者は預言者一族であるサイイド、預言者以外の偉人の子孫であるシャイフといった2つの集団出身で、特に前者による著作物が多く残されている。このような問題があるにせよ、伝記集の分析はハドラマウト内外のハドラミー・コミュニティの一側面を明らかにしてくれるだろう。

　もうひとつ特徴を挙げれば、彼らの移住先で執筆された著作も目立っている。17世紀までに活躍したサイイドの宗教者の伝記を多く集めた『渇きを癒す水場』はハドラマウトからメッカに移住したサイイドによって執筆された。後述の『結婚の冠』はインドネシアで執筆されたものだし、別の伝記集である『情報を明らかにする光』の著者はインドのアフマダーバードで生まれ、同地で死去したハドラミーである [al-Shillī 1901/2; al-ʿAydarūs 1934]。また20世紀初頭に出版された血統に関する書『真昼の太陽』の第2版（1984年出版）に人名録としても利用できる詳細な脚注を付けたのはインドネシア在住のハドラミー・サイイドである [al-Mashhūr 1984]。数としては少ないものの、これら4つの著作は数ある伝記文学の中でも現在まで参照文献として盛んに引用されている。またハドラマウトで執筆された著作であってもインド、スリランカ、東アフリカ、東南アジアで活躍した人物の伝記も収録されており、伝記集を見るだけでハドラマウトとインド洋の密接なつながりを知ることができる。

　ハドラミーに関する伝記集は現在まで書き続けられている。その多くは過去の文献に書かれている情報を取捨選択して編纂したものに新たな情報を足していく形式であるが、これはハドラマウトに限らずアラビア語文献ではよく見られる特徴である。またハドラマウトの人びとが多く移住したインドネシアやマレーシア、シンガポールにおいてもハドラマウト起源の学者や聖者の伝記が書かれているが、最近ではインドネシア語、マレー語、英語など現地で使用されている言語で書かれる著作も増えている。つまり伝記を書き残す文化は現在まで生き続けているのである。

　他の地域の伝記文学と同様に、ハドラマウトにおける伝記集には取り上げられた人物の名前、血統、出生地、出生年、死去した地、埋葬地、死去した年、著作、居住地、移住など本人に関する基本的な情報が書かれているが、それに

加えて師と弟子についても言及されている。イスラームに関する学問では知の伝達を重視するため、知のネットワークに当該人物を位置づけることは伝記記述の核のひとつであると言ってよい。逆に言えば伝記集に書かれている師弟関係を可視化すれば彼らのネットワークが浮かび上がってくるはずである。ハドラミーの知のネットワークに関してはウルリケ・フライタークやアンネ・バンなどの研究で言及されている［Freitag 2003; Bang 2003］。しかしそれは有名な学識者、フライタークの場合であればアフマド・ビン・アリー・ジュナイド、バンの場合はアフマド・ビン・スマイトを中心とする知のネットワークやタリーカの系譜である。本章では有名な学識者を核としつつもさまざまな人びとの複雑に絡み合った知の伝達関係を見てみたい。

3 『結婚の冠』——インドネシアで執筆された聖者・学識者の伝記集

(1) 概要と位置づけ

本章で分析の対象とするのは『ハビーブ・枢軸であるサーリフ・ビン・アブドゥッラー・アッタースの美徳に関する結婚の冠（以下、結婚の冠）』というタイトルの、アラビア語で書かれたマナーキブである［al-'Aṭṭās 1979; 2019］。この著作はタイトルの通りハドラマウト内陸部のアムド村にいた学識者・聖者のサーリフ・ビン・アブドゥッラー・アッタース（1862年没）の伝記である。しかしサーリフに加えて彼の一族、師、同時代人、弟子・孫弟子の伝記が章ごとに分けて記されており、実質的にはある時代のハドラマウトと移民コミュニティで活動していた学識者・聖者の伝記集である。しかし人名事典としての機能を持たせた著作ではないため、ある人物の伝記の中に別の人物に関する記述が現れるなど、著者の興味にしたがって主題が変化していく部分もある。このため実際に何名の伝記が含まれているのかを特定するのは難しい。著者のアリー・ビン・フサイン・アッタースは1891年にハドラマウトで生まれ、そこで宗教諸学を学ぶと同時にメッカでもさまざまな学者に師事した。最終的にアリーは29歳のときに東南アジアに移住し、1976年にジャカルタで死去した。インドネシアでは彼が住んでいた地区の名をとって「アリー・ブングル」というあだ名でも呼ばれている。この著作の記述の大半はハドラマウトに関するものだが、

執筆されたのがインドネシアということもありジャワをはじめ東南アジアに住んでいたハドラミーの宗教者の情報も多い。それに加えて著者はメッカにも数年滞在してさまざまな学識者に師事していたため同地の情報も含まれている。

　著者のアリーが生きていた時代は、ハドラマウトから東南アジアへの移民活動が劇的に変化した時代であった。まず、19世紀終わりから20世紀前半にかけてはハドラミーによるインド洋海域への移民が最盛期を迎えた時期である。しかし第二次世界大戦の勃発と日本による東南アジア占領によってハドラマウトと移民コミュニティの関係は一時的に絶たれることになる。大戦後はインド洋沿岸各地で国民国家が成立して外国人の移民や国外への送金が制限されたため、ハドラミーによるインド洋沿岸地域への移民は急速に衰退していく。そして1969年には南イエメンが社会主義国家となり、ハドラマウトと各地のハドラミー・コミュニティ間の人の移動が極めて困難になった。ハドラマウトが再び外部に門戸を開くのは1990年以降だが、それはアリーが死去してから10年以上後の話である。つまり著者アリー・アッタースはハドラミー・コミュニティの劇的な変化を目の当たりにしながら『結婚の冠』を執筆していたことになる。残念なことに『結婚の冠』は移民に関連する出来事そのものを主題にしているわけではないため、上記の政治的な出来事に関して系統的に言及されているわけではない。しかし激動の時代を生きたハドラミーの学識者たちの情報を含む貴重な著作なのは確かである。

　このように『結婚の冠』はハドラミーに注目しながら複数の地域で活動していた学識者の人生について記述しているが、各地のハドラミー・コミュニティ全体から見ると地域的な偏りも見られる。たとえばハドラミーが多く移民していた東アフリカやインドについてはほとんど触れられていない。これは著者が移住したのが東南アジアであるため、その他の地域についての直接的な情報は持っていなかったからだと考えられる。また東南アジアに関する記述も網羅的なものを目指していたわけではなく、ほとんどが自らが住んでいたジャワに関連するものである。もっともアッタース家の人びとにとって圧倒的に重要だった移住先は東南アジア、特にジャワであるため当該家系に関するかぎり情報が極端に欠落しているというわけでもない。上述の通り東南アジアで執筆された伝記は現地語や（旧）宗主国の言葉で書かれているものもあるが本書はアラビ

ア語で書かれ、そのためハドラマウトやヒジャーズで出版されているアラビア語文献でも広く引用されている。

(2) 本章における分析対象と記述の傾向

　本章で分析の対象としたのは『結婚の冠』第6章、サーリフ・ビン・アブドゥッラー・アッタースの弟子と孫弟子に関する部分である。全7章で構成されるこの著作のうちのひとつの章だけを分析の対象としたのには理由がある。まず分量だけで言えば第6章は著作全体の半分程度を占めており、言わば記述の中核をなしている。サーリフ・アッタースの伝記を最初に書いたのは彼の甥のムハンマド・ビン・アフマド・アッタースであり、『結婚の冠』はその著作をもとにしながら冗長な記述を削り、新たな情報を付加したものである。そのため第5章までの記述はムハンマド・アッタースの著作からの引用が多い。一方第6章は著者が直接見聞きした情報、特に東南アジアに関する情報が多く含まれている。またサーリフ・アッタースの弟子の中には著者アリーの師も多く含まれており、第6章の伝記の中では著者自身がその人物と交流した記述も頻繁に見られる。他の著作からの引用という点で言えば、サッカーフ家やシャーティリー家の人びとの伝記では、著者と同時代人のアブドゥッラー・ビン・ムハンマド・サッカーフの2つの著作、『ハドラマウトの詩人たちの歴史』と、別人物が書いた『アラウィー・サイイドの故郷への強いあこがれの旅』への注釈として書いた、同書に現れる人物の伝記から引用したものが多い［al-Saqqāf 1997/8; Bā Kathīr 1939/40］。これはアリー・ビン・フサイン・アッタース自身があまり多くの情報を持っていなかった部分を補完するためだと考えられるが、師弟関係については上記2つの著作の方が詳細に記述されている。

　『結婚の冠』中に現れる伝記に書かれている情報は、伝記の対象となる人物への賛辞、名前、生まれた地、埋葬された地、サーリフ・アッタースとの関係、他の師の名前、移動の遍歴、逸話、奇蹟譚などである。サイイドの伝記については名前の部分で有名な学識者や家系の名祖まで遡る血統が示されている。これは19世紀末にハドラマウトで編纂された、血統をまとめた書の筆写を著者が持っていたためである。そのためサイイドについては師弟関係だけではなく血統における関係を再構成することが可能である。知の伝達に関する部分では

まずサーリフとの関係が示される。興味深いのは直接サーリフに師事したわけではない人物も「（師）を通して間接的に……（bi-wāsiṭat...)」という表現でサーリフとのつながりを示す人物も見られることである。いわゆる孫弟子だが、孫弟子全てを列挙すれば膨大な数に上る。そのため特定の人物だけをこのような形で収録したものと考えられるが正確な理由は未解明である。その後、他の師についても言及されるが、名前が列挙されるわけではなく各人の移動、つまり生地からハドラマウト内の他の村や町への移動、ヒジャーズ訪問、東南アジア訪問や移住などに関する記述に合わせて各場所で師事した人物の名前が挙げられる。師弟関係を表す表現もさまざまで、デジタル化したテキストがあっても自動で師弟関係を抜き出すのは困難であろう。

　また各伝記の中では師については名前が言及されているものの、同時代人で知識を交換した人物や弟子についてはほとんど何も書かれていない。時たま挿入される逸話の中で友人や弟子に言及されることがある程度である。生年については多くの場合示されておらず、没年についても示されていない者も多い。逸話や奇蹟譚の中では友人関係や在地の権力、特にハドラマウト内陸部を統治していたカスィーリー王国スルタンとの関わりが書かれていることもある。

　学識者や聖者の宗教活動以外の活動についても言及されることはあるが、それらの記述には具体性がない。たとえば伝記が書かれている人物が商業活動を行っていた場合はその旨が記されているが、「商業活動を行っていた」「商業活動の理由から」などと記述されているだけで、何を商っていたのかについてはわからない。また各人が東南アジアで関わった人びとに関しては、ハドラミー以外は具体的に言及することはほとんどない。在地の有力者や社会の上層に位置する人びとと、さらにはオランダ人警官から一目置かれていたり尊敬を受けていたと書かれていても名前などはほとんど示されない。東南アジアで多くいたであろうハドラミー以外の弟子や学識者についても同様である。

（3）　分析手順

　本章で行う分析の手順としては、まず記述の中に現れる人物に固有のタグを振り、彼らの名前、家系、出生地、埋葬地、没年、生前訪れたことがある場所、師弟関係や知識の伝達に関するデータを表にまとめた。上記の通りサーリフ・

図1　ハドラマウト内陸部の区分
出典：Google Map を基に著者が加工。

アッタースから間接的に学んだという関係についてはデータとして入力したものの、サーリフから直接学んだわけではないので分析対象からは除外した。また学識者のためにモスク建設資金を提供したりその仲介を行ったという関係についても入力はしたものの、知識の伝達とは言えないためやはり分析には含めなかった。

　『結婚の冠』第6章中に記述されている知識の伝達が主に起こったのはハドラマウト、ヒジャーズ（メッカ）、東南アジアの3地域である。そのうちハドラマウト内陸部での知識伝達が大部分を占めるが、本章ではその内陸部ワーディーを3つに区分し、知識伝達に関わった人びとの出身家系を成員の主な居住地に従って3つのうちのどれかに分類した。内陸部の区分は図1の通りである。

　まず西部は内陸部を流れるワーディーの上流側にあたり、ワーディー・ハドラマウトの支流であるワーディー・アムド、ワーディー・ダウアンと、マシュハド、サドバ、ハウラなどの村からなる場所である。そして中部は西のカトゥンから始まりシバーム、ハウタ、グルファ、タリースなどの村を通りながら東に進み、内陸部最大の都市であるサイウーンに至るまでの場所である。そして

東部はサイウーンからさらに東に進み、ブール、ターリバ、そして学問と文芸活動の中心地タリームを通りイーナートやカサムに至る場所である。カサムより東にも小規模な集落や村が存在するが、イスラーム以前の預言者フードの廟を除いては史料でもあまり言及はされていない。

　3つの区分の中でアッタース家の人びとが住んでいるのは西部であり、その中心はワーディー・アムドの町フライダである。逆に言えば内陸部ワーディーの政治・経済の中心であるサイウーン（中部）や学問の中心であるタリーム（東部）にアッタース家の人びとはほとんど住んでいない。西部はアッタース家の他にもミフダール家、ハッダード家、バール家、アムーディー家、バー・スーダーン家など学識者の家系が見られる。中部を代表する家系はハブシー家、サッカーフ家、ジュフリー家であり、東部は学問の中心が存在するだけあってアイダルース家、ビン・シハーブ家、ビン・ヤフヤー家、カーフ家、バルファキーフ家、アイディード家、シャイフ・アブー・バクル・ビン・サーリム家、ハティーブ家、バー・ファドル家など学識者の家系が多い。ハッダード家、カーフ家は西部と東部双方に中心地があり、ハブシー家も西部に有名な聖者の廟があるため子孫が住んでいる。『結婚の冠』第6章に現れるハドラミーの家系はこれらの地域区分に従って分類し、知識伝達の傾向を師や弟子の数やそれぞれの家系の本拠地から分析し、さらに Gephi を使用して個人間の関係性を可視化した。

4　知識伝達に関わった人物の傾向

(1)　師や弟子の家系の傾向

　分析の対象となる第6章中で知識の伝達に関する関係を抽出したところ、総数は1096件で、場所別で見るとハドラマウトが最も多く753件、次はヒジャーズの217件、東南アジアの99件と続く。そのほかはイエメンの8件、エジプトの8件、インドの2件などである。また書簡のやりとりや遠方からイジャーザを受け取るという関係もあるが、こちらは当然のことながら関係を結んだ場所の特定はできない。イエメンにおける知識の伝達は山岳地ではなく紅海沿岸の低地、ティハーマ地方における学問の中心都市ザビードで行われた。上述

の通りここは山岳地イエメンとは異なりスンナ派・シャーフィイー法学派が主流の地域である。興味深いのはメッカに向かう船で知識の伝達を行ったという記述が1件あることだが [al-'Aṭṭās 2019: 2: 470]、船上に学識者が乗り合わせた場合には知識の伝達や交換が行われることは珍しくなかったのであろう。

　第6章中において知識の伝達に関わった人物は410人である。そのうち家系で見ると最も多いのはアッタース家の116人で、2番目のサッカーフ家の32人とは大きな差がある。このことからも『結婚の冠』がアッタース家に焦点を当てた著作であることが分かる。次に多いのがハブシー家の20人で、その後はハッダード家の16人、ジュフリー家の10人、ミフダール家の9人、アフダル家、アイダルース家、バール家（いずれも8人）と続く。ここに挙げた家系はアフダル家を除き全てハドラミー・サイイドで、アフダル家もイエメンのザビード在住のサイイドである。実際、410人のうちハドラミー・サイイドは289人、そうでない者は121人とサイイドの存在が大きい。ハドラミー・サイイドでない者の多くはハドラマウト在住の非サイイドの学識者の家系（通常「シャイフ」という尊称が付く）であるが、上述のアフダル家やエジプトのシャター家、またメッカの学識者アフマド・ビン・ザイニー・ダフラーンなど他地域に住むサイイドも見られる。このように現れる人物は大多数がサイイド、つまり預言者一族である。しかし純粋に人数は無視して現れる家系名の数だけで見るとハドラミー・サイイドの家系は38、そうでない家系は78と数が逆転する。アッタース家の人びとの主要な居住地である内陸部の西部は非サイイドの学識者が多く住んでいる場所であるため、サイイド以外の人びとの知識の交換も活発に行われていたものと思われる。

　第6章に現れる人物の中にサイイドが多いとしても、サイイド内の家系ごとの人数の内訳には注意が必要である。たとえばアイダルース家はハドラマウトにおいてもインド洋沿岸のハドラミー・コミュニティにおいても規模や知名度においてはサッカーフ家やアッタース家に匹敵するが、上記の通り『結婚の冠』内のプレゼンスはそれを反映していない。この著作は人名録を目指して書かれたわけではないため内容の偏りが出るのは当然だが、同時に域内の有力家系であっても師事する人物の選定にあたっては何らかの偏りがあったことが分かるのが興味深い。

(2) ハドラマウト内の学識者の師弟関係——血縁・地縁による「偏り」

　第6章の中で師として最も多く言及されるのはサーリフ・アッタースの105回だが、これはサーリフの弟子に関する章のデータなので当然である。2番目に多いのが19世紀終わりから20世紀はじめにかけてフライダでアッタース家のマンサブ（家長）をしていたアフマド・ビン・ハサン・アッタースの56回である。次がフライダの学識者でサーリフ・アッタースと同世代であったアブー・バクル・ビン・アブドゥッラー・アッタースの45回であり、当然ではあるがアッタース家の存在感が際立っている。

　サーリフの弟子、知識を交換した友人、書簡のやりとりをした人物として言及されるのは105人で、そのうち43人がアッタース家の人物である。次に人数が多いバー・フサイン家の人数は5人なのでアッタース家が圧倒的に多いことが分かる。上述のサッカーフ家（3人）やアイダルース家（2人）も人数は少ないが、ハーミド家（4人）、アブー・バクル・ビン・サーリム家（4人）、ハブシー家（3人）、ハッダード家（3人）、アムーディー家（3人）などサーリフ以外の人物と関係があった人物が多い家系もサーリフの弟子は多くない。弟子を地域区分別に見るとサーリフと同じ西部からは84人、中部と東部からはそれぞれ7人ずつ、ほかはメッカの学識者との書簡のやりとりやハドラマウト沿岸部の人びとということで、サーリフ自身はよく知られている学識者であるが、弟子を見るとアッタース家や西部の家系の人びとが圧倒的に多い。この理由のひとつはサーリフの居住地であったアムド村はワーディー・アムドの上流にあり、中部や東部からのアクセスが難しいことにもあるだろう。もうひとつの可能性は『結婚の冠』がアッタース家の人物による、アッタース家の学識者のマナーキブであり、著者アリーがアクセスできた情報が西部のものに偏っていたことである。

　さて、これらの関係をGephiを用いて描画すると図2のようになる[2]。

　知識伝達に関わった人物の数も結ばれた関係の数も多いため、これだけでは全体の傾向をつかむことは困難である。そこで図の中に現れる人物を所属する

---

[2]　図において、他とは切り離されている関係2つは除外した。

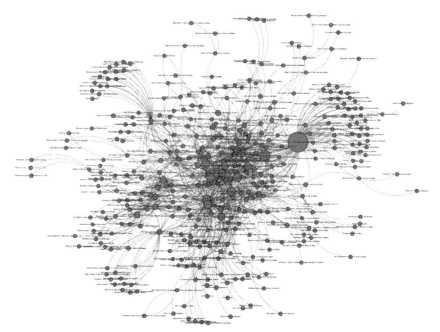

図2 『結婚の冠』第6章中の知識の伝達関係

家系の人びとの主な居住地、つまり家系の中心地ごとに西部、中部、東部に分け、さらに知識伝達の場所をハドラマウトに絞って表示させたのが図3である。

　Gephi の場合はノード（人物）の属性を色分けして示すことが一般的だがここでは西部の人びと（アッタース家ほか）を丸、中部の人びと（サッカーフ家、ハブシー家ほか）を四角形、東部の人びと（シャーティリー家、アイダルース家、ハティーブ家ほか）を五角形、メッカを背景とする人びとを六角形、その他の人びとを三角形で表示した。これを見ると内陸部の3区分を越えて結ばれるつながりも見られるが、ハドラマウト西部を拠点とする家系、中部を拠点とする家系、東部を拠点とする家系同士でのつながりが強いように見える。それではそれは数字の上で確認できるだろうか。

　表1はハドラマウト内陸部の西部、中部、東部出身の弟子が師事する師の延べ人数を表にしたものである。ハドラマウト内での知の伝達関係が書かれているのは全部で753件ある。それぞれの地域区分での師や弟子の総数には大きな

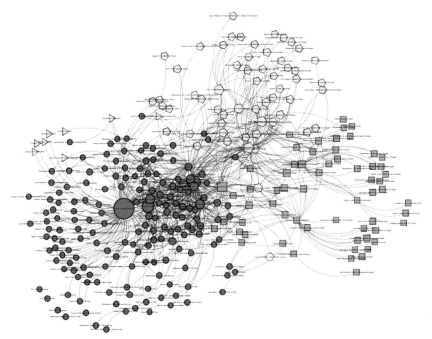

図3 ハドラマウト内における知識の伝達関係

表1 ハドラマウトにおける弟子が師事する師の延べ人数（単位：人）

	師：西部	師：中部	師：東部	師：それ以外
弟子：西部	428	32	36	6
弟子：中部	37	51	19	1
弟子：東部	35	27	70	1
弟子：それ以外	9	0	1	0

違いがあり、やはり西部の人数が突出しているが、西部の弟子が最も多く師事するのは西部の人物であるし、それは中部、東部でも同様である。つまりハドラマウト内陸部という比較的小さな地域であっても師弟関係が結ばれるのは近い場所に住む者同士、別の言い方をすれば地縁で結ばれた者同士であることがわかる。このように、ハドラマウトでは家系の活動範囲によって師弟関係のあり方も異なっている。

(3) ヒジャーズの状況

それではそういったハドラミーの師弟関係は域外においても同様の傾向を示すのだろうか。ここではヒジャーズと東南アジアについて検討してみたい。まずヒジャーズであるが、『結婚の冠』第6章で記述されている知識の伝達を通した関係は217件である。そのうち214件はメッカにおける知識伝達で、残りはメディナとジッダなので、以後メッカとして議論する。

メッカにおいて師として現れる人物は72人である。ここでハドラミーが師事するのは特定の人物に偏っている。多くの伝記で挙げられているのは以下の5名である（カッコ内は弟子として書かれている人数）。

(1) アフマド・ザイニー・ダフラーン（30人）
(2) ムハンマド・ビン・サイード・バー・ブサイル（30人）
(3) フサイン・ビン・ムハンマド・ハブシー（21人）
(4) ウマル・ビン・アブー・バクル・バー・ジュナイド（21人）
(5) アブー・バクル（バクリー）・ビン・ムハンマド・シャター（9人）

上記5人はいずれもシャーフィイー派のムフティーや法学者である。そして(2)から(4)の3人はハドラミーであり、バー・ブサイル家とバー・ジュナイド家は西部のワーディー・ダウアンに、ハブシー家は中部に住んでいる家系である。5人のうち(1)から(4)ほど頻繁には登場しないが、やはり複数のハドラミーがメッカで師事したのがアブー・バクル（バクリー）・シャターであり、彼はエジプトのダミエッタ起源の学識者である。移住や留学は新たな師との出会いを意味するし、メッカにはイスラーム世界中からさまざまな宗派・法学派の学者が集まってくるためか、師として言及される人物の数も多い。しかしハドラミーの例を見ても法学派の枠組みを越えて教育を受ける人物は珍しい。また同じ法学派であってもハドラミーが好んで師事する人物は限られていたし、多くの弟子がついた師として言及される人物はハドラミーが目立っている。そして、弟子として言及されている人物も多くがハドラマウト西部起源の人びとであるが、ハドラマウトで見られたような居住地による師の選定の偏りがあったとは考えにくい。メッカはハドラマウトと異なって1つの都市であり、ハドラマウト各

地から学識者、生徒、巡礼者が1箇所に集まってくる場所である。ハドラミーがメッカで師を選ぶ際にハドラミーであるかどうかは考慮したかもしれないが、その師の起源がハドラマウトのどの地域区分であったとしても会いに行く難度はほとんど変わらないからである。

(4) 東南アジアの状況

それでは東南アジアの状況はどうだったろうか。まず師弟関係の検討にあたって押さえておきたいのは東南アジア島嶼部はハドラマウトよりはるかに広大な地域だったという点である。ハドラミーが好んで移民したのは島嶼部のマレー半島、シンガポール、ジャワであるが、それでもハドラミー同士の知識伝達もハドラマウトやヒジャーズと比較して困難であったことが想像できる。そして東南アジア各地にハドラミー・コミュニティが見られたとは言っても特定の家系が特定の場所に集住する傾向があったことはよく指摘されている。たとえばシンガポールの場合はサッカーフ家、ジュナイド家、カーフ家、ビン・ターリブ家の4つの家系の中心地となっている。またインドネシアでも最も人口が集中しているジャワ島を見ると、バタヴィア／ジャカルタは蘭領東インド／インドネシア共和国の首都なので家系に限らず多くのハドラミーが集まっている。しかしその他の場所ではアッタース家はボゴールとプカロンガンに、ハッダード家はトゥガルに、ハブシー家はソロに、カーフ家はチレボンにという具合にそれぞれの家系の人びとが集中して住んでいる場所がある。このほか、マレー半島各地やインドネシアのスマトラ島、カリマンタン島、スラウェシ島でもハドラミーの学識者や聖者は存在したが、やはり家系による居住地の偏りはある。そして学識者がいてもそれぞれの定住地域を越えて東南アジア各地から広く弟子を集めたという具体的な記述はほとんどない。

このような事情もあってか、『結婚の冠』第6章中に言及される東南アジアにおける師弟関係の数は99と、ハドラマウトやヒジャーズの例と比較しても数が限られており多くの場合がジャワやシンガポールにおいてのものである。まず師として現れるのは45人で、そのうちアッタース家が15人、ハッダード家が5人、サッカーフ家が4人、ジュフリー家が3人、ハブシー家とビン・ヤフヤー家がそれぞれ2人ずつとなっている。そして師の家系をハドラマウトに

図 4　東南アジア内における知識の伝達関係

おける区分で見ると西部が 22 人、中部が 13 人、東部が 7 人、その他が 3 人である。やはり西部と中部の数が多いことが分かる。一方弟子として記述されるのは 46 人だが、そのうちアッタース家は 29 人、ハブシー家とハッダード家が各 4 人、ミフダール家が 2 人とアッタース家が圧倒的に多く、その他複数の人物が弟子として言及されている家系はハドラマウトにおける師弟関係においてアッタース家と近かった家系である。それは図 4 を見ても明らかで、これを見る限り中部・東部の家系の人びとも西部の家系の人びととの関係が緊密であることが分かる。この状況が実際の知識伝達関係を反映しているのかは疑問で、『結婚の冠』の記述の偏りが最も目立つ形で現れていると考えられる。

　この中で特に気になるのが東部出身の師が少ないことだが、これは『結婚の冠』の視点の偏りだけが原因なのだろうか。ここで 21 世紀になってからインドネシア語で出版された『インドネシアで影響力を持つ 17 人のハビーブたち』という書籍に注目したい。タイトルの通りこの本で取り上げられているのはインドネシアで、少なくともアラブ系住民の中では知られているハビーブ（預言者一族の学識者・聖者）17 人である。そのうち 1 人はメッカを拠点とする人物でハドラミーではないが多数のハドラミーやインドネシア人の弟子がいた人物

である。残りの 16 人のうち、ハドラマウト東部を拠点とする家系出身者は 4 人（アイダルース家 2 人、バルファキーフ家 1 人、ビン・ジンダーン家 1 人）だけである [Mauladdawilah 2013]。この書籍は『結婚の冠』とは異なり特定の家系の人物に注目した伝記集ではない。これを見ると、学識者に限るとインドネシア、またはジャワにおけるハドラマウト東部起源の学識者の存在感が相対的に低いのではないかという推測も可能である[3]。しかしこういった東南アジアの状況について何らかの結論を下すにはより多くのデータを収集・分析しなければならないだろう。しかし現在のところ、『結婚の冠』以上に系統的に東南アジアのハドラミー学識者の状況を述べた著作はインドネシア語や英語などアラビア語以外の著作を含めても見られない。

おわりに——特定の家系に注目した人名録から見えてくるもの

私は以前からハドラミーの移動や人的関係を見る際、ハドラマウト対域外諸地域（東アフリカ、インド、東南アジア、ヒジャーズ）といったようにハドラマウトを単一の地域として考えるのではなく、ハドラマウト内のさまざまな区分も考慮しながら分析する必要があると考えてきた。インド洋をまたいだネットワークと言うと見るものに壮大なイメージを抱かせ、彼らの故郷をあたかも均質的な点であるかのように想像させがちだが、彼らの移民パターンや人間関係に血縁や地縁が大きな影響を与えていたのは以前から研究者に指摘されてきた。その血縁・地縁関係がハドラマウト内の人間関係にどのような影響を与えてきたのか、移民によってその関係が変化したのか、それともしなかったのかを具体的に検証していくことが重要である。本章で注目した文献は一見するとサイイドの重要な家系を網羅しているようにも見えるが、それぞれの家系はハドラマウト内の居住区域ごとに師弟関係を結びがちであること、ハドラマウトにおける地縁がジャワにおける人間関係にも一定程度の影響を与えている可能性があることを示すことができた。

---

3) ちなみにアイダルース家はインドネシアでアラビア語書籍を印刷・出版するなど出版業で知られているし、カリマンタン島西部のクブでは 20 世紀中頃まで政治的な権力を持っていた。またマレー半島のトレンガヌにおいても在地の名士となるなど東南アジアでも存在感は大きい。

さて、『結婚の冠』が出版されてから既に40年以上が経過している。現在東南アジアに住んでいるハドラミー・サイイドがハドラマウトでイスラーム諸学を学ぶ際には祖先の出身地ではなく伝統的な学問・宗教の中心地であるタリームに行くことがほとんどである。それは宗教学校がタリームに集中しているからであるが、そういった留学生はハドラマウト滞在中にそれぞれの家系にゆかりがある場所、たとえばアッタース家であればフライダやアムド、マシュハドに行ったり、各地で開催される聖者祭に参加したりする。しかし留学中のほとんどの期間はタリーム、または自分が学んでいる宗教学校のある町で過ごす。ハドラマウト・東南アジア間の密接な親族関係が過去のものになった現在、師弟関係はどのようになっているのか、それは新たな資料が利用可能になった際に考えてみたい。

参考文献

al-ʿAṭṭās, ʿAlī b. Ḥusayn. 1979 *Tāj al-Aʿrās fī Manāqib al-Ḥabīb al-Quṭb Ṣāliḥ b. ʿAbd Allāh al-ʿAṭṭās*, 2 vols, Kudus (Java): Menara Kudus.

―――. 2019 *Tāj al-Aʿrās fī Manāqib al-Ḥabīb al-Quṭb Ṣāliḥ b. ʿAbd Allāh al-ʿAṭṭās*, 2 vols, n/p: Muḥammad Abū Bakr ʿAbd Allāh Bā Dhīb.

新井和広 2021「南アラビア・ハドラマウト出身者の伝記集――学者・スーフィーの移動や知識伝達分析の準備作業として」『慶應義塾大学日吉紀要 人文科学』36: 77-105

――― 2024「家系の広がりと墓参の役割――20世紀初頭の南アラビア・ハドラマウト地方の事例から」『東洋研究(大東文化大学東洋研究所)』231: 29-55

太田(塚田)絵里奈 2024「「イスティドゥアーによるイジャーザ」に基づく15世紀ウラマーの名目的関係構築」『西南アジア研究』97: 1-22

al-ʿAydarūs, ʿAbd al-Qādir b. Shaykh. 1934 *Tārīkh al-Nūr al-Sāfir ʿan Akhbār al-Qarn al-ʿĀshir*, Baghdad: al-Maktaba al-ʿArabiyya.

al-Mashhūr, ʿAbd al-Raḥmān b. Muḥammad. 1984 *Shams al-Ẓahīra fī Nasab Ahl al-Bayt min Banī ʿAlawī Furūʿ Fāṭima al-Zahrāʾ wa-Amīr al-Muʾminīn ʿAlī, Raḍiya Allāh ʿanhu*, Jidda: ʿĀlam al-Maʿrifa.

al-Saqqāf, ʿAbd Allāh b. Muḥammad b. Ḥāmid. 1418 A.H. [1997/8] *Tārīkh al-Shuʿarāʾ al-Ḥaḍramiyyīn*, al-Ṭāʾif: Maktabat al-Maʿārif.

al-Shillī, Muḥammad b. Abī Bakr. 1318 A.H. [1901/2] *al-Mashraʿ al-Rawī fī Manāqib al-Sāda al-Kirām Āl Abī ʿAlawī*, 2 vols, n.p.: n.d.

Bā Kathīr, ʿAbd Allāh b. Muḥammad. 1358 A.H. [1939/40] *Riḥlat al-Ashwāq al-Qawiyya ilā*

Mawāṭin al-Sāda al-'Alawiyya, Zanjibar: Maṭba'at al-'Ulūm.
Bang, Anne K. 2003 *Sufis and Scholars of the Sea: Family Networks in East Africa, 1860-1925*, London: Routledge Curzon.
Boxberger, Linda. 2002 *On the Edge of Empire: Hadhramawt, Emigration, and the Indian Ocean, 1880s-1930s*, Albany: State University of New York Press.
Freitag, Ulrike. 2003 *Indian Ocean Migrants and State Formation in Hadhramaut: Reforming the Homeland*, Leiden: Brill.
Mauladdawilah, Abdul Qadir Umar. 2013 *17 Habaib Berpengaruh di Indonesia*, Revised Edition, Malang: Pustaka Basma.

第 **IV** 部

コネクティビティの性質を問う

第9章 イスラーム改革思想をめぐる師弟関係の信頼性
――カッターニー『ファフラサ』のイスナードを例に

石田友梨

はじめに

本章ではカッターニー『ファフラサ』[1]のイスナードを例に、イスラーム改革思想をめぐる師弟関係の信頼性について考察する。第1節において概説するが、後世に大きな影響を与えたイスラーム改革思想は、地域を越えた師弟関係の結びつきによって形成された。思想の形成に関わった人物たちの関係性の実態を明らかにするためには、史資料から師弟関係の記述を収集するとともに、その記述の信頼性を問う必要がある。本章では師弟の没年差に着目し、弟子が師匠から直接教えを受ける機会がありえたかを信頼性のひとつの基準として検証する。第2節では、師弟関係の根拠となるイジャーザとイスナードについて概観し、多様な学問継承の形を確認する。第3節では、カッターニーの『ファフラサ』に記されているイスラーム法学とタサウウフ学のイスナードを比較し、師弟関係となる伝承経路が異なることを示す。

1 イスラーム改革思想をめぐる師弟関係

(1) イスラーム改革思想の概要

イスラームの信徒に課せられた義務のひとつに、アラビア半島西岸の都市メ

---

[1] ファフラサという文学形式については第6章を参照のこと。第6章で言及されているアブドゥルハイイ・カッターニーは、本章で取り上げるジャアファル・イブン・イドリース・カッターニーの子孫にあたる。

ッカへの巡礼がある。メッカは、開祖である預言者ムハンマド（570頃-632年）が生まれ、神の啓示を受けた聖地である。しかし、メッカで迫害を受けた預言者ムハンマドは、622年に約350km北方の都市メディナへ移住した。この出来事は「ヒジュラ」（聖遷）とよばれ、イスラーム文化圏ではこの年を紀元とするヒジュラ暦が用いられている。預言者ムハンマドが住まい、彼が礼拝をしたモスクと埋葬された墓廟のあるメディナは、メッカ巡礼の前後に参詣される第二の聖地となっている。メッカとメディナの2つの聖都をあわせ、アラビア語で「ハラマイン」（両聖都）とよぶ。イスラーム改革思想は、17世紀頃からこのハラマインで形成された。「マグリブ」（現在のモロッコ[2]）など北西アフリカ地域の総称）のマーリク派イスラーム法学、地中海東岸のスンナ派「ハディース」（預言者ムハンマドの言行録）六書の解釈学、インドの入念なハディース学が、ハラマインで混じりあったとされている [Voll 1980: 265]。

　イスラーム改革思想の代表的人物は、アラビア半島中央部ナジュド出身のムハンマド・イブン・アブドゥルワッハーブ（1703-92年）と、インドはデリー出身のシャー・ワリーウッラー（1703-62年）である。ムハンマド・イブン・アブドゥルワッハーブは、聖典クルアーンと預言者ムハンマドの「スンナ」（慣行）に基づく統治を唱え、現在のサウジアラビア王国の基礎を築いた。一方、シャー・ワリーウッラーは、ハディース学者たるイスラーム法学者となるために、ハラマインへの巡礼を決意した。ハラマインに1年ほど滞在し、クルアーン、スンナ、ハディースに裏付けられた実践哲学を学んだと自伝で述べている [Husain 1912: 173-174; 石田 2016a: 96, 98]。この記述は、当時のハラマインにおいてスンナやハディースに基づく学問が実際に教授されていたことの裏付けとなる。両者はハラマイン以外の場所でも学んでいたため、ハラマインにおける師弟関係のみが彼らの思想を形成したとはいえないだろう。しかし、同じ年に生まれた2人が勉学のためにハラマインを訪れたことは、当時のハラマインの学術的重要性を示している。本項においては、イスラーム改革思想がハラマインを中心としながらも、マグリブやインドなど遠方の地とも関わりながら形成された思想であることを確認しておきたい。

---

[2] 本章では「現在の」といった断りがない限り、現在の国名ではなく、歴史的地名を指すものとする。

(2) 学問的中心地としてのハラマイン

　宗教的重要性をもち、聖地として人を集めてきたハラマインであるが、常に学問の中心でもあったわけではない。ザハビー（1274-1348 年）の『イスラーム史』から学者の出身地を集計したマキシム・ロマノフは、ハラマイン出身の学者の数が 7 世紀のうちには相対的に少なくなり、バスラやバグダードを出身地とする学者の数が相対的に増えていく様子を動画にしている［Romanov 2013］。ある都市を出身地とする学者が多ければ多いほど、その都市の学術的活動が盛んであったとすれば、イランやイベリア半島の諸都市にも学問の拠点が築かれた後、ダマスクスやカイロへ学問の中心地が集約されていく。

　ハラマインが再び学問の中心地となったのは、17 世紀のことである。その理由として、次のような要因が挙げられている。第一に、ヨーロッパ諸国によるインド洋進出が海路の安全をもたらし、海を渡ってメッカへ巡礼をするインド出身者やインドネシア出身者が増えたこと。前述のシャー・ワリーウッラーもそのひとりで、インド西岸のスーラト港からアラビア半島へ渡った。次に、サファヴィー朝がシーア派になったことで、イランを拠点としていたスンナ派の学者たちがハラマインへ移住したこと。最後に、信仰心の篤さでもって支配者としての正統性を示すため、ムガル朝がハラマインへ多額の寄付をしたり、オスマン朝が巡礼路の安全確保やハラマインの教育施設への投資に努めたりしたことなどである［Dumairieh 2022: 19-42］。ハラマインでは、この時期に交通手段や受け入れ環境の整備がさらに進み、これまで以上にさまざまな土地から多くの人びとを集めるようになったと考えられる。各地から巡礼に訪れた人びとがハラマインで交流することで形成されたイスラーム改革思想は、故郷に帰る人びとの手によって各地に広がっていったとされる。イスラーム改革思想をめぐる師弟関係を通じ、ハラマインという中心とインドなどの周縁を結ぶ当時の人びとの動態を明らかにしていくことができよう。

(3) 師弟の没年差からの考察

　イスラーム改革思想をめぐる師弟関係については、アジュマルディ・アズラによる先行研究があり、17 世紀と 18 世紀の主な師弟関係の図が掲載されている。学者の名前と没年が記され、師匠に当たる学者から弟子に当たる学者へ実

線の矢印が引かれており、全体を概観することができる[Azra 2004: 14, 26]。アズラの図に基づき、isnalyserjs [Dhakarat 2021] を用いて没年を基準に学者たちを配列し、師弟関係を示す矢印上に師匠と弟子の没年差を数字で記したものが図1である[3]。

例えば、図1上部のスィブガトゥッラー（1606年没）とアフマド・シンナーウィー（1567-1619年）の没年差は13年であるので、矢印上の数字を13とした。ハサン・アジャミー（1639-1701年）とマカッサーリー（1627-99年）の間は、師匠であるハサン・アジャミーの方が弟子であるマカッサーリーより2年長命であったため、−2とした。没年差が大きいのはアフマド・シンナーウィーとイブラーヒーム・クーラーニー（1616-90年）の71年と、アブドゥッラー・バスリー（1638-1722年）とムハンマド・イブン・アブドゥルワッハーブの70年である。しかし、前者と後者では状況がやや異なる。アフマド・シンナーウィーは1567年生まれで1619年に亡くなっているため、1616年生まれのイブラーヒーム・クーラーニーが彼に教えを受ける機会があったとしても、3歳以下だったことになる。一方、アブドゥッラー・バスリーは1638年生まれで1722年に亡くなっているため、1703年生まれのムハンマド・イブン・アブドゥルワッハーブは10代のうちであれば、彼に直接会って教えを受ける機会があった。

学位が制度化された現在の価値基準では、おおよそ10代後半以上の弟子に対し、師匠が直接教えを授けていなければ、学問的な継承が成立しているとは認めがたいだろう。アフマド・シンナーウィーとイブラーヒーム・クーラーニーの間の師弟関係について、どれほど信頼性をおけるであろうか。ひとつには、両者もしくはどちらかの生没年に誤りがあり、実際には直接会う機会があったとしても無理のない年齢差であった可能性がある。次に、アズラの図に誤りが

---

3) 1787年となっていたムハンマド・イブン・アブドゥルワッハーブの没年を1792年に修正しているが、学者の名前と生没年は基本的にアズラの図に従った。ただし、isnalyserjsで表示できない「ā」などの特殊文字は、「a」のように一般的なローマ字に変更し、「'」や「'」は除外している。

なお、図1のネットワークの次数（ある人物がもつ師弟関係の数）の平均値は4.38、標準偏差は2.88、密度は0.06、推移性は0.20である。次数と入次数（師匠の数）が最も大きいのはアブー・ターヒル・クーラーニーで、それぞれ13と6である。出次数（弟子の数）が最も大きいのは、アブー・ターヒル・クーラーニーの父イブラーヒーム・クーラーニーの8、媒介中心性が最も大きいのはアブドゥッラー・バスリーの42.47となる。

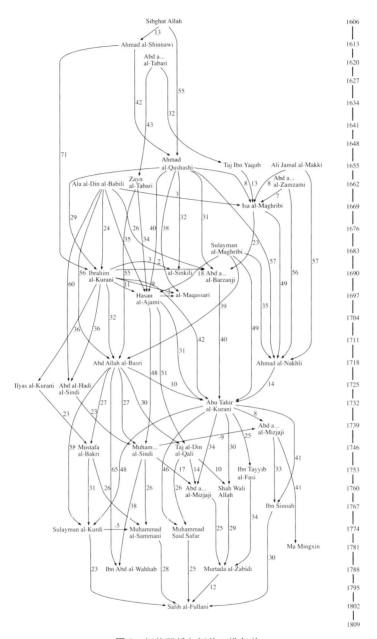

図1　師弟関係と師弟の没年差

第 9 章　イスラーム改革思想をめぐる師弟関係の信頼性 —— 195

あり、実際には直接の師弟関係が結ばれていなかった可能性がある。しかし、たとえばアズラが典拠のひとつとしたムラーディー（1759/60-91 年）の『真珠の糸』には、イブラーヒーム・クーラーニーは「……光輝なるマディーナ〔メディナ〕へ発ち、そこに居を構えた。親しき友アフマド・イブン・ムハンマド・クシャーシー、賢者アブー・マワーヒブ・アフマド・イブン・アリー・シンナーウィー、説教師ムハンマド・シャリーフ・イブン・ユースフ・クーラーニー、巨匠アブドゥルカリーム・イブン・アブー・バクル・フサイニー・クーラーニーなど、学者の指導者たちから学んだ」[4] [al-Murādī n.d.: 5; 石田 2024: 5] と明記されている。

　イブラーヒーム・クーラーニー自身が故郷を出て諸国で学んでいた証拠を残したのは、20 代終わりとなっていた 1645 年のバグダードにおいてである。その後、ダマスクス、カイロを巡り、1651 年にスエズ港からメッカへ渡った [Dumairieh 2022: 99-102]。なお、前述の『真珠の糸』には、イブラーヒーム・クーラーニーはエジプトでアラーウッディーン・バービリー（1592-1666 年）に学んだとの記述がある [al-Murādī n.d.: 5; 石田 2024: 5]。たとえ、クルディスタン出身のイブラーヒーム・クーラーニーが幼児期にハラマインに住んでいたとしても、エジプト出身のアフマド・シンナーウィーがハラマインに渡る前に、幼いイブラーヒーム・クーラーニーと師弟関係を結んでいたとしても、両者の間に学問の継承があったと認めることは、現在の私たちには違和感が残るであろう。

　もうひとつ学問的継承の信頼性の面で注意すべきは、全部で 87 ある師弟関係のうち、アブドゥッラー・バスリーとアフマド・ナフリー（1639-1718 年）に没年差が大きな師弟関係が偏っている点である。先ほどアブドゥッラー・バスリーとムハンマド・イブン・アブドゥルワッハーブの没年差が 70 年であっても、直接師弟関係を結べた可能性があったと述べた。アブドゥッラー・バスリーと、弟子のスライマーン・クルディー（1780 年没）の没年差は 58 年、師匠のアラーウッディーン・バービリーとは 56 年、師匠のザイン・タバリー（1594-1667 年）とは 55 年であり、70 年よりは小さい。師匠たちはアブドゥッ

---

4) 人名のローマ字表記は省略し、アフマド・シンナーウィーに該当する人名部分に下線を加えた。

ラー・バスリーが 30 歳手前になるまで存命であり、生年の不明なスライマーン・クルディーの寿命が 75 年以上であったとすれば、アフマド・シンナーウィーとイブラーヒーム・クーラーニーの師弟関係のような問題は起こらない。なお、アズラの図で生没年が示されている学者たちの平均寿命は 65.5 歳である。

　続いてアフマド・ナフリーと、師匠のアフマド・クシャーシー（1583-1661 年）との没年差は 57 年、師匠のアリー・ジャマール・マッキー（1594-1661 年）とは 57 年、師匠のアブドゥルアズィーズ・ザムザミー（1589-1662 年）とは 56 年、師匠のイーサー・マグリビー（1611-69 年）とは 49 年となっている。どの師匠もアフマド・ナフリーが 20 代になるまで存命であったので、こちらも師弟関係を直接結ぶことができたと考えられる。アズラの図における師弟の没年差の平均値は 30.6 年、中央値は 30 年、最頻値は 26 年であるので、アブドゥッラー・バスリーとアフマド・ナフリーに没年差が大きい師弟関係が含まれていることは否めない。しかし、それぞれの詳細を確認していくことにより、師弟が直接対面した可能性に疑問が残るのはアフマド・シンナーウィーとイブラーヒーム・クーラーニーの師弟関係だけであることを明らかにできた。

2　イジャーザとイスナードに基づく師弟関係

(1)　イジャーザの概要

　前節では没年差を計算し、師弟が直接対面した可能性の有無を考察した。本節では、当時のイスラーム文化圏における師弟関係のあり方について確認したい。ある人物とある人物の間に師弟関係があったことを判断する根拠のひとつが、「イジャーザ」（免状）である。メスット・イドリスは現代の学位証明書との違いとして、次の 3 点を挙げている［Idriz 2017: 35-36］。

①師匠の責任において発行され、教育機関による公的証明書ではないこと
②イジャーザには学問名と書名、伝承者の名前が記されていること
③一般的に 20 ページ以上に及ぶ小冊子の形となり、紙切れ 1 枚ではないこと

表1　6種類のイジャーザ

	名称	内容
1	特定のイジャーザ	最も権威があるのは、師匠の名前、弟子の名前、学問名、「アジャズトゥ」（私は認めた）という言葉の4つが記されたもの。
2	不特定のイジャーザ	師匠と弟子の名前が記されるが、書名や学問名は特定されない。自分の下で学んだと伝えることを弟子に許可するもの。
3	全般的なイジャーザ	師匠の名前が記されるが、個別の弟子の名前はなく、集団に与えられる。特定の学問について与えた知識を伝えることを許可するもの。
4	特定の書物についてのイジャーザ	弟子が自分の下で特定の書物を学んだり、特定の文章を暗記したことの証明。弟子が学習の成果を証明しなければ与えられない。
5	書簡によるイジャーザ	ハディース学に特有のもので、師匠が書いた文章が弟子に送られ、その内容を他の弟子にも伝えることを許可する手紙が添えられる。
6	敬意のイジャーザ	しばしば学者同士の間に限られ、互いに尊敬と感謝を示すため交換される。

　また、イドリスが挙げる6種類のイジャーザについては、表1のようにまとめられる［Idriz 2017: 27-28］。

　表1の分類に従えば、アフマド・シンナーウィーとイブラーヒーム・クーラーニーを結ぶ師弟関係が「書簡によるイジャーザ」であった可能性もある。イブラーヒーム・クーラーニーの他にアフマド・シンナーウィーを師匠としているのは、イブラーヒーム・クーラーニーの師匠でもあったアフマド・クシャーシーである。アフマド・シンナーウィーが亡くなった1619年、1583年生まれのアフマド・クシャーシーは30代半ばであった。彼がアフマド・シンナーウィーから直接指導を受けていたとしても不合理ではない。アフマド・クシャーシーが「書簡によるイジャーザ」をアフマド・シンナーウィーから受け、30歳ほど年下の自分の弟子であるイブラーヒーム・クーラーニーに伝えたと考えることもできる。

　また、師匠と対面することなく得られるイジャーザや、名家の子息が幼いうちに与えられるイジャーザの存在が指摘されている［水上 2014: 63; 森山 2014: 41］。アフマド・シンナーウィーとイブラーヒーム・クーラーニーの師弟関係が、このようなイジャーザに基づくものであった可能性もあるが、これらの仮説を裏付けるようなイジャーザは確認できていない。

(2) カッターニー『ファフラサ』のイスナード

　ここで、フェズの学者一家に生まれたジャアファル・イブン・イドリース・カッターニー（1830-1905年）の『ファフラサ』を取りあげたい。後述するようにカッターニーは、イスラーム改革思想の中心人物たちに連なる学問的系統を継承している。『ファフラサ』にはイジャーザに加え、特定の学問や書物についての「イスナード」（伝承経路）が記載されており、カッターニーが継承した学問の詳細を確認することができる。本来ハディース学において使用される語であるイスナードについては、阿久津［2010］や森山［2014］を参照されたい。

　たとえば『ファフラサ』ではハディース学のイスナードとして、スンナ派ハディース六書、つまりブハーリー（810-870年）とムスリム（820頃-875年）の2冊の『真正集』、アブー・ダーウード（817-889年）、ティルミズィー（825-892年）、ナサーイー（830-915年）、イブン・マージャ（824-887年）の4冊の『慣行集』に加え、マーリク派イスラーム法学の祖マーリク・ブン・アナス（715頃-795年）の『踏みならされた道』のイスナードが記されている。なお、『踏みならされた道』のイスナードは、ムハンマド・アービド・スィンディー（1776-1841年）の「全般的なイジャーザ」によるものと記されているが［al-Kattānī 2004: 201］、この人物はカッターニーが10歳の頃に亡くなっていたことになる。フェズの名家の子息であったカッターニーには、幼いうちからイジャーザが与えられたようである。次節では、『ファフラサ』に記されているイスナードに基づく師弟関係について考察する。

3　イスラーム改革思想をめぐる師弟関係とカッターニーのイスナード

(1) カッターニーが継承した『踏みならされた道』のイスナード

　前節で言及した『踏みならされた道』のイスナードには、カッターニーの3代前の師匠としてシャー・ワリーウッラーの息子アブドゥルアズィーズ（1746-1824年）、その師匠としてシャー・ワリーウッラー、その師匠の師匠としてハサン・アジャミー、その師匠としてアブドゥッラー・バスリー、彼ら2人と別の系統の師匠としてイーサー・マグリビーの名が挙げられている［al-Kattānī

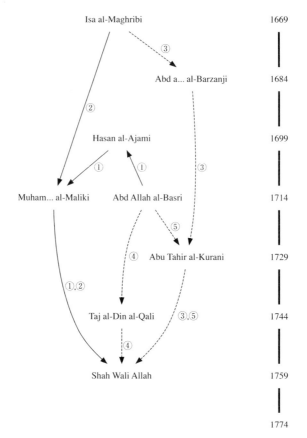

図 2 イーサー・マグリビーからシャー・ワリーウッラーまでの師弟関係
（実線は『踏みならされた道』のイスナード、破線は図 1 の師弟関係）

2004: 200-212]。

　これらイスラーム改革思想と関係するアブドゥッラー・バスリーおよびイーサー・マグリビーからシャー・ワリーウッラーまでの師弟関係を図 2 に示す[5]。

---

5) シャー・ワリーウッラーの師匠に当たるムハンマド・ワフドゥッラー・マッキー・マーリキーの没年は、ハサン・アジャミーより没年の早いイーサー・マグリビーと、シャー・ワリーウッラーの没年の間をとり、仮に 1715 年とした。ハサン・アジャミーとシャー・ワリーウッラーの没年の間をとって推定すれば、1732 年となる。

カッターニーのイスナードに基づく師弟関係は、実線の①もしくは②である。一方、アズラの先行研究に基づく図1の師弟関係は、破線の③、④、⑤のいずれかであった。カッターニーの『ファフラサ』によって、新しい師弟関係もしくは継承経路が確認できたことになる。

なお、アブドゥッラー・バスリーとハサン・アジャミーをつなぐ①の矢印が時系列に逆らっているようにみえるが、アブドゥッラー・バスリーは1638年、ハサン・アジャミーは1639年生まれとされ、実際には同世代である。ハサン・アジャミーが1701年に60歳を超えたところで亡くなり、アブドゥッラー・バスリーがおよそ20年後の1722年に亡くなったとされるため、没年で並べると師弟関係の矢印が上向きとなる。歳が近いこともあり、師弟関係というよりは、「敬意のイジャーザ」を交わす関係であったかもしれない。

(2) カッターニーが継承したタサウウフ学のイスナード

『ファフラサ』には「タサウウフ学」（イスラーム神秘主義）のイスナードについての記述もある［al-Kattānī 2004: 227-228］。ここではムフイッディーン・イブン・アラビー（1165-1240年）の諸書と、アブー・ハーミド・ガザーリー（1058-1111年）の主著『宗教諸学の再興』のイスナードに注目したい。ジョン・O・ヴォルによれば、18世紀末までにイブン・アラビーに代わってガザーリーが注目されるようになり、ハラマインにもこの傾向が反映された［Voll 1980: 269］。

イブン・アラビーの諸書のイスナードに名が挙げられている人物とその没年、ひとつ前の人物との没年差を表2にまとめた。表3は、ガザーリー『宗教諸学の再興』のイスナードについてのまとめである。没年が分からなかった人物については、没年が分かる人物までの間の年数を、その間をつなぐ人数で割り、推定した没年を表の（　）内に記した。例えば、イブン・アラビーのイスナードにおいて、没年の分かるアブドゥルワッハーブ・シャアラーニー（1492-1565年）とアフマド・クシャーシーの没年差は96年であり、両者を含めて4人でつながっている。それぞれの間を32年の没年差として（　）内に推定値を入れた。

人物の特定が不完全な状態であるが、イブン・アラビーのイスナードにおいても、ガザーリーのイスナードにおいても、80年を超える没年差が含まれて

表2　イブン・アラビーのイスナード

	学者名	没年	没年差
1	Muhy al-Din b. Arabi	1240	
2	Abu al-Hasan al-Wani	1327	87
3	Ismail al-Jabarti al-Zabidi	1404	77
4	Abu al-Fath Uthman al-Maraghi	1455	51
5	Zakariya al-Ansari	1520	65
6	Abd al-Wahhab al-Sharani	1565	45
7	（Ahmad al-Masnawi の父）	(1597)	32
8	Ahmad al-Masnawi	(1629)	32
9	Ahmad al-Qushashi	1661	32
10	Ibrahim al-Kurani	1690	29
11	al-Badiri	(1726)	36
12	al-Hafnawi	(1762)	36
13	al-Amir al-Kabir	(1798)	36
14	Ahmad Minnah Allah al-Maliki	(1834)	36
15	Ali b. Zahir	(1870)	36
16	Muhammad b. Jafar al-Kattani	1905	35

表3　ガザーリーのイスナード

	学者名	没年	没年差
1	Abu Hamid al-Ghazali	1111	
2	Abu al-Faraj al-Baghdadi	(1179)	68
3	Umar b. Karim al-Dinawari	(1247)	68
4	al-Taqiy Sulayman b. Hamzah	1316	69
5	Abu Ishaq al-Tanukhi	1398	82
6	Alam al-Din al-Bulqini	1464	66
7	Zakariya al-Ansari	1520	56
8	Ibn Hajar al-Makki al-Haytami	1566	46
9	al-Faqih al-Hukmi	(1607)	41
10	Muhammad Sharif	(1648)	41
11	Ibrahim al-Kurani	1690	42
12	al-Badiri	(1726)	36
13	al-Hafnawi	(1762)	36
14	al-Amir al-Kabir	(1798)	36
15	Ahmad Minnah Allah al-Maliki	(1834)	36
16	Ali b. Zahir	(1870)	36
17	Muhammad b. Jafar al-Kattani	1905	35

いる。師弟が顔を合わせる機会がなければ学問継承が行われないとする立場からすると、カッターニーの記述は信頼性に欠けるところがある。

　これら2つのイスナードを信頼するならば、それぞれ10番目と11番目に当たるイブラーヒーム・クーラーニー以下、カッターニーまで師弟関係が同じである。タサウウフ学におけるイブラーヒーム・クーラーニーの影響力がうかがえよう。一方、イブラーヒーム・クーラーニーの師匠アフマド・クシャーシーは、イブン・アラビーのイスナードにしか現れない。ガザーリーの『宗教諸学の再興』については、イブラーヒーム・クーラーニーがアフマド・クシャーシーから教えを受けていなかった可能性がある。このことは、アフマド・クシャーシーの時代にはガザーリーの再評価がまだ進んでいなかったことの裏付けとなるかもしれない。

(3)　イスラーム法学とタサウウフ学のイスナードの比較

　本項では、マーリク派イスラーム法学を代表するマーリク・ブン・アナスの『踏みならされた道』のイスナードと、タサウウフ学を代表するイブン・アラ

ビーとガザーリーのイスナードの比較を行う。これらのカッターニーのイスナードのうち、図1のイスラーム改革思想をめぐる師弟関係にも登場する人物は、アフマド・クシャーシー、イーサー・マグリビー、イブラーヒーム・クーラーニー、ハサン・アジャミー、アブドゥッラー・バスリー、シャー・ワリーウッラーの6名である。これらの人物たちに焦点を当て、マーリク・ブン・アナスの『踏みならされた道』の伝承経路をM、イブン・アラビーの諸書をI、ガザーリーの『宗教諸学の再興』をGとし、カッターニーのイスナードの一部を図3に示す。タサウウフ学のイスナード（実線）と、イスラーム法学のイスナード（破線）が左右に綺麗に分かれ、カッターニーで統合されていることが確認できる。

おわりに

　本章では、イスラーム改革思想をめぐる師弟関係の信頼性について考察した。師匠と弟子が時間の重なりをもつことを、師弟関係があったとする信頼性のひとつの基準とし、師匠と弟子の没年差を調べた。70年の没年差があっても、弟子が師匠から直接教えを受けられた可能性があることを指摘した。
　続いて、師弟関係の根拠となるイジャーザにはいくつか種類があり、現代の学位証明書とは異なる形の学問継承が認められていたことを確認した。イジャーザには伝承経路であるイスナードが記されており、師弟関係を再現することができる。カッターニーの『ファフラサ』におけるイスラーム法学とタサウウフ学のイスナードを比較したところ、経路の違いが明らかとなった。以前拙稿において、ハディース学に着目した場合とタサウウフ学に着目した場合では、学問継承の中心となる人物が異なることを指摘したが［石田 2016b］、本章の研究成果はそれをさらに裏付けるものである。師弟関係は、結ばれていればどこも同じといった画一的なものではない。
　今後の課題としては、人物の特定と、生没年を反映した師弟関係の可視化を進めていくことが挙げられる。また、カッターニーが記す師弟関係が先行研究と異なることを示したが、分析対象とする文献を増やしていくことで、より網羅的かつ詳細に師弟関係を再現することができるようになる。本章では没年差

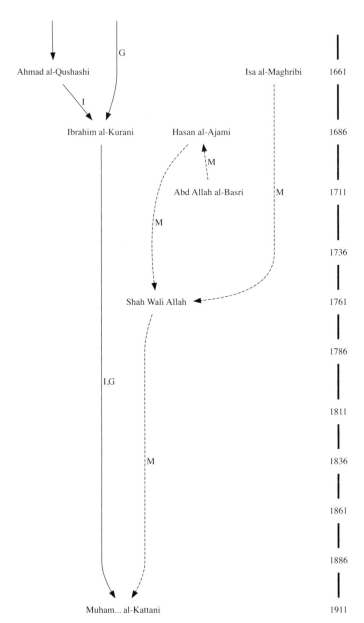

図3 カッターニーのイスナードの一部
（I はイブン・アラビー、G はガザーリー、M はマーリク・ブン・アナスのイスナード）

に基づき師弟関係の信頼性を考察したが、複数の文献で確認できるかという観点からも師弟関係の信頼性が検証可能となるだろう。

【謝辞】
人物の特定にあたっては太田（塚田）絵里奈氏（東京大学アジア研究図書館上廣倫理財団寄付研究部門特任助教）、isnalyserjsによる作図にあたっては大向一輝氏（東京大学大学院人文社会系研究科准教授）に多くの助言をいただいた。心より感謝申し上げる。

参考文献

阿久津正幸 2010「知識を伝達し権威を継承する制度――イスナードの概念と専門職的知識人（ウラマー）に関する社会学的考察」『日本中東学会年報』26(1): 241-268

石田友梨 2016a「シャー・ワリーウッラー・ディフラウィー著『か弱き下僕の生涯における優雅なる一編』」『大阪経済法科大学論集』111: 85-99

―――― 2016b「イスラーム研究におけるデジタル・ヒューマニティーズの活用に向けて――シャー・ワリーウッラー『ハラマインの師たちの瞳孔』に基づく17-18世紀ハラマインの学者ネットワーク分析」『イスラーム地域研究ジャーナル』8: 25-36

―――― 2024「TEIとRDFを用いたアラビア文字伝記資料のデータ化の試み――イブラーヒーム・クーラーニーの伝記を例に」『岡山大学大学院社会文化科学研究科紀要』57: 1-20

水上遼 2014「イブン・アル＝フワティーの伝える13世紀後半の集団イジャーザ――バグダード・メッカ間およびバグダード・ダマスクス間の事例から」『オリエント』57(1): 62-72

森山央朗 2014「イスファハーンの2篇の「歴史」――ハディース学者が同じような著作を繰り返し編纂した理由」『東洋史研究』72(4): 34-69

al-Kattānī, Ja'far b. Idrīs. 2004 *Fahrasa Ja'far b. Idrīs al-Kattānī*, Muḥammad b. 'Azūz (ed.), Bayrūt: Dār Ibn Ḥazm.

al-Murādī, Abū al-Faḍl Muḥammad Khalīl b. 'Alī. n.d. *Silk al-durar fī a'yān al-qarn al-thānī 'ashar* 1, Cairo: Dār al-Kutub al-Islāmī.

Azra, Azyumardi. 2004 *The Origins of Islamic Reformism in Southeast Asia: Networks of Malay-Indonesian and Middle Eastern 'Ulamā' in the Seventeenth and Eighteenth Centuries*, Crows Nest: Allen & Unwin; Honolulu: University of Hawai'i Press.

Dhakarat. 2021 "isnalyserjs," Accessed on August 17, 2024. *GitHub*. https://github.com/dhakarat/isnalyserjs

Dumairieh, Naser. 2022 *Intellectual Life in the Ḥijāz before Wahhabism: Ibrāhīm al-Kūrānī's (d. 1101/1690) Theology of Sufism*, Leiden; Boston: Brill.

Husain, Mawlavi M. Hidayat. 1912 "The Persian Autobiography of Shāh Walīullah bin 'Abd al-

Raḥīm al-Dihlavī: Its English Translation and a List of His Works," *Journal and Proceedings of the Asiatic Society of Bengal*, New Series 8: 161-175.

Idriz, Mesut. 2017 *Late Ottoman Educational System in the Balkans in the Light of the Ijāzahs*, Istanbul: Libra Kitapçılık ve Yayıncılık.

Romanov, Maxim. 2013 "Islamic World, 661-1300 CE," *al-Raqmiyyāt*, Accessed on August 16, 2024. https://maximromanov.github.io/2013/01-21.html

Voll, John O. 1980 "Hadith Scholars and Tariqahs: An Ulama Group in the 18th Century Haramayn and Their Impact in the Islamic World," *Journal of Asian and African Studies* 15(3-4): 264-273.

第10章 15世紀ウラマーの名目的師弟関係にみる「弱い紐帯の強さ」
―― RDFを用いた「データベース」としての人名録分析

太田（塚田）絵里奈

はじめに

　マムルーク朝後期においては、数千人以上の伝記を収録した大部の人名録が数多く編纂されている。これらの人名録では、ウラマーの伝記記述が大半を占めていることから、人名録を当時の「ウラマー・データベース」とみなすこともできるだろう。実際、人名録を主たる史料とし、有力学者やその家系、学統などの観点から著名なウラマーを対象とした研究には相当な蓄積があるが、この時代の歴史叙述から得られる、人物のつながりをめぐる圧倒的な情報量こそが、俯瞰的な研究を困難にもしてきた。しかし近年、The Open Islamicate Texts Initiative（OpenITI）によって、前近代期の人名録を含むアラビア語文献のデジタル・テキスト化が進展したことで、史料から効率的に事例を抽出・分析するための様々なメソドロジーが提案されるなど［須永・熊倉 2024］、イスラーム史におけるデジタル・ヒューマニティーズは盛り上がりを見せている。史料精読では捕捉困難な事例数を分析し、情報の可視化ができるデジタル・ヒューマニティーズ的手法は、浩瀚な人名録史料とも親和性が高い。個別具体的な考究とディスタント・リーディングによって得られた知見を統合することで、これまで捨象されてきたような非著名層を含めた、総体としてのウラマー像に迫りうる可能性を秘めているのである。

1 「ウラマー・データベース」にみる間接的なつながり

(1) 本章の問い

　本章の核心を成すのは、「学者の系譜はいかにして維持されるか」という問いである。15世紀の文民エリートにとって、職を維持し、次世代へと継承することは、職を獲得する以上に困難であった [Ota-Tsukada 2019]。このような時代背景のもと、文民エリートの再生産のメカニズムを理解するには、著名学者や高位官僚を生み出し、また支えた、いわば「普通の」学者や役人、そして彼らを取り巻く人々を含めた議論が必要となろう。

　本章では、この「普通の」学者をデジタル・ヒューマニティーズ的手法で捉えるための切り口として、「イスティドゥアー（祈願）」という表現で示される、マムルーク朝後期のイジャーザ（免状）授受を通じた師弟関係に着目したい。この「イスティドゥアーによるイジャーザ」は、学的熟達を保証する通常のイジャーザが師（授与者）から弟子（被授与者）へと一対一の関係において与えられるのに対し、筆頭となる被授与者による請求・仲介を通じて与えられることで、実態を伴わない名目的な師弟関係の構築を目的としていた。

　名目的イジャーザの存在自体はハディース学の系譜と結びつき、「アルド（'arḍ テキストの暗唱発表）のイジャーザ」[苗村 2010: 33, 44-45]、「幼児イジャーザ」[Gharaibeh 2014: 229, 234-236, 262] など、幼少期に授与される傾向にあったことがすでに知られている。だが、イスティドゥアーによるイジャーザの注目すべき点は、しばしば遠方にいる複数の授与者から複数の被授与者へと、集団から集団に対して授与されたことにある。この「都市を飛び交うイジャーザ」によって、名目的師弟関係の構築が大規模に行われていたのである。そしてその授受は、幼児イジャーザと同様に年長のシャイフから年少者に対するほか、すでに学者として名声を得た後でも、自らの意思で、より価値の高いイスナード（伝承経路）や学統に連なるために行われた。したがって、イスティドゥアーによるイジャーザが取り結ぶ関係が間接的であるがゆえに、世代の異なる学者たち、遠方の学者たちと、容易につながることができたのである [太田（塚田）2024]。

本書においても、第9章（石田）表3に示される、ガザーリーに遡及するカッターニーのイスナードでは、「5. アブー・イスハーク・タヌーヒー」と「6. アラムッディーン・ブルキーニー」は系譜上師弟関係にあるが、ブルキーニーの伝記には、タヌーヒーからイブン・ハジャルのイスティドゥアーでイジャーザを獲得したことが明記されている［Daw' 3: 312］。両者の年齢差から、当時ブルキーニーは0歳から9歳と推定される。イスティドゥアーによる名目的な師弟関係が有効とみなされ、500年後のタサウウフの系譜を支えていることは刮目に値しよう。

本章では、15世紀において最も大部の人名録であるサハーウィー（1427-97年）の『ヒジュラ暦9世紀の人々の輝く光』（『輝く光』）から抽出されたイスティドゥアーによるイジャーザについて、分析を試みたい。伝記記述から得られる情報は一様ではないものの、イジャーザの授与年代、請求者、授与者、被授与者、発行された地域に加え、授与時の状況が特記されることもある。伝記対象者が著名人かつ被授与者であった場合、具体的な授与者として数名から十数名の名前が列挙されるケースも少なくないことから[1]、共通の請求者、授与者を有するイジャーザの事例を整理することは、集合的授与の全体像を描き出す一助となる。むろん個々の伝記記述にあらわれる情報は総じて断片的ではあるが、大量の点と点をつなぎ合わせることで、これまで焦点の当たらなかった、学者と彼らを取り巻くネットワークが浮かび上がるだろう。

(2) RDFを用いたデータ構築

それでは、これらの歴史知識を総合し、機械分析するにはどのような手法があるだろうか。歴史知識のデータ化においては、これまで概念や事物の関係性の記述のほか、時空間情報や文脈解釈の処理が問題となってきた［小川 2022］。プロソポグラフィー的な史料精読の成果と、ディスタント・リーディングが導き出す分析の接合という大きな課題のもとに、本章では以下の手順で分析を行うこととした。

まず「イスティドゥアー」の用例が豊富な人名録『輝く光』を対象とし、

---

1) 『輝く光』において、イスティドゥアーによるイジャーザ授与者の名は、最大で32名［Daw' 11: 3-4］が挙げられている。

OpenITI の公開するデジタル・テキストから「イスティドゥアー」の事例を抽出する（手順①）。続いて、「イスティドゥアー」の語を含む伝記記事に関する実証研究を行う（手順②）。そしてその成果を知識グラフを用いてデータ化し、可視化分析する（手順③）。それにより、この時代のイスティドゥアーによるイジャーザの全般的傾向を示し、ウラマーの系譜を支えた名目的なつながりを明らかにすることが、本章の目的である。

　手順①では、テキスト分析ツールである Voyant Tools を用いて、「イスティドゥアー」の語を抽出する。デジタル・テキスト（0902Sakhawi.DawLamic.JK003608-ara1.mARkdownSimple）を正規表現を用いて検索した結果、「イスティドゥアー」の語は動詞・名詞を合わせて 400 例が確認された。

　続く手順②は、史料精読によるプロソポグラフィーから得られた情報を csv ファイルに転記するプロセスである。具体的には、①で抽出した 400 件の「イスティドゥアー」がいかなる文脈で用いられているかを精査し、イジャーザと結びつく場合は発行の時期、授受の方向、請求者、授与者、被授与者などの関係者の情報を抜き出す。また、伝記対象者の生没年、属性（学者、行政官など）、職位、サハーウィーとの関係もマークしていく。この作業を通じ、イジャーザ授与の文脈で「イスティドゥアー」の術語が用いられた例として 334 件（83.5%）が認められた[2]。加えて請求者 32 名、請求者名の言及 150 件、授与者 261 名、授与者名の言及 442 件、日付記載のイジャーザ 113 件のデータが得られた。

　これらの情報を機械可読なデータへと変換することによって、イジャーザの傾向、請求者、授与者、被授与者の属性を分析していくのが手順③であり、本章の方法論的な新規性である。具体的には②で得られた情報を Resource Description Framework（RDF）の形式に則してデータ化する。RDF はネットワーク構造で構築されるデータベースの記述形式である。テーブル形式等の従来型デ

---

2) 『輝く光』において本来「祈願」「招集」を意味する「イスティドゥアー」の語がイジャーザ以外の文脈で用いられた例は、招集（54 例）、祈願（6 例）、請求（4 例）、取引（1 例）、著述（1 例）であった。他方、同じく 15 世紀のマクリーズィー（1364-1442 年）による人名録の『首飾りの真珠 Durar al-ʿUqūd al-Farīda fī Tarājim al-Aʿyān al-Mufīda』では、「イスティドゥアー」の語が計 166 回用いられているにもかかわらず、イジャーザを指しているのはわずか 5 例（3.0%）である。したがってサハーウィーは間接的なイジャーザ授与を念頭に置いてこの語を使用しているといえる［太田（塚田）2024: 17］。

ータベースでは困難な、柔軟かつ広範なデータ接続を実現しうる技術として、歴史学分野においても応用が提案されているが［石田 2024; Kokaze et al. 2024］、本章では人名録に基づく独自のデータモデルを作成し、史料精読と組み合わせた分析を行うことで、「メタデータの整理」から一歩踏み込んだウラマー像の検討を試みたい。

　RDF の記述方法において、あらゆる情報は「主語」・「述語」・「目的語」という 3 つの要素（トリプル）を用いて表現する。『輝く光』を例に、その著者がサハーウィーであることを示すには、『輝く光』を「主語」として、著者を「述語」、サハーウィーを「目的語」に設定する。ここで重要なのは、単語の意味や用法における解釈のブレを排除するため、主語、述語をウェブ上のリソース（URI）で示すという点である。書名、著者名などの固有名詞も文字列ではなく URI として表現される ID で管理し、述語部分も使用者や言語によって幅のある表現ではなく、Dublin Core Metadata Initiative などの国際的なメタデータ標準に則したプロパティを用いることで[3]、同名の事物の混同や、言語に由来する表記の揺れを回避する。

　RDF の利点として、トリプルの連なりによってウェブ上で関連情報を自在に付加、共有できること（データのネットワークとしての Linked Data の実現）や、ネットワークの可視化が容易であることに加えて、オントロジーに依拠した「知識推論」が挙げられる。オントロジーは、クラス（概念）／インスタンス（事物）間の関係性や階層構造を示した、いわばデータの設計図である。クエリ言語 SPARQL を用い、特定のオントロジーに基づいて構築されたデータに問い合わせを行うことで、「人物 A が場所 B において時間軸 C のなかで師弟関係を構築した人物は誰か」というように、欲しいデータリソースを変数で指定して抽出することに加えて、データ間の関係性に基づく意味論的な推論ができる。この「意味論的な推論」という表現を歴史研究に即していえば、史料中に直接的には言及されていない知識に基づいて解釈を補完する、ということである。「ウラマー・データベース」としての人名録から得られる情報を RDF で

---

[3]　例えば、「作者」「著者」に相当する Dublin Core Metadata Initiative による "creator" の定義は以下を参照せよ。https://www.dublincore.org/specifications/dublin-core/dcmi-terms/elements11/creator/

表現し、Linked Data として機械可読にすることで、可視化や情報抽出、推論による分析の可能性が拓けるのである。

2　方法論

まずは様々な形態のイジャーザをオントロジーのなかに位置づける必要がある。そこで「イジャーザ授与」から「イスティドゥアーによるイジャーザ」に至る階層構造を以下のように定義する（図1）。

(1)　「イジャーザ授与」は「出来事 (dcterms: Event)」の下位概念 (rdfs: subClassOf) である。
(2)　「イジャーザ授与」の下位概念に、「通常授与」と「名目的授与」を位置付ける。
(3)　「名目的授与」の下位概念に、「イスティドゥアーによるイジャーザ」がある。
(4)　「イスティドゥアーによるイジャーザ」の構成要素に、「集合的授与」と「地域別授与」の2形態 (rdf:type) を位置付ける。
(5)　「地域別授与」は「集合的授与」の部分を構成しうる (dcterms: isPartOf)。

データ化にあたっては、個々のイジャーザに 10 桁のランダム英数字から成る ID を含めた仮の URI を付し (ex: case_URI)、発行日、授受の方向、請求者、授与者、被授与者、地域、特記事項、典拠などの各情報項目の主語とした。刊本各巻と照合する際の事例番号として "ex: case_No" を付与したほか、典拠となる伝記の収録対象に付す URI は、ハンブルク大学のマキシム・ロマノフ博士から提供されたアプリケーションで生成される各伝記の URI を充てることで史料参照性が担保されるようにした (ex: pers_URI)[4]。人物の場合、上記 URI の末尾 12 桁の数字（下線）を個人番号とした (ex: pers_No)。また、年

---

[4]　本章で利用したアプリケーションは旧バージョンであり、ID 検索が可能な version 2 が 2024 年 7 月に実装された。旧バージョンは現在下記のリンクより利用可能である：https://maximromanov.github.io/sakhawi_project_v1/

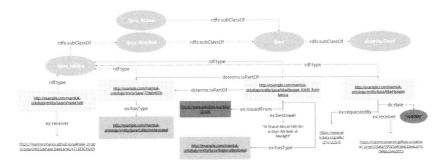

図 1 イスティドゥアーによるイジャーザのオントロジー
楕円形で示されたノードはクラス、長方形はインスタンスを示す。

代、請求者、授与者において共通性の高い個々のイジャーザが、集合的授与の一部を構成していると考えられる場合は、「部分」を示すプロパティ（dcterms: isPartOf）を用いて親子関係を示した。

これらイジャーザの情報を整理したデータに加え、伝記の収録対象者の URI を主語にしたデータを作成した。ここでは個人名の文字列表記、社会的属性、生没年など、伝記対象者に紐づくプロソポグラフィーの情報を整理、追記していく。

RDF においては、主語、述語を URI で示すことが定められている。また目的語も別のトリプルの主語になりうるため、こちらも極力 URI で示すほうがよい。さらに重要な作業として、人物に関する典拠管理がある。例えば史料中で "al-Burhān al-Ḥalabī" と呼ばれる人物と "Burhān al-Dīn al-Ḥalabī" は、研究者がみれば同一であることが明白であっても、文字列で表現した場合、データ上では別人物として扱われる。したがって、固有名詞の表記揺れに対応するため、人名を同一の URI に統合する「名寄せ」が重要であり、それには史料精読のプロセスは避けて通れない［石田 2024: 7-10］。

これら正確な情報抽出に不可欠なプロセスであるデータのクリーニングを経て、イスティドゥアーに関する情報（A）と、それに授与者、被授与者として関わった人物、すなわち伝記対象者の情報（B）を作成した。

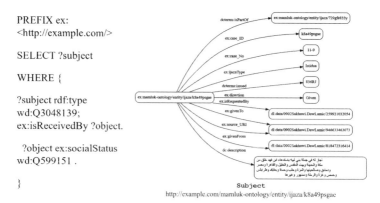

図2　クエリ文（左）と検索結果（右）

A）イスティドゥアーに関する情報

```
<http://example.com/mamluk-ontology/entity/ijaza/shsp6e7p9j> dcterms:isPartOf <N/A> ;
  ex:case_ID "shsp6e7p9j"^^xsd:string ;
  ex:case_No "1-1"^^xsd:string ;
  ex:pers_URI
<https://maximromanov.github.io/sakhawi_project/data/0902Sakhawi.DawLamic/471683039269> ;
  ex:ijazaType "Ijaza"^^xsd:string ;
  dcterms:issued "N/A"^^xsd:string ;
  ex:direction "Give"@en ;
  ex:isRequestedBy <N/A> ;
  ex:isRequestedBy_literal "N/A"^^xsd:string ;
  ex:givenTo "talaba, awlad"^^xsd:string ;
  ex:givenFrom "N/A"^^xsd:string ;
  dc:description "サハーウィー自身、複数の学生たちが彼に対してイスティドゥアーによるイジャーザを請求したのを目にし、その中には複数の子弟が含まれていた。"@ja .
```

B）伝記対象者の情報

```
<https://maximromanov.github.io/sakhawi_project/data/0902Sakhawi.DawLamic/471683039269>
  ex:pers_No "471683039269"^^xsd:string ;
  foaf:name "Ibrahim ibn al-Ghars"@en ;
  ex:socialStatus <https://www.wikidata.org/wiki/Q189459> ;
  ex:lifetime "9世紀初頭生まれ、888年シャウワール月にダマスクスで歿"@ja ;
  dcterms:source "V01P012-13"^^xsd:string .
```

　SPARQLを用いた、変数を指定した情報抽出方法は以下の通りである。図2の左は、「イジャーザ（https://www.wikidata.org/wiki/Q3048139）」の値を持つ主語のうち、「授与された（＝被授与者）」のプロパティの値が「社会的地位：官僚（Q599151）」になる主語を抽出するクエリ文（＝官僚に授与されたイジャーザ）であり、その結果が図の下部に表示されるURIのイジャーザということになる（図2右）。同様に、時代や属性を限定した検索や、データに順位付けを行うこ

とも可能である。

3　イスティドゥアーによるイジャーザ授受の分析

(1) 年代の分布

　それでは、このRDFデータに基づき、具体的な分析を試みていきたい。まずはイスティドゥアーによるイジャーザの発行年代である。発行年代が示されているイジャーザは113件あったが、世紀が不明の2件はN/Aとした（図3、年代はヒジュラ暦）。

　これにサハーウィーの生没年であるヒジュラ暦831、902年を重ねると、いくつかの傾向がわかる。まず彼が存命であった期間では830年代から850年代に集中しており、40歳以降にあたる時期のイジャーザに関する言及は少ない。そして彼の生前である720年代から820年代までのイジャーザは合計61件あり、年代が判明するイジャーザの過半数を占めている点も特徴的である。個々の伝記において、授与の詳細な状況やサハーウィーが内容を知りえた経緯に関する言及があることは稀である。そのため、このグラフに示されているのはあくまでサハーウィーが関心を向け、記録したイジャーザの年代であることに注意する必要がある[5]。

　850年代までの集中は、幼少期におけるイジャーザ獲得に高い価値が認められていたことから、サハーウィーが自身の幼少期のイジャーザにまず関心を払っていた可能性がある。実際彼の自伝には、学問に熱心な糸商人の父がイスティドゥアーの仲介役となり、「直接会ったり、聞いたりすることの叶わない人々から（イジャーザを）得た」と記されている［Daw' 8: 9］。またヒジュラ暦850年代に集中がみられる点については、師であるイブン・ハジャルの死後（852/1449年以降）、メッカ巡礼に向かい、続いてシリア各地を遊学した時期と重なる［伊藤 1997: 24］。この遊学を通じ、サハーウィーは80か所以上、1200人を超える学者と交流をもったと述べており［Daw' 8: 10］、各地のウラマーか

---

[5]　17世紀のイスラーム改革思想をめぐる師弟関係の可視化において、石田も情報量の多い学者のネットワーク上での表示が大きくなることを指摘し、実際に果たした役割と表示の大きさが見合うか否か、慎重な検証を促す［石田 2024: 3］。

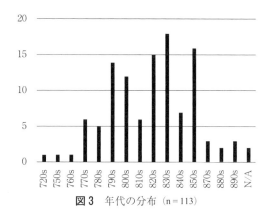

図3　年代の分布 (n = 113)

らイジャーザを獲得したほか、彼らが獲得したイジャーザに関する情報を得ることも容易であったと思われる。

　他方、生前の820年代以前については、イブン・ハジャルの関係するイジャーザに帰せられる。特にヒジュラ暦820年代のイジャーザ全15件のうち、イブン・ハジャルの息子ムハンマドを含めた子弟に対して授与されたものが8件を占める。請求者の分析は後述するが、イブン・ハジャルが請求者となったイジャーザは10件が認められ、うち発行年が判明するのはいずれもサハーウィーの生前である（ヒジュラ暦796年、797年、821年）。師が関わったイジャーザを直接参照しえたことも、この年代への情報の集中につながったと思われる。またサハーウィーにとって師の学問の系譜を強調することは、自身のウラマーとしての権威を強化するという意味もあったであろう。

(2) 授与者別言及回数

　次に、各イジャーザの授与者として『輝く光』に言及された回数を見ていくことにしたい。授与者に対する言及回数は計442回であり、同一人物と思われる事例をURIで統合した結果、授与者として259名が認められた。大半の授与者については1度のみの言及であり（188名）、2回（33名）、3回（13名）の授与までで全体の9割を超える。他方で、多数のイジャーザを授与した人物がいたことは注目に値しよう。言及の多い個人名を挙げるなら、6回が3名（Abū Hurayra al-Dhahabī, al-Ṣalāḥ ibn Abī ʻUmar, al-Zayn al-Marāghī）、7回が1名（Abū al-Khayr ibn al-ʿAlāʾī) である[6]。サハーウィー（8回）と師のイブン・ハジャル（14回）が突出していることは妥当であるが、最も回数の多い計18回の言及は女性で、「当代のムハッディサ（ハディース伝承者の女性形）」と呼ばれたアーイシャ・イブナ・イブン・アブドゥルハーディー（1323-1413年）であった。彼女が4歳頃に聴講したハディース学者ハッジャール（1226/7-1329年）[Davidson 2020: 163-166, 190-191] から遡及するブハーリーの「高い」イスナードを保持する当時唯一の伝承者であったことで、各地方から学者が来訪し、多くのイジャーザを授与したことが彼女の伝記に記される［Dawʾ 12: 81］。彼女がダマスクスのサーリヒーヤ地区に居住していたことで、エジプトやヒジャーズの学者たちにとって、イスティドゥアーは当時最良とみなされた系譜に連なるための簡便な手段であった。これら言及回数の多い授与者たちは、イジャーザの授与によって学者の再生産を担っていたのである。

（3）請求者別言及回数

今度は、請求者別の言及回数を見ていきたい。請求した人物に関する言及は150件が認められるが、うち伝記対象者本人が請求者である事例が18件、対象者の父親の場合が7件あり、個人名に言及がある事例を名寄せした結果、授与者は32名に集約された。個人名で最も多いのは「イブン・ファフド」で30回、続いてザイヌッディーン・リドワーン（1368-1448年）が15回であり、サハーウィー（12回）、イブン・ハジャル（10回）、ナジュムッディーン・イブン・ファフド（1409-80年、8回）、イブン・ムーサー（1387-1420年、6回）、イブン・アビー・シャリーフ（1419年生、5回）と続く。「イブン・ファフド」は「ナジュムッディーン・イブン・ファフド」と同一人物の可能性が高いが、彼の父タキーユッディーンが請求者となるイジャーザもあり（3回）、いずれかを確定できなかったため別カウントとした。ザイヌッディーン・リドワーンはイブン・ハジャルと親交のあったハディース学者でもあり、イブン・ファフド父子を含め、ハディース学に傾倒したウラマーであるほど、イスティドゥアーによるイジャーザに対する関心が高いという仮説が裏付けられる［太田（塚田）

---

[6] 人物についてもデータ上はURIで管理するが、ここでは可読性を優先し、文字列で表す。

2024: 18]。より優れたイスナードを希求した彼らは、イジャーザの授受にも積極的に関わり、結果的に学者ネットワークのノードとなっていたといえる。

(4) 関係者の内訳

続いて、伝記対象者のなかでイスティドゥアーによるイジャーザ授受に関わった人々（n＝334）の属性を検討する。属性の分類として「学者」のほか、「ムアッズィン（アザーン係）」、「文筆・書写」、「書店・製本業」、「スーフィー」、「公証人」、「行政官」、「書記」、「軍人層（子孫含む）・カリフ」、「商人」、「従者」の項目を設けた。むろん文筆業やスーフィー、行政官らも広義ではウラマーの一部とみなしうるが、カーディー（法官）やムフティー（法見解提示者）、マドラサの教授などの高位ウラマーとは異なる、総体としての知識人の在り方に着目するという本章の目的に即して細分化した。同様に、兼業ウラマーをデータ上いかに扱うべきかも議論の余地はあるものの、本章では、行政官や商いを主たる生業としていた人物は「ウラマー」以外の該当項目に分類した。また女性の属性として、「ムハッディサ」の項目を設けた。このように個人の属性は一律的な分類が困難であることが多く、機械分析に向けた今後の課題となろう。

図 4 が示す通り、「ウラマー」に分類された人々は 207 名と、関係者全体の 62％に該当するが、重要なのは「専業の学者」ではない人々が 4 割を占めていたという点である。「その他」（6 件）が含むのは各 1 例のみの属性で、具体的には「シャリーフ（預言者の子孫）」、「聖者」、「説教師」、「墓掘り人」、「門番」、「製造業者」である。すなわち、商人や従者らと合わせ、学業と直接関わりのない人々が少なからず含まれていたことがわかる。

女性については、ムハッディサと明記された事例が 12 件あり、ムハッディサ以外の女性は属性不明に分類している（38 件中 20 件）。イスティドゥアーによるイジャーザに関わった伝記対象者のなかで女性が占める割合は合計で 32 件、9.6％であった。さらに授与者に限定した場合、259 名中 17 名（6.6％）、授与者の言及件数でみると 442 件中 42 件（9.5％）が女性である。

それでは、ウラマーの裾野や周縁に位置したイジャーザの授与者には、いかなる人々が含まれていたのだろうか。一例を挙げれば、ムハンマド・サフラーウィーは、ハッファールという由来名が示す通り、カイロ郊外に広がる墓廟地

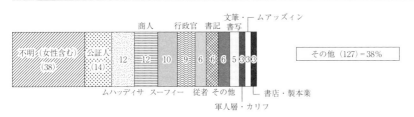

図 4　属性の内訳 (n = 334)

区の墓掘り人、もしくはその家系の出身者と思われる。クルアーンの暗唱以外の経歴は不明であるが、彼の伝記には、ザイヌッディーン・リドワーンのイスティドゥアーにおいて、アーイシャ・イブナ・イブン・アブドゥルハーディーらからイジャーザを得たことで、学生たちがイジャーザを求めたとある［Daw' 9: 18］。イスティドゥアーによるイジャーザが名目的かつ大規模な性質を有したことで、学者の裾野に位置した人々をも容易に系譜上に包摂することができた。そして「普通の」学者、さらには学者ではない人々も次世代の学者たちへとイスナードを継承する重要な存在になりえたことが、この例から示唆されるのである。

(5)　「集合的授与」の再構成

　最後にオントロジーの定義に従って各関係者のイジャーザに関する記述を総合することで、「集合的授与」の再構成を試みたい。イジャーザの日付に加え、請求者、授与者が一致する事例を抽出した結果、40 例のイジャーザが 11 の集合的授与を構成していることが推定された。同一の請求者であっても、日付に言及がない事例は含まないこととした。

　クエリによって抽出されたのは、あくまでデータ上の共通性が高いイジャーザである。例えば、case_No"3-15"、"7-15"、"12-1"、"12-23" は、798/1396 年に各伝記対象者に授与されたイジャーザで、その授与者は case_No"3-15" では「ザハビー、その他」、case_No"7-15"、"12-1"、"12-23" では「ザハビー、イブ

ン・アラーイーと（その他の）人々」と、類似している[7]。伝記中、請求者に言及があるのは case_No"3-15" のみで、授与対象者（Khalīl al-Nābulusī）の父がナーブルスのシャーフィイー派カーディーの執達吏を務め、エルサレム地方の学者との人脈があったことから、「ザハビー、その他がイジャーザを与えた（7）98年ラマダーン月の複数のイスティドゥアーにおいて、彼の息子の名前が記された」とある [Ḍaw' 3: 197-198]。他方、case_No"7-15"（Muḥammad ibn al-Muhandis）はイブン・ハジャルの書記を務めた人物で、エルサレムとの関係は不明である。case_No"12-1"（Āmina ibna Muḥammad al-Rashīdī）、"12-23"（Fāṭima ibna Ibrāhīm al-Barmāwī）はいずれもサハーウィーにイジャーザを授与したムハッディサであった。

　後者3名はサハーウィーと近い立場にあり、集合的授与を構成するイジャーザである可能性は高いが、同一の授与者に対する異なるイスティドゥアーによって得られたイジャーザでないことは、記述から得られる「状況証拠」から推測するほかない。

　そのため、集合的授与の復元には史料横断的な分析が有効となる。例えば、メッカのハディース学者であるナジュムッディーン・イブン・ファフドは、遊学中の836年ラジャブ月／1433年2月、アラブ諸都市のウラマーに対するイスティドゥアーを行った。『輝く光』の伝記記述から、このときにイジャーザを得た人物として少なくとも11名が数えられる。その一人である官僚のイブン・ムズヒル（1428-88年）について、『輝く光』の伝記においては日付の記載がないが [Ḍaw' 11: 88-89]、同じくサハーウィーの記した詳細な人名録『カーディー列伝続編』では、ヒジュラ暦836年ラジャブ月、彼とその一族がイブン・ファフドのイスティドゥアーによって、アラブ諸都市からイジャーザを獲得したことが詳述されており、授与者として地域別に総勢56名が列挙されている［太田（塚田）2024: 14-15］。したがって、今後 RDF データに典拠情報を付加し、複数史料にあらわれる断片的な記述を統合していくことで、よりマクロな「出来事」としてのイジャーザ授与を描くことが可能となるだろう。

---

[7] 前述の通り、各イジャーザと人物は一意の ID で管理するが、ここでは可読性を優先し、刊本に基づく "case_No" と文字列で示す。

おわりに——「ゆるく、多様なつながり」の社会的意義

　イスティドゥアーの慣行は14世紀から16世紀にかけての中東諸地域で実践されていたことが確認されるが、この術語を用いずとも、請求者を経て、遠隔の都市から名目的なイジャーザを大量に獲得するという点で類似の慣行は、さらに以前から存在した可能性が高い［水上 2014］。

　イジャーザの請求に加わり、遠方の高名な師たちから大量のイジャーザを獲得することは、被授与者個人のレベルにおいては、学統上の優位な位置づけを容易に得るという大きなメリットがあったと考えられる。それではこのような名目的な関係構築の慣行化は、ウラマーのつながりにおいて、どのような意味を有したのだろうか。

　社会学者マーク・グラノヴェッターは、かの有名な論文「弱い紐帯の強さ」のなかで、コミュニティ外との情報伝達や資源へのアクセスにおいては、緊密な社会的つながりよりも、互いを「あまり知らない」、弱いつながりこそが有利であり、集団間の情報伝達に優れた弱い紐帯がマクロレベルでの統合を支えることを論証した。彼によれば、「伝播されるものが何であろうと、強い紐帯よりも弱い紐帯を通じて受け渡された方が多数の人々に到達し、より大きな社会的距離を越えることができる」という［Granovetter 1973: 1366］。この洞察は、異なる集団間をつなぐ名目的イジャーザを分析するうえで非常に示唆的である。

　師から弟子へと一対一の関係において与えられる、学業の達成を保証するイジャーザに象徴される師弟関係は密度の高いネットワークとみなしうるが、前提として双方が学者に限定される、同質性の高いものである。グラノヴェッターによれば、このような強固なつながりのみで構成されるネットワークはクリークを形成するため、情報の広がりに乏しい。他方、イスティドゥアーによるイジャーザが取り結ぶ、遠方の学者と被授与者とのつながりは、請求者を介することで得られる「弱い」性質の紐帯である。だが、名目的イジャーザ獲得の目的、すなわち預言者や学祖へと遡及する系譜に注目した場合、このような「弱い」紐帯を肯定することがネットワークに柔軟性と多様性を与え、価値の高いイスナードや学統の断絶という学者ネットワークの危機を乗り越える機能

を果たした可能性がある。

　名目的イジャーザが慣行化した背景として考えうるのは、イジャーザ授受という行為に、有力学者とのつながりの獲得と継承、すなわち系譜の形成と維持という社会的な意義が含まれていたことである。イジャーザの獲得が、被授与者を優れた学統上に位置付けることで、学者としての地位や評価の向上に資したことは疑いないが、本章では、それが名目的なものであっても系譜上有効とみなされたこと、必ずしも専業の学者ではない人々が授受に関わっていたことが明らかとなった。さらに、名目的イジャーザを獲得したウラマー以外の人物が、希少なハディースの伝承経路を保持することを理由に、次世代の学者たちにイジャーザを授与する立場にもなっていた。授与者、被授与者双方に学者ではない、また学者になりえない人々が含まれており、授与者側からみても、イジャーザを与えた人物すべてが学者としての道を歩むとは想定していなかったに違いない[8]。授与者たちは、ノードとなる請求者への信頼のもと、「あまり知らない」遠方の人々にイジャーザを授与することで、次世代に対する伝承の権威を託したのである。

　この慣行が拡大、定着した時期の確定には通時的な検討が必要になるため、ここでは明言できないが、14世紀から15世紀にかけては、ペスト禍がもたらす死亡率の高さや、叙任料の高額化、恣意的な解任によって、有力職の維持や文民エリートの再生産が課題となっていた。イスティドゥアーによって取り結ばれる関係が「弱い」性質であったからこそ、地域的・世代的な広がりが容易に生まれた。この種のイジャーザを含む「ゆるく、多様なつながり」は、個人の栄達におけるアドバンテージに加え、結果的に様々な社会的な危機を乗り越えるための、コミュニティ全体としての生存戦略としても機能したと考えられる。

　様々な社会的危機のなか、学者たちはそれぞれ生存のためのネットワークを張り巡らせていた。今後はイジャーザを含む学歴、婚姻、職の獲得等、様々な情報を重ね合わせることで、多元的な関係性のなかから学者の位置を探る必要

---

[8]　サハーウィーは糸屋を営む父の計らいで幼少期にイジャーザを得たが、同様にサハーウィーのイスティドゥアーによってイジャーザを獲得した異母弟アブドゥルカーディルは家業を継いだ［*Ḍawʾ* 4: 270-271; 伊藤 1997: 23］。

がある。そしてそのためにはこれまで個別に行なわれてきた研究成果を統合的に分析することが有効であり、柔軟な情報記述と抽出が可能な RDF はこの点でも優位である。

　本章において時間を要したのは、オントロジーの作成にあたり、概念と事物の関係をマシンリーダブルに定義するという、研究者の「肌感覚」のデータ化であった。典拠管理1つをとっても、史料の曖昧性や断片的記述に阻まれたほか、分析項目によって、名寄せの難易度は大きく異なる。例えば請求者は各地からイジャーザを集めることが可能な人物が務めるため、必然的にネットワーク上の有力者である可能性が高い。他方、イジャーザの授与者については、数の多さ（約 300 名）に加え、イジャーザの年代や授与地が不明であったため、個人の特定は困難であった。だがこのようなデータ化における難易度の高低自体が、イスティドゥアーによるイジャーザの特色を示しているともいえるだろう。つまり、データ化の容易な、少数の著名人の力を借り、人名録への収載から漏れるような、やや「マイナーな」学者やその周縁を含む、多くの人々、多くの地域からイジャーザを得るという構造の証左なのである。

　本章で扱ったのは、400 件のイジャーザの事例であり、従来の史料精読でも十分対応可能な数かもしれない。だが今後、機械可読なデータとして歴史知識を蓄積することで、クエリを用いた RDF 推論システムは人間の処理能力を超える力を発揮するだろう。

【謝辞】
本章の準備段階において、国立情報学研究所／ROIS-DS 人文学オープンデータ共同利用センターの小川潤特任研究員より的確かつ親身なご助言をいただいた。ここに記して深く感謝を申し上げる。

参考文献

Ḍaw': al-Sakhāwī, al-Ḍaw' al-lāmi' fī a'yān al-qarn al-tāsi'. 12 vols. Cairo: Maktabat al-Quds, 1935–1937.

石田友梨 2024「TEI と RDF を用いたアラビア文字伝記資料のデータ化の試み――イブラーヒーム・クーラーニーの伝記を例に」『岡山大学大学院社会文化科学研究科紀要』57: 1-20

伊藤隆郎 1997「サハーウィーの参照した歴史関連文献」『西南アジア研究』47: 22-38

太田（塚田）絵里奈 2024「「イスティドゥアーによるイジャーザ」に基づく 15 世紀ウラマーの名目的関係構築」『西南アジア研究』97: 1-22

小川潤他 2022「一次史料における時間的コンテキストを含む社会関係記述モデルの提案と実践」『情報処理学会論文誌』63(2): 258-268

須永恵美子・熊倉和歌子編著 2024『イスラーム・デジタル人文学』人文書院

苗村卓哉 2010「15-16 世紀東アラブ世界におけるアルド――イブン・トゥールーンの自伝・名士伝記集を中心に」『オリエント』53(1): 31-57

水上遼 2014「イブン・アル＝フワティーの伝える 13 世紀後半の集団イジャーザ――バグダード・メッカ間およびバグダード・ダマスクス間の事例から」『オリエント』57(1): 62-72

Davidson, Garrett. 2020 *Carrying on the Tradition: A Social and Intellectual History of Hadith Transmission across a Thousand Years*, Leiden: Brill.

Gharaibeh, Mohammad. 2014 "Brokerage and Interpersonal Relationships in Scholarly Networks: Ibn Ḥağar al-Asqalānī and His Early Academic Career," S. Conermann (ed.), *Everything Is on the Move: The Mamluk Empire as a Node in (Trans-)Regional Networks*, Bonn: Bonn University Press.

Granovetter, Mark. S. 1973 "The Strength of Weak Ties," *American Journal of Sociology* 78(6): 1360-1380.

Kokaze, Naoki, *et al*. 2024 "Contabilizar el comercio imperial: analysis of early double-entry accounting books with TEI/DEPCHA," *Digital Scholarship in the Humanities*, 40: 27-38.

Ota-Tsukada, Erina. 2019 "The Muzhir Family: Marriage as a Disaster Mitigation Strategy," *Orient* 54: 127-144.

第11章 日本の中東・イスラーム研究者のコネクティビティを可視化する
―― 謝辞から読み解く研究史

須永恵美子

はじめに――続・つながりづくりとつながろうとする意思

　研究者も群れる。漫画やドラマに登場するような、世間と断絶された研究室に籠もり、黙々と実験を続ける孤高の学者は、もはや絶滅危惧種といえるだろう。中東・イスラーム研究（本章では、宗教学に限定せず、イスラームおよびムスリムが多い地域を対象とした研究全般を指す）を専門とする研究者や教員たちも例外ではなく、基本的にはいずれかの大学に所属し、教鞭をとりながら学内外の会議や委員会業務をこなしている。

　日本における中東・イスラーム研究は、比較的新しい学問分野であり、文系を中心とした個人研究が主流となっている。そのため、ドラマに描かれる「白い巨塔」のような巨大な学閥は現時点では存在しない（と筆者は考える）。しかし近年、組織的な研究グループの形成や共同研究が活発化しており、研究者同士の結びつきが強まっていることが見て取れる。こうした研究者同士の関係性を、論文に記された謝辞の内容を分析することによって明らかにしようとするのが、いわゆる「謝辞分析研究」である。

　本書「イスラームからつなぐ」シリーズの第1巻『イスラーム信頼学へのいざない』では、筆者と熊倉和歌子による共同研究の成果として、「図5 2010-19年に提出された博士論文を対象にした謝辞ネットワーク図」が掲載されている［熊倉 2023: 247］。本章では、この研究に新たなデータを追加し、より広い範囲で中東・イスラーム研究者のネットワークを分析することを目的としている。

1 イスラーム研究と研究者の居場所づくり

　日本においてイスラームに関する研究が始まったのは、幕末から明治にかけての時期である。以下、板垣［2003］および Miura［2004］を参考に、日本の中東・イスラーム研究の歴史を4つの世代に分けて説明する。

(1)　第1世代——1930年代までの中東研究
　1931（昭和6）年に満洲事変が勃発すると、「現地民族の名の回教民族のことや、それが宗教的には遠くのアラビア沙漠やトルキスタン草原に向って横一線につながっていることにはじめて開眼」［小村 1988: 75］されたことを契機に、イスラーム研究が組織的に行われるようになった。これが、日本におけるイスラーム研究の「第1次ブーム」である［前嶋 2003］。
　1938年、大日本帝国の時代、「回教圏研究所」が日本の戦前の中東・イスラーム研究の中心拠点であった。トルコ研究の開拓者である大久保幸次所長のもと、同研究所の紀要・月刊『回教圏』を見ると、同研究所ではトルコ研究が重視されていたようである［永田 2014: 145］。他にも、所員の蒲生礼一が率いた「〈五族協和〉をめざし蒙古についての「知」を獲得するプロジェクトの一環であった「内陸アジア史」は、今日のイラン研究へと継承されている［山岸 2014: 153-154］。ただ、日本の敗戦とともに、当時の研究機関は閉鎖・解体され、収集された資料のほとんどは空襲で失われたか、あるいはアメリカ占領軍に接収された［Miura 2004: 176］。

(2)　第2世代——1950年代　戦後の中東研究
　戦後、1950年代に入ってから再び中東・イスラーム研究が組織されるようになった。この時点で日本の大学に中東・イスラーム研究の学部や学科はなかったため、西アジア史の専門家は東アジア史学科に、近現代史の専門家は西洋史学科に所属し、宗教学やイスラーム思想の研究者は宗教学科か哲学科に属していた［Miura 2004: 171-172］。その後日本オリエント学会（1954）、中東調査会（1956）、アジア経済研究所（1960）、日本イスラム協会（1963）、東京外国語大学

アジア・アフリカ言語文化研究所（1964）といった学術団体が次々と開設された。まだ日本で海外渡航が自由化される以前の 1963（昭和 38）年、文部省の科学研究費補助金に日本から世界各地へ調査隊を派遣する研究資金である「海外学術調査」の種目が設けられた［文部科学省 2018: 32］。第 1 回派遣には、イラク・イラン学術調査、イラン・アフガニスタン・パキスタン学術調査が選ばれた［上岡 1995: 224-225］。

（3）　第 3 世代——1973 年　オイルショック後

1973 年にオイルショックが起こると、日本における中東・湾岸諸国への注目度が上がり、中東研究の風潮が大きく変化した。イラン・イラク戦争や湾岸戦争を経て、中東地域と日本の関与は緊密になり、中東経済研究所（1974）、中近東文化センター（1975）、国立民族学博物館地域研究企画交流センター（1994）といった研究所が次々に設立された。中でも、地域研究の枠組みで中東研究を行う目的で 1985 年に設立された日本中東学会は、現在まで日本における中東・イスラーム研究の拠点となっている。

（4）　第 4 世代——1990 年代　湾岸戦争後

1990 年代から、日本における中東・イスラーム研究の新しい時代が始まっている。大学にアラビア語、ペルシア語、トルコ語学科が開設されるようになり、教育・研究体制の整備が進んだ。東京大学文学部にイスラム学専修課程（1982）が設置されたことを嚆矢として、続いて東北大学大学院国際文化研究科イスラム圏研究講座（1993）、九州大学文学部イスラム文明学講座（1993）、上智大学大学院外国語研究科地域研究専攻（1997）、京都大学大学院アジア・アフリカ地域研究研究科（1998）といった学部や大学院プログラムが整備され、研究者の層が厚みを増した。

大学組織の他にも、重点領域研究「比較の手法によるイスラームの都市性の総合的研究（通称イスラームの都市性）」（1988-91）や科学研究費補助金（創成的基礎研究費）による共同研究「現代イスラーム世界の動態的研究（通称イスラーム地域研究）」（1997-2001）といった大学をまたぐ大規模な研究プロジェクトが立ち上がった。これらのプロジェクトは関わる研究者の数も多く、国際会議が頻

繁に開催され、英語やその他の外国語による学術出版物も刊行されるなど、日本人研究者の国際的知名度が大きく向上している［Miura 2004: 169］。2006年からは人間文化研究機構による研究プログラムが「イスラーム地域研究」を引き継いでいる。この「イスラーム地域研究」プロジェクトは、日本各地のイスラーム研究者を組織したほか、研究の環境基盤である「アラビア文字などをパソコンレベルで利用する技術の開発と地理情報システムの利用」が重要な成果であった［後藤 2005: 66］。

　このように2000年頃までには、相当数の中東・イスラーム研究の人材が日本で育ってきた。イスラーム研究の裾野が広まり、研究者の数も増えたことに伴って、「イスラーム研究者ならば日本国内すべて顔見知り」という狭い研究者のコミュニティは崩れ、様々な人との関係が広がっていった。このような中、研究者の持つネットワークについて、日本中東学会初代会長の板垣は以下のように記録している。

　　　すでに、中東・イスラーム研究者の専門性は多様に分化している。身近な同業者同士でも、相手のやっている研究の内容や質を相互によく把握したり評価したりできないような状況も生まれつつある。中東・イスラーム研究者の連帯性は弱まり、そもそも「中東・イスラーム研究」などという枠組みの存立そのものさえ危うくなっていくことだろう。［板垣 2003: 281］

　戦後、イスラーム研究自体は拡張・拡大を続けてきた。特に、日本中東学会や「イスラーム地域研究」といった各種の共同コミュニティが研究の機動力となっており、研究者同士のつながりが複雑化したことは疑いない。そこで、次節からは日本のイスラーム研究者がどのようにつながってきたのかを可視化したい。

2　謝辞からみえるつながり

「見えないつながり」を描き出す方法の1つとして、「謝辞」に着目することが有効である。謝辞とは「感謝の意を表す言葉」で、学術活動においては「大

学院では○○先生にご指導をいただいた」「○○奨学金から研究資金の支援をうけて刊行された」など、多様な貢献を記録する形で表される。シンポジウムや研究会の冒頭で言及されたり、論文の前書きや後書きに記されたりする。

　謝辞の役割は、研究に貢献した「私的な援助」に対して公的に感謝を表すことにある［Cronin 1995: 19］。謝辞は研究への参画の度合いの記録、貢献への報酬、尊敬の証、研究協力者としての名義、儀式的な装置などの意味を持つ［武者小路 1982; Ben-Ari 1987; Giannoni 2002］。また、信頼される評価者としての尺度［Mullins and Kiley 2002］や、研究者間の影響力の指標［Cronin 2001］といった評価に関わる機能も備えている。

　他者との関係を示すという点では、謝辞は引用にも似ている。どちらも関係を宣言し、認知的・社会的・手続き的な相互作用を示すものである［Petrovich 2022］。引用は文献を参照し、引用者の解釈を裏付けることで論文の価値を評価する客観的な基準を提供し、時に、給与や昇進にも影響を与えることがある［Cronin and Overfelt 1994］。一方、謝辞は本質的に私的な相互作用や負債を記述するものであり［Cronin 1995: 21］、例えば博士課程の指導教員の貢献は、引用ではなく謝辞で表されるのが一般的である［Hyland 2004; Yang 2012］。

　謝辞研究からは、学術的なネットワークや貢献のあり方を明らかにすることができる。クローニンらは、20世紀の心理学と哲学の学術文献を対象に、共著や協同関係に着目し、謝辞に登場する人物がどのように学術的な貢献を果たしたかを示した［Cronin et al. 2003］。また、ティアンらは謝辞ネットワークと論文の引用回数との関連性を明らかにした［Tian et al. 2021］。学会発表の共同研究などを分析したロマノフは、2009年から2017年の北米中東学会の大会プログラムや会員情報から、学会内の学術コミュニティをGephiを用いてネットワーク図化している［Romanov 2017］。

　日本の中東・イスラーム研究者のつながりを明らかにするにあたり、謝辞分析には大きく2つの意義を見い出せる。まず1つ目は、研究者のネットワークを可視化することである。本章の目的でもあるこの分析手法は、自然科学や工学分野ほど共同研究が一般的でない人文学において、研究者間の協力関係を把握するのに有効だと指摘されている［Díaz-Faes and Bordons 2017］。これは、日本のイスラーム研究においても同様であろう。2つ目の意義は、研究における

「隠れた協力者」の存在を明らかにすることである［Desrochers *et al.* 2018］。例えば学会の会長や教科書の編纂者といった「目立つ」立ち位置にいなくとも、研究に重要な役割を果たしているメンバーを特定し、研究コミュニティにおける非公式なネットワークを可視化することができる。

3　ネットワークの可視化と準備

　ここからは、主題（タイトル）に「イスラーム／イスラム」とつく120件の博士論文に加え、日本中東学会の会員の博士論文249件（うち57件は重複したため実質192件）を収集し、合計312件の博士論文を分析対象とした。博士論文は日本各地の大学に、1953-2019年度までの66年間に提出されている。日本中東学会の分析にあたっては、同学会より会員名簿を使用する許可をいただいたため、ここに謝辞を述べたい。

　実際の博士論文のデータの収集にあたっては、国立国会図書館や各大学図書館からあとがきを取り寄せた。2013年4月の「学位規則」の一部改正によって、博士論文のインターネット公開が義務づけられたため、これ以降に日本で提出された博士論文は、単行本としての出版を待つなどの特定の理由がない限り各大学のリポジトリなどで公開されている。

　分析対象となる博士論文312件には、中東、イスラーム世界の歴史や文学、言語学から、考古学、文化人類学、思想・宗教研究、建築史、美術史、社会学など様々な分野が含まれていた。地域としては中東に限らず東南アジアや中央アジアも含んでいる。すべての博士論文のタイトルで使われているキーワードから作ったワードクラウドが図1である。

　ワードクラウドでは頻度が高い単語は大きく、中心に表示される。中央に大きくイスラームというキーワードが現れているのは当然のこととして、学術論文によく使われる「研究」「考察」「事例」や研究対象を表す「現代」「近代」「社会」「政治」「思想」「運動」のほか、地域名としては「トルコ」「オスマン」「エジプト」「イラン」などが大きく表出されている。

　図2は年代別に博士論文の件数と謝辞の有無、博士論文1件あたりの謝辞の平均件数を数えたグラフである。謝辞の平均数を計算するに当たっては、個人

図1 博士論文のタイトルのワードクラウド（上位100語）

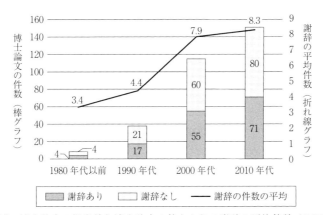

図2 博士論文の提出数と博士論文1件あたりの謝辞の平均件数（年代別）

が特定できる謝辞を1件として扱った。謝辞を書かなかった場合は0件（謝辞なし）、10人の名前を挙げて謝辞を捧げている場合は10件とカウントした。謝辞の記述があるものの、研究機関などの団体や、名前がなく個人を特定できないケースについてはカウントしていない。

312件の博論のうち、147件の論文で謝辞の記述を確認し、合計2351件の謝辞を書き出した。この中には、博士論文の執筆者の家族や調査対象地の住人な

ど研究者ではない人物も含まれる。また、何人もの学生を指導した教員など、複数の博士論文で謝辞を受けている人物も、1件ずつカウントしており、一度でも謝辞で言及された人物は合計1971名であった。

　図2の棒グラフからは、最も古い1953年の博士論文以降右肩上がりに論文数が増えていることがわかる。1990年以前は人文学において博士論文の数自体がごく限られていたが、現在は、日本の大学で教鞭をとるためには、博士号の取得が必須条件となっていることもあり、博士論文の提出数自体が増加している。折れ線グラフからは、博士論文1件あたりに含まれる謝辞の数も、年代を追うごとに増えていることがわかる。1980年代以前は、平均して3名に謝辞を贈っていたため、指導教員や博士論文の主査、副指導教員、副査など特に関わりの濃い人物に対してのみ謝辞を贈っていた。2010年代は平均8名に謝辞を述べている。さらに、2010年代の博士論文のうち謝辞を書いた論文だけを見れば、博士論文1件につき平均18件の謝辞を捧げていた。一方で、謝辞を含む論文と含まない論文の割合は全年代を通してほぼ半々であった。

　次に、博士論文の執筆者の専門分野を分類した。分野の判定については、KAKENデータベース（https://nrid.nii.ac.jp/ja/index/）というウェブサイトを基準とした。日本国内で活動する研究者の多くは、文部科学省の競争的資金である科研費に応募するため、研究者番号を取得する。これは1975年に開始された制度で、大学などの研究機関に所属している研究者が申請に用いる8桁の番号である。このうち、審査区分／研究分野という項目で、研究者が自認する研究分野を選んでいる。このデータベースから同姓同名の研究者を区別し、筆頭の研究分野を確認した。①歴史（ネットワーク図上の略称歴。以下、同）、②地域研究（地）、③文学・言語・思想（文）、④法・政治学、⑤民俗学・人類学（民）、⑥その他人文学、⑦理工・医療・建築に分類した。例えば、東洋史、西南アジア史などはすべて歴史にまとめている。その他の人文学には、経営・経済、ジェンダー研究、観光学、人文地理学などが含まれる。

　研究者番号制度が始まる1970年代以前の研究者や、博士論文を提出して間もない若手研究者は研究者番号を取得していないケースもある。KAKENデータベースに情報がない場合は、博士論文のタイトル＞同要旨＞所属先の順に分野を判断した。

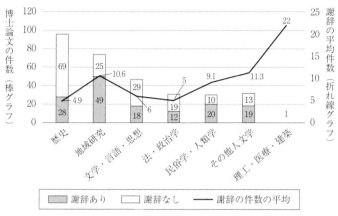

図3 博士論文の研究分野と博士論文一件あたりの謝辞の平均件数

　図3は、それぞれの分野での謝辞がある論文、ない論文の件数を棒グラフで、博士論文1件あたりの謝辞の平均件数を折れ線グラフで記したものである。分野別に博士論文の提出件数を見ると、歴史が最も多く97件で、地域研究が次いで74件、文学・言語・思想が47件であった。理工・医療・建築には医療人類学関連の博論1件をカウントした。

　サンプルが1件しかない理工系を除くと、歴史研究と地域研究で異なる傾向が見られた。歴史研究は謝辞なしの論文が3分の2以上を占め、一方の地域研究では謝辞なしの論文は3分の1にとどまっている。また、論文1件あたりの謝辞の件数でも、歴史研究は平均5名に謝辞を捧げていることに対し、地域研究では倍の11名に言及している。

　また、民俗学・人類学でも謝辞ありの論文が多く（謝辞あり20件、なし10件）、これはインタビューや参与観察など研究に関わる人物が多くなる人類学や地域研究の傾向とみられる。例えば、2010年以降で最も謝辞が多かった博士論文（文化人類学、2012年提出、民027）では、55名に謝辞を贈っており、そのうち18件が、海外のフィールド調査地での協力者（インフォーマント）やその家族であった。

　次に、「日本で活動する研究者」かどうかの選別を行った。研究者か否かの判別については、先述のKAKENデータベースに登録されていることを基準と

した。

謝辞の贈り先を見ていくと、以下のような3つの受け手が見えてきた。

(1) 研究者、大学関係――知的貢献
(2) インフォーマント、研究協力者――研究環境への貢献
(3) 家族・友人――精神的貢献

(1)はいわゆる学術指導であり、研究者番号を取得している研究者がメインである。このカテゴリで多いのは博士課程の指導教員や大学院の教員、研究室の先輩や同僚などである。(2)は研究環境の整備への謝辞であり、調査地のホストファミリーなどのほか、研究を離れた後輩、図書館職員なども含まれる。(3)は両親や兄弟、友人など、精神的なサポートへの謝辞である（個人IDはFamily and Friendsを示すFを頭文字として付与した）。神様もこの分類に含まれる。(2)と(3)には個人名が明記されていないケースも見られた。

具体的に筆者の博士論文のあとがきを抜粋して説明する（所属等は2013年の提出時点）。

---

(1) 副指導教員の田辺明生先生、東長靖先生、長岡慎介先生をはじめとする所属研究科の先生方には、授業やゼミを通して丁寧な研究指導をいただきました。
(2) 留学時代からお世話になっているモイーヌッディーン・アキール先生（カラーチー大学、国際イスラーム大学）にも深く感謝いたします。
(3) 筆者を受け入れてくれたパキスタン、パキスタンの多くの友人・知人、パキスタンの人々に感謝の意を表明いたします。

上記のうち、(1)の3名はKAKENデータベースに登録のある研究者であり、今回の分析に含まれている。3名の情報は、それぞれKAKENデータベースより専門分野と所属大学を抽出し、研究分野を表す漢字1文字＋3桁の数字で個体IDを振り、ノードとして登録した。(2)の人物は研究者であるものの、パキ

スタンを拠点としており、日本の KAKEN データベースには登録されていないため、今回の分析の対象としていない。(3)は特定の個人ではないため分析の対象外とした。

上記の事例以外にも、個人を特定できない「〇〇村のみなさん」「事務室の方」「〇〇研究所」、記名のない両親や妻など、KAKEN データベースに登録されていない個人については研究者ではないとみなし、今回の謝辞にカウントしていない。同様の理由で、経済的貢献として科研費や資金援助を受けた財団や奨学金なども対象外とした。

分析に当たっては、ネットワーク図の作成ソフトである Gephi を使用した。1971 名分の個人名をノード（点）とし、研究者 A から B へ贈られた謝辞を 1 つのエッジ（辺）とし、合計 2351 件の謝辞を可視化したのが次の図 4 である。

それぞれの円や四角が個人（ノード）であり、謝辞を贈った先のノードと矢印のついた線（エッジ）で結ばれている。矢印は博士論文の執筆者から出発し、矢印の先が謝辞を捧げた相手になる。謝辞を複数受けているとノードが大きくなり、謝辞のやりとりの密度が高いとノードはより中央に位置する。謝辞を贈った件数の多寡ではノードの大きさは変化しない。

図 4 の周辺を円状に取り囲む独立したノードは、謝辞のない博士論文である。謝辞のやりとり（エッジ）がないため、他のノードとは接触がない。自らの博士論文で謝辞を書かなかった場合でも、後輩や指導学生から謝辞を受けている場合は、エッジによって他のノードと結ばれている。

Gephi では、ネットワーク図を描き出すだけでなく、クラスタを分析・検出することができる。これは、出身大学や直接の師弟関係、研究分野とは異なり、機械が読み取った関係性によって近しいクラスタを明らかにする機能である。本章ではそれぞれのクラスタはおおよそ色の濃淡で分けている。この図では、1971 人のノード（個人）に対し、156 のクラスタがあった。

図 4 には研究者のほか家族や友人に贈られたすべての謝辞が含まれている。そこで、図 4 から研究者に贈られた謝辞だけを抜き出したネットワーク図が図 5 である。図 5 は、大半のノードが右下にある大きなコミュニティに結びついており、相互のノードのつながりが強いことがわかる。この一番大きなエッジの塊を巨大成分（ジャイアントコンポーネント）と呼ぶ。左上にある小さなノー

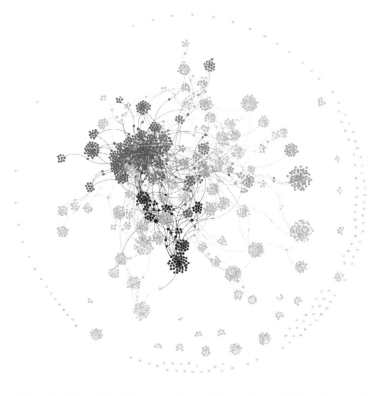

図4 1958-2019年度に提出された博士論文を対象にした謝辞ネットワーク図

図4-9の研究分野とノードの形

略称	分野	ノードの形
歴	歴史	△
文	文学	⌂
地	地域	□
民	民俗学・文化人類学	○
法	法学	○
他	その他人文学	○
理	理系	○
F	研究者以外	●

ド群は、他の研究者と謝辞の宛先がかぶらなかった博士論文である。

　今度は図4から、研究者を除き、家族・友人など計1161人との関係を示したのが図6である。多くのノードがエッジで間接的につながっている図5とは対照的に、家族や友人、海外の研究者への謝辞では、ほとんどのネットワークが細かく分かれていることがわかる。これは、謝辞が執筆者の両親や友人といったプライベートな関係者へ贈られているため、謝辞を受け取る人物同士が重ならないためである。実際、図6は103のクラスタに細分化されており、それぞれのクラスタのコネクションが希薄な状態である。

　図6の中で、2人以上から謝辞を受けている人物が24名おり、多くは海外の大学の教員であった。左下にある大きなノード F881 は、イギリスの経済学の教授である。F881 は京都大学と交流があり、院生ワークショップなど研究会の機会で指導を受けた旨の謝意が多かった。F881 の右側にあるコミュニティは、京都大学でイスラム地域研究センターの運営に携わっていた職員や、同大学に招聘されていたエジプトの教授である。右上の F252 は、トルコの大学教授であり、イスタンブルにおける留学中に指導を受けたことへの謝辞が複数捧げられていた。

　図5（研究者）と図6（家族・友人）をあわせ、さらに謝辞がなかったノードを足すと元の図4になる。

おわりに——より多くの研究者をつなぐ研究者

　研究者に贈られた謝辞のネットワーク図（図5）を、年代別に分けて変遷を見てみたい。

　まず1999年までに書かれた博士論文は、そもそもの論文数が少ないことと、1件あたりの謝辞の数（エッジ）も少ないため、横同士があまりつながらないネットワーク図になる（図7）。この中で、巨大成分は中央のノード 地036 を中心としたコミュニティである。地036 は京都の地域研究の教員であり、左下の東京の教員である 文113 の方が謝辞の件数は多く受けているものの、地036 の方がエッジにつながっているノードの件数がより多い。

　図8は、2000年代の研究者ネットワークのうち、13の小さな独立したクラ

図 5　研究者に贈られた謝辞のネットワーク図

スタを除き、巨大成分のみ抜き出した。図 8 では、中心となる人物が 1990 年代までとかなり入れ替わっていることがわかる。最も謝辞を受けているのは東京の教員の民055であり、関東の文化人類学の学生を中心にエッジが広がっている。同じく東京の歴史学の教員である歴058を中心に、図 8 の左上に歴史学のクラスタが出来上がっていることがわかる。

　図 9 は、2010 年代の研究者ネットワークの巨大成分である。ここに表示されていない独立したクラスタは 7 つのみであり、ほとんどが中央の巨大成分につながっていることがこの年代の特徴である。エッジが煩雑に集まっている左上には、地域研究を中心としたコミュニティがある。

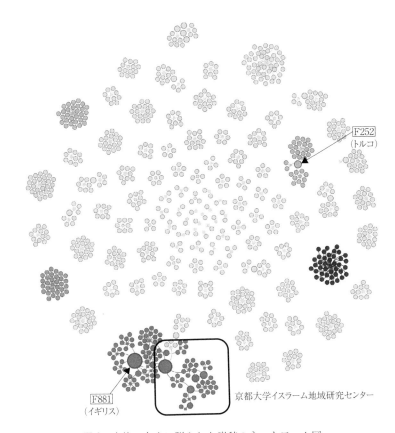

図6 家族・友人に贈られた謝辞のネットワーク図

　さらに、Gephi では、ノード同士のパスの長さを計算して、ノード間の距離に関する情報（モジュラリティ）を取得することができる。ある研究者から謝辞（エッジ）を通じて間接的なつながりがのびている一連のエッジを道筋（パス）とみなすことで、このネットワーク図の中心性を明らかにできる。例えば、ある人物（ノード）から別のクラスタの人物までの最短距離を通るルート上のキーパーソンは、コミュニティの架け橋的な人物、すなわち媒介中心性の高さという指標などで表される。

　図9において、最も媒介中心性が高いのは 地058 である。地058 は京都大学に博士論文を提出した研究者であり、32件の謝辞を贈り、3件の謝辞を受けて

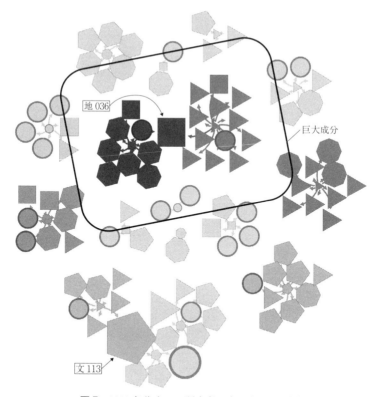

図7 1990年代までの研究者のネットワーク図

いる。媒介中心性の高い人物は、他の研究者同士をつなぐ橋渡し役を担っていることが多く、地058もポスドクや若手研究者に当たる人物で、同じ研究室や他大学の研究者、海外の研究者やフィールドのインフォーマントとも広くつながりのある人物であった。

　1990年代以前（図7）、2000年代（図8）、2010年代（図9）と3つの時代のネットワーク図を比べると、コミュニティの中心である巨大成分はどんどん複雑化しており、より多くのノードを絡め取っていることがわかる。1990年代以前は、それぞれの丸が独立しており、博士論文で謝辞を捧げられた人物がかぶることは地036や文113を除いてほとんどなかった。2000年代になると、ノードの重なりが多くなり、1人から贈る謝辞（エッジ）の数も増えていること

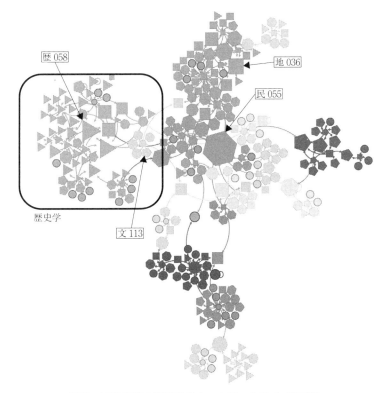

図8 2000年代の研究者のネットワーク図（一部抜粋）

がわかる。また、2010年代になると、それぞれのノードをつなぐ矢印が見えるようになっており、ある研究者が異なる博士論文で言及されていることがわかる。これは、研究室の規模が大きくなり、1人の教授から複数の学生が博士論文を執筆していることなどが想定される。

　謝辞を書く研究者が増え、かつ1人が捧げる謝辞の件数もこれだけ増加傾向にあり、何より年代を追うごとに研究者の巨大成分が大きくなっている、すなわち、研究者のもつネットワークが遠くまでのびるようになっていることを鑑みると、当面、板垣の指摘したように中東・イスラーム研究者のつながりが「消滅」しそうとは言えないであろう。むしろ、コミュニティは大きくなっても、その分異なる分野の研究者とつながるルートも構築されるようになってい

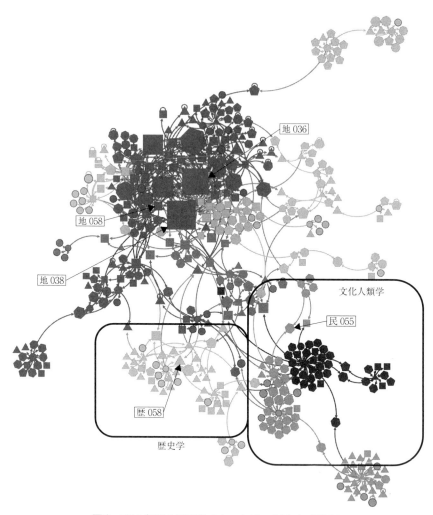

図9 2010年代の研究者のネットワーク図（一部抜粋）

る。研究者は、博士論文というアカデミックキャリアの重要な岐路において、つながりたい人とつながるためのツールとして謝辞を活用しているのかもしれない。

今回提示したネットワーク図は、海外で博士論文を提出し日本に戻って活躍する研究者や、日本で英語の博士論文を提出した研究者などを含めることで、

さらに近年の国際化した学術コミュニティの実態を反映することができるであろう。今後は、日本の中東・イスラーム研究のつながり戦略に議論を進めたい。

参考文献

板垣雄三 2003『イスラーム誤認――衝突から対話へ』岩波書店

上岡弘二 1995「科学研究費による西アジア地域での近年の研究活動状況」『オリエント』38(1): 212-226

熊倉和歌子 2023「見えないつながりを描き出す――デジタル人文学の可能性」黒木英充・後藤絵美編『イスラームからつなぐ1　イスラーム信頼学へのいざない』東京大学出版会

後藤明 2005「佐藤次高編『イスラーム地域研究の可能性』(イスラーム地域研究叢書1) 東京大学出版会 (2003年11月刊、x+264頁)」『イスラム世界』65: 66-70

小村不二男 1988『日本イスラーム史』日本イスラーム友好連盟

永田雄三 2014「近年のオスマン史研究の回顧と展望 (〈特集〉日本中東学会30年の回顧と展望)」『日本中東学会年報』30(2): 145-150

前嶋信次 2003 (1980)「イスラム研究ブームことはじめ――先次大戦末までの思い出」「日本・中東イスラーム関係の再構築」研究会編『日本とアラブ――思い出の記』日本アラブ関係国際共同研究国内委員会事務局

武者小路信和 1982「アメリカ経済史研究者間のコミュニケーション・ネットワーク」『図書館学会年報』28(1): 43-45

文部科学省 2018「科研費100周年記念誌」文部科学省ホームページ、最終アクセス日2024年8月1日。https://www.mext.go.jp/a_menu/shinkou/hojyo/1412721.htm.

山岸智子 2014「日本のイラン研究と日本中東学会 (〈特集〉日本中東学会30年の回顧と展望)」『日本中東学会年報』30(2): 151-156

Ben-Ari, Eyal. 1987 "On Acknowledgements in Ethnographies," *Journal of Anthropological Research* 43, April: 63-84.

Cronin, Blaise. 1995 *The Scholar's Courtesy: The Role of Acknowledgement in the Primary Communication Process*, London: Taylor Graham.

―――. 2001 "Knowledge Management, Organizational Culture and Anglo-American Higher Education," *Journal of Information Science* 27(3): 129-137.

Cronin, Blaise, Debora Shaw and Kathryn La Barre. 2003 "A Cast of Thousands: Coauthorship and Subauthorship Collaboration in the 20th Century as Manifested in the Scholarly Journal Literature of Psychology and Philosophy," *Journal of the American Society for Information Science and Technology* 54(9): 855-871.

Cronin, Blaise and Overfelt, K. 1994 "Citation-Based Auditing of Academic Performance," *Journal of the American Society for Information Science* 45: 61-72.

Desrochers, Nadine, Adèle Paul-Hus, Stefanie Haustein, Rodrigo Costas, Philippe Mongeon, Anabel Quan-Haase, Timothy D. Bowman, Jen Pecoskie, Andrew Tsou, and Vincent Larivière. 2018 "Authorship, Citations, Acknowledgments and Visibility in Social Media: Symbolic Capital in the Multifaceted Reward System of Science," *Social Science Information* 57(2): 223-248.

Díaz-Faes, Adrian and Maria Bordons. 2017 "Making Visible the Invisible through the Analysis of Acknowledgements in the Humanities," *Aslib Journal of Information Management* 69, June: 2050-3806.

Giannoni, D. 2002 "Worlds of Gratitude: A Contrastive Study of Acknowledgement Texts in English and Italian Research Articles," *Applied Linguistics* 23, March: 1-31.

Hyland, K. 2004 "Graduates' Gratitude: The Generic Structure of Dissertation Acknowledgements," *English for Specific Purposes* 23(3): 303-324.

Miura, Toru. 2004 "Survey of Middle East Studies in Japan: Historical Development, Present State, and Prospectus," *Annals of Japan Association for Middle East Studies* 19(2): 169-200.

Mullins, Gerry and Margaret Kiley. 2002 "'It's a PhD, not a Nobel Prize': How Experienced Examiners Assess Research Theses," *Studies in Higher Education* 27(4): 369-386.

Petrovich, Eugenio. 2022 "Acknowledgments-Based Networks for Mapping the Social Structure of Research Fields: A Case Study on Recent Analytic Philosophy," *Synthese* 200(204): 1-40.

Romanov, Maxim. 2017 *The Network of MESA (2009-2017)*, Accessed on August 1st 2024. https://maximromanov.github.io/2017/11-12.html

Tian, Shanwu, Xiurui Xu, and Ping Li. 2021 "Acknowledgement Network and Citation Count: The Moderating Role of Collaboration Network," *Scientometrics* 126(9): 7837-7857.

Yang, Wen-hsien. 2012 "A Genre Analysis of PhD Dissertation Acknowledgements across Disciplinary Variations," *LSP Journal* 3, January: 51-70.

あとがき

　本書『デジタル人文学が照らしだすコネクティビティ』は、イスラーム信頼学プロジェクトの研究活動をもとに、デジタル人文学的手法を活用した成果をまとめたものである。特に、「つながり」を可視化し、新たな知見を得るという試みを軸に、多角的な分析と議論が展開されている。

　本書で取り上げられた研究は次の2点を明らかにすることができた。第一に、これまで十分に活用されなかった資料を可視化という手法を通じて新たな形で分析可能にしたことである。この可視化分析により、従来の研究では見えにくかった中長期的な傾向や構造を把握することが可能となった。人名録のデジタル化とそのネットワーク分析はその好例であり、歴史的資料に内在するデータの潜在的価値を掘り起こす新たな道筋を提示している。

　第二に、「つながり」に着目することを通じて、そのつながりを基盤とする人間の行動様式のあり方を明らかにする可能性を示したことである。つながりの分析は、単に数値的・機械的なリンク（関係性）を示すだけではなく、その背景にある人間の社会的・文化的・歴史的な意味や影響を含んでいる。本書の研究は、つながりを軸にした分析が、ある歴史や文化の中でどのように新しい知見を生み出すかを実証している。

　一方、本書では十分に取り上げることができなかったトピックもある。それはAI（人工知能）である。デジタル人文学の分野ではすでにAIを活用したアプリケーションが使われているが、今後は研究のさまざまな場面でその利用が進み、さらに幅広い活用が期待されるだろう。このように考えると、AIがコネクティビティ分析にどのように活用されるかだけでなく、AIを用いた研究が従来の人文学における知の生産のあり方をどのように変えるのかも、極めて重要な問いである。これらについて本書では十分に論じることができなかったが、今後どこかで改めて議論されることを願っている。

　デジタル人文学的手法を用いた研究は端緒についたばかりであるが、人文知

のあり方自体を変える可能性が強く示唆されている。その重要性は今後も増していくことが予想されるが、それと同時に、ツールの使いやすさや汎用性が向上することで、これまで以上に身近なものとなっていくだろう。次々と登場する新技術を用いて新たな知見を得ようとする試みは、今後も続いていくことだろうが、その際に本書が一助となれば幸いである。

　ところで、本研究はつながりを分析しながら、研究者のあいだのつながりをつくっていく機会ともなった。そもそも本研究課題に取り組むきっかけは、研究代表の黒木英充さんに声をかけていただいたことである。魅力的なテーマに惹かれて参加したものの、いざテキストからコネクティビティを量的に抽出し、可視化しようとすると、試行錯誤の連続だった。そんな折、永崎研宣さんから「黙々会」の開催を勧められた。文字通り、参加者が集まり、それぞれ黙々と作業を進める会のことだが、その場で気軽に質問したり議論したりできるため、情報交換や作業の進捗管理の面でも有効だという。そこで、オンラインで定期的に黙々会を開催することにした。結果として、その場には研究班や信頼学プロジェクトの枠を超え、さまざまな人々が集い、刺激的な議論が交わされることとなった。本研究の成果の多くは、まさにそこでの議論から生まれたものである。コロナ禍にもかかわらず、このような交流の場を持てたことは、研究の推進のみならず、精神的な支えにもなったと感じている。今後も、ここで培われたつながりを緩やかに保ち続けていければと思う。

　本書の刊行にあたっては、東京大学出版会の山本徹さんと神部政文さんには多大なご助力をいただいた。また、索引については長野壮一さんが一手に引き受けてくれた。村瀬智子さんには校正でサポートいただいた。心より感謝申し上げる。

　なお、本書は、2024年度文部科学省科学研究費学術変革領域研究（A）「イスラーム的コネクティビティにみる信頼構築：世界の分断をのりこえる戦略知の創造」計画研究「デジタルヒューマニティーズ的手法によるコネクティビティ分析」（20H05830）の成果である。

　2025年1月　西鎌倉の自宅にて

熊倉和歌子

索　引

あ 行

アーガー・ハーン大学　4, 35
アーカイブ／アーカイブズ（大聖堂――、デジタル・――）　5, 105, 107, 111, 122
悪魔祓い／魔術（――師）／呪術　107-109, 116, 117, 119-122, 125
アーイシャ・イブナ・イブン・アブドゥルハーディー（1413年没）　217, 219
アイダルース家　→家系
アイニー（1451年没）　61
アジア経済研究所　226
アズラ、アジュマルディ（Azra, Azyumardi）　193, 194, 196, 197, 201
アチェ（インドネシア）　158
アッタース家　→家系
アッタール家　→家系
アッバース朝　20
アデン　93, 98, 101
アナトリア　83, 89, 139
アブー・ジャアファル（トレムセンのウラマー）　136
アブー・バクル・ビン・アブドゥッラー・アッタース　179
アブー・バクル（バクリー）・ビン・ムハンマド・シャター　182
アブール・ファラジュ家　→家系
アブドゥッラー・バスリー（1722年没）　194, 196, 197, 200, 201, 203
アブドゥルアズィーズ・ザムザミー（1662年没）　197
アブドゥルアズィーズ・ブン・ファフド　→イブン・ファフド
アブドゥルカーディル・ジーラーニー（1166年没）　26, 27
アブドゥルハイイ・カッターニー　→カッターニー
アフマド・クシャーシー（1661年没）　196-198, 201-203
アフマド・シンナーウィー（1619年没）　194, 196-198
アフマド・ナフリー（1718年没）　196, 197
アフマド・ビン・ザイニー・ダフラーン　178, 182
アフマド・ザッルーク　146
アフマド・ビン・ハサン・アッタース　179
アブール・ファラジュ家　→家系
アムド（――村、ワーディー・――）　172, 176, 177, 179, 186
アラーウッディーン・バービリー（1666年）　196
アラビア語（――テキスト、――史料、――文献）　4, 5, 7, 8, 19-21, 24, 29, 31, 34, 35, 37, 44, 49, 51, 91, 94, 95, 110, 113, 134, 137, 138, 151, 155, 157, 161, 168, 171, 173, 174, 185, 192, 207, 227
アラビア半島　138, 140, 142-144, 148, 167, 168, 191, 192, 193
アラビア系文字　39, 41, 42, 48, 49, 53
アリー・ジャマール・マッキー（1661年没）　197
アリー・ビン・フサイン・アッタース（アリー・ブングル、1976年没）　172, 174
アリー・ブングル　→アリー・ビン・フサイン・アッタース
アルド（テキストの暗唱発表）　208

247

アルフォンソ5世　94
アルメニア(——使徒教会)　63, 64
アレクサンドリア　82, 93, 94, 97, 98, 101, 102, 142
アレッポ　64, 76, 90
アンダルス　5, 98, 133, 134, 138, 140, 142-145, 147, 149
イエメン　87, 87n, 89, 93, 95, 98, 101, 152-154, 159, 160, 168, 173, 177, 178
イギリス(英国)　156, 157, 237, 239
イジャーザ(イスティドゥアーの——、集団——)　13, 14, 62, 136, 137, 138, 146, 147, 161, 164, 169, 170, 177, 191, 197-199, 201, 203, 208-210, 212-223
イスタンブル　32, 66, 237
イスナード　14, 133-137, 139, 146-148, 191, 197, 199-204, 208, 209, 217-219, 221
イスナライザー(isnalyserjs)　14, 194, 205
イスファハーニー(1038年没)　23
イスマーイール・バーシャー・バグダーディー(1919年没)　33
『イスラーム史』(Tārīkh al-Islām) →ザハビー
イスラーム地域研究(京都大学——センター)　227, 228, 237, 239
イスラーム圏デジタル人文学ネットワーク(Islamicate Digital Humanities Network)　4
『イスラームの都市社会』(ラピダスの著作) →ラピダス
板垣雄三　226, 228, 241
異端審問／異端審問文書(ローマ異端審問所)　7, 106-108, 111, 113-116, 118, 119, 124-126
イーナート　177
イブラーヒーム・クーラーニー(1690年没)　194, 196-198, 202, 203
イブン・アッバール　24
イブン・アラビー(1240年没)　201-204
イブン・イスハーク(767年没)　22
イブン・ガーズィー(1513年没)　133, 135-137, 142-144, 146-148
イブン・サアド(845年没)　23
イブン・ジャウズィー(1200年没)　26
イブン・タグリービルディー(1470年没)　95
イブン・ナーズィル・アルジャイシュ(1384年没)　84

イブン・ハジャル(1449年没)　61, 209, 215-217, 220
『豊かな情報』(Inbā' al-Ghumur)　61
イブン・ハッリカーン(1182年没)　23
イブン・ハルドゥーン(1406年没)　21
イブン・ヒシャーム(833年没)　22
イブン・ヒッジャ(1434年没)　84
イブン・ファフド(タキー・アッディーン(1466年没)、ナジュムッディーン(1480年没)、アブドゥルアズィーズ(1516年没))　61, 86, 93-96, 217, 220
イブン・マージャ(887年没)　199
イブン・ラジャブ(1392年没)　26
イムディーナ(Mdina)　107n, 111
インド(——学、——テキスト分科会、——亜大陸)　3, 51-53, 83, 95, 139, 151-153, 155, 156, 159, 160, 171, 173, 177, 185, 192, 193
インド洋　9, 31, 81-83, 86, 89, 98, 99, 101, 153, 168, 171, 173, 178, 185, 193
インドネシア　152, 154-156, 158-160, 168, 171-173, 183-185, 193
ヴァスコ・ダ・ガマ　156
ヴェネツィア　66, 90, 91, 93-95, 107
ウマル・ビン・アブー・バクル・バー・ジュナイド　182
ウライバ家　→家系
エジプト　21, 27, 28, 63, 64, 83, 88-90, 95, 97, 102, 123, 138, 140, 142-145, 147, 156, 160, 177, 178, 182, 196, 217, 230, 237
　下——　64, 96
エチオピア　89, 94, 95
オスマン朝　66, 102, 193
『御助けくださる方の勝利』(Fath al-Mu'īn) →ザイヌッディーン・マフドゥーム2世
オランダ(——語)　31, 156, 162, 175
オントロジー　211-213, 219, 223

か行

回教圏研究所　226
カーイトバーイ(1495年没)　92
カーディー・イヤード(1149年没)　147, 148
カーティブ・ジャカム家　→家系
カーディー・アジュールーン家　→家系
カフ家　→家系
ガーフィキー　24

カーリミー商人 →商人
解釈学　192
カイロ　9, 12, 20, 32, 60, 62-64, 75, 77, 82, 93-97, 101, 123, 124, 160, 193, 196, 218
『輝く光』(al-Ḍaw' al-Lāmi‘) →サハーウィー
『隠された真珠』(al-Durr al-Kamīn) →ナジュム・アッディーン(ファフド家の人物)
『学徒たちの道』(Minhāj al-Ṭālibīn)　155
家系　12, 30, 31, 33, 36, 59-75, 77, 90, 136, 169, 173-186, 207, 219
　アイダルース家　177-180, 185
　アッタース家　31, 173, 177-180, 183, 184, 186
　アッタール家　75
　アブール・ファラジュ家　62-65, 74, 77
　ウライバ家　96, 99, 100
　カーティブ・ジャカム家　62-65, 74, 76, 77
　カーディー・アジュルーン家　66
　カーフ家　177, 183
　クワイズ家　62-65, 74, 77
　カーワーン(ガーワーン)家　96, 99
　サッファーフ家　62, 64, 65, 74, 76, 77
　サッカーフ家　174, 177-180, 183
　ジーアーン家　62-65, 74-76
　シャーティリー家　180
　タウリーズィー家／タブリーズィー　92, 93
　ナスラッラー家　62, 64, 65, 74, 77
　バーリズィー家　62-65, 73-77
　ハイサム家　62-65, 74, 76
　ハッダード家　177-179, 183, 184
　ハブシー家　177-180, 182-184
　ヒッジー家　75
　ヒムスィー家　67
　ビント・マラキー家　77
　ファースィー家　61
　フハイラ家　62-65, 72, 74
　フルフール家　75, 76
　ブルキーニー家　62-65, 67-70, 72-75, 77
　ムザッリク家　90, 91, 99-101
　ムズヒル家　62, 64, 65, 73-77
　ムハーター家　75
家系図　11, 59, 60, 63, 65, 66, 69, 78
ガザーリー、アブー・ハーミド(1111年没)　201-204, 209

『宗教諸学の再興』(Iḥyā' 'Ulūm al-Dīn)　201-203
カスィーリー王国　175
『価値ある首飾り』(al-'Iqd al-Thamīn) →タキー・アッディーン(ファースィー家の人物)
カッターニー(ジャアファル・イブン・イドリース・カッターニー(1905年没)、アブドゥルハイイ・カッターニー(1962年没))　61, 134, 191, 199-204, 209
カラウィーイーン・モスク　135
カラク　64
カリカット王国　156
カリマンタン島　183, 185
カルカシャンディー(1418年没)　84, 85
ガレー船　118, 120
「キターブ(KITAB)」(プロジェクト)　4, 8, 10
騎士団(聖ヨハネ――)　118, 120, 121
奇蹟　22-24, 28, 170, 174, 175
京都大学大学院アジア・アフリカ地域研究研究科　227
ギーラーン　93, 95
キリスト教
　アルメニア使徒教会　64
　コプト教会　64, 75, 77
　メルキト派――　64
グジャラート　156
クーファ　27
『首飾りの真珠』(Durar al-'Uqūd) →マクリーズィー
クルアーン　19, 21, 32, 44, 45, 91, 97, 134, 151, 192, 219
クルディスタン　196
クワイズ家 →家系
グラノヴェッター、マーク(Granovetter, Mark)　13, 221
　「弱い紐帯の強さ」　13, 221
『結婚の冠』　25, 169, 171-174, 176-180, 182, 184-186
血統　23, 25, 28, 31, 33, 35, 167, 171, 174
ケーララ州　153
ゲント大学　5
香辛料　82, 88, 95, 101, 102
　胡椒　82, 91, 93, 95
紅海　9, 81-83, 86, 89, 95, 99, 101, 168, 177
　――ルート　82, 83

索　引――249

(テキストの)構造化　3, 5, 10, 41, 42, 48, 50, 53
国際デジタル・ヒューマニティーズ学会連合（Alliance of Digital Humanities Organizations）　4, 51
国際標準化(ISO/IEC 10646, ISO/IEC JTC1/SC2/WG2)　42, 43, 50
　国際標準規格　43, 53, 54
胡椒　→香辛料
コーチン王国　156
コーラン　→クルアーン
コロナ禍　1, 2

さ 行

サイイド・ウスマーン(1913年没)　162, 163
サイイド(預言者一族)　170, 171, 174, 178, 186
サイウーン　176, 177
ザイヌッディーン・マフドゥーム2世(1583年没)　152-154, 156-158, 162, 163
　『御助けくださる方の勝利』(Fatḥ al-Muʿīn)　153-163
サウジアラビア　192
サッカーフ家　→家系
サッファーフ家　→家系
サハーウィー(1497年没)　23, 30, 60-62, 81, 86, 87, 93, 94, 96, 97, 99, 136, 146, 148, 209-211, 215-217, 220, 222
　『ヒジュラ暦9世紀の人々の輝く光』(al-Ḍawʾ al-Lāmiʿ)　8, 9, 12, 23, 30, 60-63, 81, 82, 86-88, 101, 209-211, 216, 220
サバト家　134
ザハビー(1348年または52/53年没)　6, 20, 23, 33, 193, 219, 220
　『イスラーム史』　6, 20, 23, 33
サファディー(1363年没)　23
サフマーウィー(1464年没)　85
サヘル地域　123
　バーバリ　122
サラフ　22
サーリフ・ビン・アブドゥッラー・アッタース(1862年没)　172, 174, 175, 179
シーア派　144
ジーアーン家　→家系
ジーラーニー　→アブドゥルカーディル・ジーラーニー
ジェルバ　122, 123
師集成(muʿjam)　61, 134
ジッダ　92, 93, 97, 182
『ジハードを戦う者たちへの贈り物』(Tuḥfa al-Mujāhidīn)　156
シバーム　176
下エジプト　→エジプト
ジャアファル・イブン・イドリース・カッターニー　→カッターニー
シャイフ(マムルーク朝スルターン、在位1412-21年)　84, 95
シャッタナウフィー(1324年没)　27
ジャワ　169, 173, 183, 185
シャー・ワリーウッラー　192, 193, 199, 200, 203
謝辞(博士論文の)　10, 13, 225, 228-242
シャーティリー家　→家系
『宗教諸学の再興』(Iḥyāʾ ʿUlūm al-Dīn)　→ガザーリー
シャーフィイー派　→法学派
集団イジャーザ　→イジャーザ
商人
　カーリミー商人　9, 81-84, 86, 89, 99-101
　ハワージャー商人　9, 83-89, 98-102
ショーバク　64
情報処理学会　4
シリア(歴史的シリア)　23, 27, 28, 63, 64, 77, 82, 84, 88-92, 95, 99, 109, 138, 140, 142-145, 147, 215
師録(mashyakha)　61, 134
シンガポール　183
『真珠の糸』　→ムラーディー
『真正集』(ブハーリーとムスリム)　199
人文科学とコンピュータ研究会(じんもんこん)　4
スィーラ　22
スィラーフィー(1180年没)　142, 143
ズィリクリー(1976年没)　23
スエズ港　196
スーフィー(スーフィズム)　22, 23, 26, 28, 29, 96, 146, 170, 218, 219
スプレッドシート　→「Googleスプレッドシート」
スユーティー(1505年没)　21

スマトラ島　183
スライマーン・クルディー（1780年没）　196,
　197
スラウェシ島　183
スーラト港　193
スンナ（慣行）　192
スンナ派　26, 29, 144, 147, 151, 168, 178, 192,
　193, 199
聖者　12, 21-23, 26-29, 96, 170-172, 175, 177,
　183, 184, 186, 218
──伝　10, 11, 22, 26-28, 168
ソロ　183

た 行

大カーディー　73
　（カイロの）──　63
　シャーフィイー派──　63, 64, 92
大規模データ　→ビッグデータ
タキー・アッディーン・ブン・ファフド　→イブン・ファフド
タキー・アッディーン（ファースィー家の人物）
　（1429年没）　61
『価値ある首飾り』（al-'Iqd al-Thamīn）　61
タグ　5, 10, 34-37, 48, 50, 175
ダゲスタン　152, 154
タサウウフ学　191, 201-203
ターズィフィー（1556年没）　27
タズキラ　22, 24
タバカート　22
タバリー（923年没）　20
ダマスクス　20, 32, 60, 64, 66, 85, 90, 91, 101,
　106, 193, 196, 217
ダミエッタ　64, 182
タリーム　177, 186
タルジャマ　21, 22, 134
地域研究　227, 232, 233, 237, 239
知識グラフ　210
知識推論　211
地中海　9, 81, 82, 86, 90, 99, 101, 105, 106, 108,
　109, 113, 124, 125, 140, 144, 147, 192
中国　51, 151, 152
　──史　12
　──社会　12
注釈書　147, 148, 155, 157-163
中東調査会　226

チュニジア　28, 123
チュニス　32, 123, 136
チレボン　183
ディスタント・リーディング　207, 209
ティハーマ　168, 177
ティムール（1405年没）　83, 89
データ駆動型データベース
　Prosopographia de los ulemas de al-Andalus
　　5
　Mamluk Prosopography　5
テキスト・マイニング　163
『デジタル・イスラーム研究ジャーナル』（Journal
　of Digital Islamicate Research）　→ムハンナー
デジタルテキスト　4, 6-10, 60, 81, 82, 101
　──化　3
　（テキストの）デジタル化　3, 6, 33-37, 40,
　　111, 175
デジタル・トランスフォーメーション　2
デリー　192
典拠管理　213, 223
トゥガル　183
東京外国語大学アジア・アフリカ言語文化研究
　所　226
東南アジア　31, 81, 151-155, 157-162, 167,
　169, 171-177, 182-186, 230
ドラゴマン（通訳者）　66
トリポリ　123
奴隷　13, 88, 110, 118, 119, 121, 123-126
　ムスリム──　7, 105, 106, 109, 110, 114,
　　116, 117, 119, 120, 122, 123, 125
　女性──　84, 85, 125
トレムセン　136, 137

な 行

ナウルーズ　90
ナジュム・アッディーン／ナジュムッディーン・
　ブン・ファフド（1480年没）　→イブン・ファ
　フド
『隠された真珠』（al-Durr al-Kamīn）　61, 86,
　87
ナスラッラー家　→家系
ナポレオン・ボナパルト　107
ナワウィー・アル＝バンターニー（1897年没）
　163
ニージー・スガイイル　146

索　引 ── 251

ニスバ　　23, 33-35, 70, 84, 88, 90, 93, 98
ネットワーク図　　11, 13, 65-67, 70, 71, 75, 77, 78, 110, 158-161, 225, 229, 232, 235-242
ネットワーク分析　　13, 31, 40, 49, 114, 135, 137, 141, 149
日本イスラム協会　　226
日本オリエント学会　　226
日本中東学会　　227, 228, 230
日本デジタル・ヒューマニティーズ学会（The Japanese Association for Digital Humanities）　　4

は　行

バーリズィー家　→家系
ハイサム家　→家系
博士論文　　10, 13, 81, 225, 230-237, 240-242
バグダーディー（1071 年没）　　23
バグダード　　20, 23, 27, 32, 193, 196
ハサン・アジャミー（1701 年没）　　194, 199-201, 203
バスラ　　27, 98, 193
バタヴィア　→ジャカルタ
パッサヴァ　　123
ハッダート家　→家系
ハーッスの商人　　84
ハッラージュ（922 年没）　　29
ハディース　　13, 19, 22, 23, 32, 61, 136, 137, 142, 146, 147, 151, 217, 222
　　──学　　86, 91, 142, 192, 198, 199, 203, 208, 217, 220
　　──六書　　192, 199
バーディスィー　　146
ハドラマウト　　11, 23, 31, 35, 160, 167-186
ハナフィー派　　86, 151, 153, 168
バーバリ　→サヘル地域／マグリブ
ハブシー家　→家系
バフマニー朝　　95
ハマー　　64, 75, 86
バラウィー　　136
ハラマイン　　192, 193, 196, 201
バルクーク（マムルーク朝スルターン、在位 1382-89 年、1390-99 年）　　69
バルザフ　　8n
バルスバーイ（マムルーク朝スルターン、在位 1422-38 年）　　83, 95

バルナーマジュ　　134
バレンシア　　98
ハワージャー　　83, 87, 90-93, 95-97
ハワージャー商人　→商人
ハンバル派　　26, 27, 88, 151
ハンブルク大学　　35, 212
ビカーイー（1480 年没）　　61
東アフリカ　　31, 168, 171, 173, 185
ヒジャーズ　　31, 88-90, 98, 144, 174-176, 182, 183, 185, 217
ヒジュラ　　192
ヒジュラ暦　　23, 27, 60, 138, 139, 192, 215, 216, 220
ヒッジー家　→家系
ビッグデータ（大規模データ）　　6, 9, 109
ヒムスィー家　→家系
ビン・マラキー家　→家系
ファースィー家　→家系
ファトワー（法的見解）　　19, 162
ファフラサ　　13, 133-136, 138, 147-149, 191, 199, 201, 203
フウワ　　64
フェズ　　122-124, 133, 135, 148, 199
プカロンガン　　183
フサイン・ビン・ムハンマド・ハブシー　　182
「普通の名士」　　19, 30-32
フハイラ家　→家系
ブルキーナ　　64
ブルキーニー家　→家系
フルフール家　→家系
プロセスの記録　　41
プロソポグラフィ　　5, 209, 210, 213
文献史学　→歴史学
ヘブロン　　62
法学派　　23, 26, 29, 88, 151-155, 178, 182
　　シャーフィイー派　　26, 27, 63, 64, 88, 92, 151-158, 160, 168, 182, 220
ボゴール　　183
ホラーサーン　　27, 138, 143
ポルトガル　　107, 156
ホルムズ　　98

ま　行

マイクロヒストリー　　105, 107-109
マカッサーリー（1699 年没）　　194

マークダウン(mARkdown)　5, 10, 34, 42
マクリーズィー(1442年没)　61, 210
　『首飾りの真珠』(Durar al-'Uqūd)　61, 210
マグリブ　98, 123, 133-135, 138-140, 142-144, 146-148, 192
マシュハド　186
マシュリク　144, 146-148
マシュヤハ　→師録(mashyakha)
マドラサ　82, 147, 153
マナーキブ(聖者伝／徳行録)　11, 22-24, 35, 168, 170, 172
マムルーク朝(1250-1517)　8, 12, 20, 21, 59, 60, 66, 83, 87, 91-95, 97, 99, 101, 144, 147, 156
　──後期(1382-1517)　60, 78, 207, 208
マラケシュ　32, 147
マラバール海岸　153, 154, 156, 160
マーリク・ブン・アナス(795年没)　142, 143, 199, 202-204
マーリク派　88, 151, 192, 199, 202
マリーン朝　28
マルタ　7, 105-111, 114, 116, 117, 119-126
マルテル・トゥミアン、ベルナデット(Martel-Thoumian, Bernadette)　62
マレーシア　152, 154, 155, 157
マレー半島　183
マー・ワラー・アン＝ナフル　138, 139, 143
満洲事変　226
ムウジャム　→師集成(mu'jam)
ムガル朝　193
ムザッリク家　→家系
ムサルサラ　134
ムジャーウィル(聖地寄留者)　62
ムズヒル家　→家系
ムハーター家　→家系
ムハンナー、エリアス(Elias Muhanna)　4
　『デジタル・イスラーム研究ジャーナル』〔Journal of Digital Islamicate Research〕　4
ムハンマド・アービド・スィンディー(1841年没)　199
ムハンマド・サッラージュ　146
ムハンマド・ザーヒー　136
ムハンマド・ヒッリー(1438年没)　148
ムハンマド・イブン・アブドゥルワッハーブ(1792年没)　192, 194, 196

ムハンマド・ビン・アフマド・アッタース　174
ムハンマド・ビン・サイード・バー・ブサイル　182
ムラーディー(1791年没)　196
　『真珠の糸』　196
ムラービト朝　142
ムワッヒド朝　28, 144
メクネス　135, 146
メタデータ　4, 49, 211
メッカ　20, 32, 60, 61, 77, 86-93, 95, 96, 98, 101, 154, 169, 171-173, 176, 178-180, 182, 183, 192, 196, 220
　──巡礼　86, 193, 215
メディナ　27, 60, 62, 90-92, 182, 192, 196
メリーランド大学　35
モスク　82, 91, 135, 153, 160, 169, 170, 176, 192
モデル(モデル化)　7, 12, 44, 51, 52, 71, 111, 113, 158, 211
モロッコ　26, 28, 123, 133, 134, 192

や 行

ヤークート(1229年没)　23
『豊かな情報』(Inbā' al-Ghumur)　→イブン・ハジャル
ヨーロッパ　27, 82, 91, 97, 110, 123, 156, 168, 193
　──言語(イタリア語／ラテン語)　51, 110, 113, 114n
「弱い紐帯の強み」　→グラノヴェッター

ら 行

ライセンス(オープンライセンス)　40
ラカブ　23, 84, 85
ラスール朝　87, 93, 94, 99
ラピダス、アイラ(Lapidus, Ira M)　12, 82, 101
　『イスラームの都市社会』　12
蘭領東インド　183
両聖都　→ハラマイン
ルビ(ruby要素)　52
レイノルズ、ドゥワイト(Reynolds, Dwight F.)　134
歴史学　1, 2, 5, 8, 9, 20, 28, 78, 211, 238, 241, 242
　文献史学　5

『歴史情報学の教科書』　4
レバント　123
ロスマン、ナタリー（Rothman, Natalie）　66
ローマ異端審問所　→異端審問
ロマノフ、マキシム（Romanov, Maxim）　6, 8, 32-34, 60, 139, 140, 147, 193, 212, 229

わ　行

ワクフ　19, 64, 90
ワークフロー　46, 111
ワッタース朝　135
ワーディー・アムド　176, 177, 179
ワーディー・ダウアン　176, 182
ワーディー・ハドラマウト　176
ワルヤーギリー　146

欧文（A-Z）

Cytoscape　49
Dublin Core Metadata Initiative　211
eScriptorium　46
Force Atlas2　141
Gephi　36, 49, 70, 141, 177, 179, 180, 229, 235, 239
Git / GitHub　8, 47-49, 52
Google スプレッドシート　41
Google ドキュメント　41, 47
HTR（Handwritten Text Recognition）　7, 35, 46, 47, 109
isnalyserjs　→イスナライザー
KAKEN データベース　232, 234, 235
Linked Data　211, 212

Mamluk Prosopography　→データベース
Nihāya al-Zain fī Irshād al-Mubtadīn　159, 163
OCR（Optical Character Recognition）　7, 35, 46, 47
Open Arabic PE（Open Arabic Periodical Editions）　49
OpenITI（Open Islamicate Texts Initiative）　6, 8, 9, 35, 42, 46-48, 82, 207, 210
　——コーパス　6
Palladio　36, 49, 67, 70, 99, 110, 139, 141, 144
Private Use Area（PUA）　43
Prosopografía de los ulemas de al-Andalus　→データベース
Python　49
R　49
RDF（Resource Description Framework）　207, 209-211, 213, 215, 220, 223
Script Encoding Initiative（SEI）　45
SPARQL　211, 214
TEI（Text Encoding Initiative）　34, 41, 42, 48-53
　——協会　51-53
　——技術委員会　52
TEI Boilerplate for editions of Arabic texts　49, 50
Timeline 機能 / timestamp　142
Transkribus　7, 46, 109, 111, 113, 114, 126
Tuhfā al-Muhtāj li Sharh al-Minhāj　158
UTC（Unicode 技術委員会）　43, 44, 46
Unicode　41-45, 52
Voyant Tools　210

執筆者紹介　（*は編者、以下掲載順）

熊倉和歌子　（くまくら わかこ）*
慶應義塾大学経済学部教授。お茶の水女子大学大学院人間文化学研究科博士後期課程。博士（人文科学）。中近世エジプト社会経済史・環境史。〈主要業績〉『中世エジプトの土地制度とナイル灌漑』（東京大学出版会、2019 年）、『イスラーム・デジタル人文学』（共編、人文書院、2024 年）。

新井和広　（あらい かずひろ）
慶應義塾大学商学部教授。ミシガン大学近東研究科大学院博士課程。Ph.D.（Near Eastern Studies）。インド洋におけるアラブ移民の歴史。地域研究・歴史。〈主要業績〉「海を渡る聖者の「記憶」──ハドラマウトとインドネシアにおけるハウル（聖者記念祭）を通じて」堀内正樹・西尾哲夫編『〈断〉と〈続〉の中東──非境界的世界を游ぐ』（悠書館、2015 年）、"'Revival' of the Hadhrami Diaspora? Networking through Religious Figures in Indonesia," Noel Brehony et al. eds., *Hadhramaut and its Diaspora: Yemeni Politics, Identity and Migration* (I.B. Tauris, 2017).

永崎研宣　（ながさき きよのり）
慶應義塾大学文学部教授。一般財団法人人文情報学研究所主席研究員（兼任）。筑波大学大学院博士課程哲学・思想研究科。博士（文化交渉学）。人文情報学、仏教学。〈主要業績〉『日本の文化をデジタル世界に伝える』（樹村房、2019 年）、『人文学のためのテキストデータ構築入門』（編著、文学通信、2022 年）。

伊藤隆郎　（いとう たかお）
神戸大学大学院人文学研究科准教授。ミュンヘン大学近東歴史文化学科博士課程。Ph.D.（Near and Middle Eastern Studies）前近代アラブ史。〈主要業績〉"The Last Mamluk Princess, Her Endowment, and Her Family History," *Orient* 54 (2019)、"Writing the Biography of Ibn Khaldūn," Maribel Fierro and Mayte Penelas eds., *The Maghrib in the Mashriq* (De Gruyter, 2021).

マレト、アレクサンデル　（Alexander Mallett）
早稲田大学国際教養学部准教授。エジンバラ大学イスラーム中東研究科大学院博士課程。Ph.D. (Islamic History). 中世におけるアラビア語の歴史叙述と近世マルタにおけるローマ異端審問。〈主要業績〉*Medieval Muslim Historians and the Franks in the Levant* (edited Leiden: Brill, 2014); *Magic in Malta: The Moorish Slave Sellem bin al-Sheikh Mansur and the Roman Inquisition, 1605* (edited with Catherine Rider and Dionisius A. Agius, Brill, 2022).

篠田知暁　（しのだ ともあき）
東京外国語大学アジア・アフリカ言語文化研究所フェロー。京都大学大学院文学研究科博士後期課程。博士（文学）。近世地中海の境域研究。〈主要業績〉"The 1538 Peace Treaty and Conflict over the Control of the Frontier in Northern Morocco," *Mediterranean Historical Review* 34 (2), 2019.

塩崎悠輝　（しおざき　ゆうき）
静岡県立大学国際関係学部准教授。同志社大学大学院神学研究科博士後期課程。博士（神学）。イスラーム学。〈主要業績〉『国家と対峙するイスラーム――マレーシアにおけるイスラーム法学の展開』（作品社、2016年）。

石田友梨　（いしだ　ゆり）
岡山大学学術研究院社会文化科学学域准教授（特任）。京都大学大学院アジア・アフリカ地域研究研究科博士課程。博士（地域研究）。イスラーム思想史。〈主要業績〉『人文学のためのテキストデータ構築入門』（編著、文学通信、2022年）。

太田（塚田）絵里奈　（おおた(つかだ)えりな）
東京大学附属図書館アジア研究図書館上廣倫理財団寄付研究部門特任助教。慶應義塾大学大学院文学研究科後期博士課程。博士（史学）。前近代アラブ・イスラーム社会史・地中海史。〈主要業績〉「"イスティドゥアーによるイジャーザ"に基づく15世紀ウラマーの名目的関係構築」『西南アジア研究』97、2024、"Formation of the Ideal Bureaucrat Image and Patronage in the Late Mamlūk Period," *Al-Madaniyya* 1, 2021.

須永恵美子　（すなが　えみこ）
東京外国語大学アジア・アフリカ言語文化研究所特任助教。京都大学大学院アジア・アフリカ地域研究研究科博士課程。博士（地域研究）。南アジアの言語文化。〈主要業績〉『現代パキスタンの形成と変容――イスラーム復興とウルドゥー語文化』（ナカニシヤ出版、2014年）、『イスラーム・デジタル人文学』（共編、人文書院、2024年）。

イスラームからつなぐ 8
デジタル人文学が照らしだすコネクティビティ

2025 年 3 月 28 日　初　版

［検印廃止］

編　者　熊倉和歌子

発行所　一般財団法人　東京大学出版会
　　　　代表者　中島隆博
　　　　153-0041　東京都目黒区駒場4-5-29
　　　　https://www.utp.or.jp/
　　　　電話 03-6407-1069　Fax 03-6407-1991
　　　　振替 00160-6-59964

組　版　有限会社プログレス
印刷所　株式会社ヒライ
製本所　誠製本株式会社

©2025 Wakako Kumakura, Editor
ISBN 978-4-13-034358-9　Printed in Japan

JCOPY〈出版者著作権管理機構　委託出版物〉
本書の無断複写は著作権法上での例外を除き禁じられています．複写される場合は，そのつど事前に，出版者著作権管理機構（電話 03-5244-5088, FAX 03-5244-5089, e-mail: info@jcopy.or.jp）の許諾を得てください．

イスラームからつなぐ　［全8巻］

［編集代表］黒木英充
［編集委員］後藤絵美・長岡慎介・野田 仁・近藤信彰・山根 聡・石井正子・熊倉和歌子
Ａ５判・上製・各巻平均300頁

1　イスラーム信頼学へのいざない
黒木英充・後藤絵美［編］

2　貨幣・所有・市場のモビリティ
長岡慎介［編］

3　翻訳される信頼
野田 仁［編］

4　移民・難民のコネクティビティ
黒木英充［編］

5　権力とネットワーク
近藤信彰［編］

6　思想と戦略
山根 聡［編］

7　紛争地域における信頼のゆくえ
石井正子［編］

8　デジタル人文学が照らしだすコネクティビティ
熊倉和歌子［編］